HEYNE <

Das Buch

Das körperliche, emotionale und spirituelle Wohlbefinden unserer Haustiere verbessern, die Bindung zwischen Mensch und Tier stärken und vertiefen: Auf faszinierende Weise erklärt Cyndi Dale das feinstoffliche Energiesystem unterschiedlicher Tierarten und zeigt, welchen Einfluss diese verborgenen Kräfte auf Körper, Geist und Seele haben.
Durch intuitive Kommunikation und energetische Beobachtung lernen wir, die Entwicklung eines Tieres in jeder Lebensphase vollumfänglich zu unterstützen. Mithilfe von ätherischen Ölen, Heilsteinen oder Homöopathie wird es möglich, verschiedene Probleme zu lösen, Tierkörper und -seele zu harmonisieren und die Selbstheilungskräfte zu aktivieren.

Die Autorin

Cyndi Dale, international bekannte Heilerin und Autorin zahlreicher erfolgreicher Bücher, beschäftigt sich seit Jahren sowohl mit den traditionellen Heilmethoden verschiedener Kulturen als auch mit moderner integrativer Medizin. Ihr Buch *Der Energiekörper des Menschen*, eine einzigartige Enzyklopädie der feinstofflichen Anatomie, wurde weltweit zum Bestseller und gilt als das aktuelle Standardwerk der Energiemedizin. Cyndi Dale lebt in Minneapolis, Minnesota, wo sie die Beratungsfirma *Life Systems Services* leitet.

CYNDI DALE

DER ENERGIEKÖRPER DER TIERE

- Die Persönlichkeit unserer Haustiere besser verstehen
- Gesundheit stärken
- Tiefere Verbundenheit erfahren

Aus dem Englischen übersetzt
von Juliane Molitor

WILHELM HEYNE VERLAG
MÜNCHEN

Die in diesem Buch zusammengestellten Informationen sind nicht geeignet, körperliche und psychische Erkrankungen oder Verhaltensauffälligkeiten bei Haustieren oder Menschen zu diagnostizieren und zu behandeln. Bitte wenden Sie sich dazu an einen Arzt oder Therapeuten und für die Behandlung von Haustieren an einen Tierarzt. Die Autorin und der Verlag übernehmen keinerlei Haftung für irgendwelche Beschwerden, die in die Zuständigkeit eines Arztes/Tierarztes oder Therapeuten fallen.
Alle Fallgeschichten und Beschreibungen von Personen wurden so verändert, dass niemand wiedererkannt werden kann.
Jede Ähnlichkeit mit lebenden oder verstorbenen Personen ist rein zufällig.

MIX
Papier | Fördert gute Waldnutzung
FSC® C014496
FSC www.fsc.org

Penguin Random House Verlagsgruppe FSC® N001967

2. Auflage
Taschenbucherstausgabe 1/2024

Die Originalausgabe erschien 2019 unter dem Titel
Energy Wellness for your Pet bei Llewellyn Publications,
Woodbury, MN 55125-2989.

Umschlaggestaltung: Guter Punkt, München, unter Verwendung von
Tierillustrationen von © Stephanie Gauger, Guter Punkt
Illustrationen: © Mary Ann Zapalac
Satz: Satzwerk Huber, Germering
Druck und Bindung: GGP Media GmbH, Pößneck
Printed in Germany.
ISBN 978-3-453-70473-2

www.heyne.de

Inhalt

Einleitung

Das vielleicht größte Geschenk, das ein Tier zu bieten hat, ist die ständige Erinnerung daran, wer wir wirklich sind.

Nick Trout: *Love Is the Best Medicine*

Der junge Mann konnte den zappelnden Welpen kaum bändigen. Schließlich trat eine junge Frau aus dem Café namens Captain's. Sie lachte und nahm ihm den winzigen Labrador ab.

Ich war verblüfft. Letzte Nacht hatte ich von einem Labradorwelpen mit einem strahlend violetten Halsband geträumt, auf dem ein einziges Wort stand: »Captain's«. Ich seufzte. Es sah ganz so aus, als würde ich zu einem neuen Welpen geführt. In der Szene fehlte nur noch eines: das Halsband.

Lassen Sie mich erklären.

Mein Sohn und ich machten Urlaub im Norden von Minnesota. Wir hatten unsere beiden Hunde in der Hütte zurückgelassen und uns auf die Suche nach Frühstück gemacht. Einer unserer Hunde war schon sehr alt, und mein Sohn und ich hatten bereits darüber gesprochen, uns demnächst nach einem Welpen umsehen zu wollen. Dann hatte ich meinen Traum, der sowohl eine Vorahnung als auch eine Anweisung zu sein schien. Das junge Paar, das gerade seinen neuen Welpen abgeholt hatte, beschrieb uns bereitwillig den Weg zu »The Captain's Labradors«.

In weniger als einer Stunde hatten mein Sohn und ich beide Arme voller wackeliger kleiner Hunde und kuschelten mit ihnen. Raten Sie mal, welchen wir genommen haben? Den gelben Labrador mit dem schmalen violetten Halsband. Seine Mutter hatte das pummelige Baby mit dem Maul hochgenommen und es in den Schoß meines Sohnes gelegt.

»Das ist Mr. Purple«, sagte der Züchter, der den Kleinen offensichtlich nach der Farbe seines Halsbandes benannt hatte. »Er ist immer der Erste, der zum Fressnapf kommt. Und er wedelt häufiger mit dem Schwanz als alle anderen. Wir haben den Kleinen zwar in »Lucky« umbenannt, aber das violette Halsband bewahre ich bis heute in einem Album auf.

Wir alle lieben unsere Haustiere, und das sind keineswegs nur die allseits populären Hunde oder Katzen. Ich werde niemals meine zahme Schildkröte Wilma vergessen, die im Laufe ihres Lebens zu enormer Größe heranwuchs. Als sie sich in ihrem Terrarium nicht mehr vor- und zurückbewegen konnte, verschaffte ich ihr Auslauf, indem ich sie durchs ganze Haus stapfen ließ.

Eines Morgens ließ sich Wilma neben einer Tasche zu Boden fallen und rührte sich nicht mehr vom Fleck. Neugierig öffnete ich die Tasche – und fand den Schulaufsatz meines Sohnes! Er hatte an diesem Morgen vergeblich danach gesucht, bevor ich ihn ohne das Heft zur Schule bringen musste. Dank Wilma konnte ich es noch vor dem Abgabetermin in der Schule vorbeibringen. Wilma hatte unseren Tag gerettet.

Lucky und Wilma sind etwas Besonderes. Das gilt auch für jedes andere Haustier, unabhängig davon, aus welcher der sieben Haustierfamilien es stammt: Säugetiere, Nagetiere, Vögel, Reptilien, Gliederfüßer, Amphibien und Wassertiere. Es gibt viele Gründe, warum jedes Haustier so außergewöhnlich ist, und wir werden uns in diesem Buch einige davon genauer anschauen. Ausschlaggebend für diese Diskussion ist jedoch ein zentraler Leitsatz: Haustiere sind spirituelle Wesen mit einer Seele, die sich verkörpert, um wichtige Lektionen über Konzepte wie Liebe und den Sinn des Lebens zu lernen. Die Verbindung zwischen Haustier und Mensch ist ein wesentlicher Faktor für den Wissenserwerb des Tieres. Und wissen Sie was? Die Lebewesen, die sich diesen Planeten mit uns teilen, sind oft unsere bedeutendsten Lehrer.

Dies gilt für Angehörige aller sieben Tierfamilien, egal ob sie noch wild oder schon domestiziert sind. Es gilt auch für die verschiedenen Arten domestizierter Naturwesen, die als Begleiter, Nutztiere oder Arbeitstiere definiert werden. Ich bin überzeugt, dass alle unsere natürlichen Freunde Seelen haben, aber in Bezug auf den Menschen unterschiedliche Ziele verfolgen. In Kapitel 1 werde ich genauer auf diese Unterschiede eingehen. Einstweilen brauchen Sie nur zu wissen, dass es in diesem Buch in erster Linie um die Seelen geht, die sich als Gefährten mit Familienanschluss oder Haustiere verkörpern.

Warum verkörpert sich eine Seele als Haustier und nicht als Mensch? Aus welchem Grund wird sie lieber ein Vogel, eine Katze oder ein Frosch als eine andere Art von Lebewesen? Wir werden uns sowohl mit diesen als auch mit vielen anderen Themen beschäftigen, einschließlich der Art und Weise, wie ein Haustier einerseits mit seinem *Karma* oder seiner persönlichen Geschichte umgeht und andererseits dem *Dharma* dient, einem höheren Zweck. Außerdem untersuchen wir die genaue Art der Verbindung zwischen Haustier und Mensch ebenso eingehend wie die versteckten Gründe für die Verhaltensauffälligkeiten sowie die psychischen, physischen und spirituellen Probleme eines Haustieres. Durch diese und andere Ausführungen lernen Sie, wie Sie Ihren Haustieren helfen können, egal was diese gerade durchmachen, und in diesem Prozess immer mehr zu Ihrem »wahren Selbst« finden. Diese Reise ist nur möglich, weil wir die Möglichkeit haben, alles durch eine sehr universelle Brille zu sehen, die der Energie.

Alles ist Energie, Information in Bewegung. Es gibt jedoch zwei Arten von Energie, und die Unterschiede zwischen ihnen zu verstehen ist entscheidend für den Gebrauch dieses Buches. Vor allem wenn es darum geht, Ihr Haustier auf die bestmögliche Weise zu lieben. Kurz gesagt, es gibt physische und feinstoffliche Energien.

In den meisten Büchern über Haustiere werden Möglichkeiten vorgestellt, wie Sie Ihr Haustier aus dem Blickwinkel der physischen Energie am besten verstehen und pflegen können. Physische Energie ist messbar. Sie ist grundsolide und zeigt das, was wir mit unseren fünf Sinnen wahrnehmen können. Wenn Ihr Haustier krank ist, finden Sie in einem physisch orientierten Buch vielleicht die Beschreibung verschiedener Krankheitssymptome und eine Empfehlung nützlicher Medikamente. Wenn das Tier ein pingeliger Esser ist, schlägt das Buch köstliche Rezepte vor. Diese und andere allopathische Prozeduren mögen zwar von entscheidender Bedeutung sein, aber sie haben ihre Grenzen. Wie Sie sehen werden, beginnt die physische Wirklichkeit – und dazu gehören auch die Probleme unserer Haustiere – oft in der »anderen« Welt der feinstofflichen Energie.

Feinstoffliche Energie, auch mystische, übersinnliche, spirituelle und Quantenenergie genannt, treibt die materielle Welt in Wirklichkeit an und bildet das Netzwerk, das die physischen Energien organisiert. Feinstoffliche Energien machen das Wesen der Seele eines Haustiers aus. Sie helfen dabei, seine genetische Programmierung zu bestimmen und herauszufinden, zu welchem menschlichen Gefährten es sich hingezogen fühlt. Feinstoffliche Energien entscheiden darüber, welches Futter nahrhaft für es ist und welches nicht und wie ein Haustier auf eine Krise reagieren könnte und welche psychischen Faktoren bestimmte Anfälligkeiten hervorrufen könnten. Feinstoffliche Energien sind auch die Erklärung für den oben beschriebenen Traum von Lucky, der mich dazu veranlasst hat, meinen gelben Lieblingslabrador zu mir zu holen! Sie werden sehen, dass fast alles, was einem Haustier passiert, durch das Wirken feinstofflicher Energien ausgelöst wird. Dies bedeutet, der Besitzer eines Haustieres, der im Leben dieses Tieres wirklich etwas verändern möchte, muss wissen, wie er feinstoffliche Energien analysieren und lenken kann.

Da ich schon seit Jahrzehnten mit feinstofflicher Energie arbeite, bin ich mir darüber sehr bewusst. Ich bin in der Tat so etwas wie eine Expertin, wenn es um das Thema feinstoffliche Energie geht. Im Zuge meiner Interaktionen mit mehr als 65.000 menschlichen Klienten habe ich auch Tausenden von ihnen mit ihren Haustieren geholfen. Und wie Sie wahrscheinlich schon vermuten, setze ich feinstoffliche Energieinformationen auch bei der Pflege meiner eigenen Haustiere ein.

Ein Paradebeispiel: Als ich als alleinerziehende Mutter zwei Kinder (und zeitweise noch eine Pflegetochter) großgezogen habe, lebten in unserem Haus auch zwei Hunde, eine Katze, zwei Schildkröten und ein Meerschweinchen. Und als sich das Gefolge um mehrere Fische, zwei Frösche und ein Kaninchen erweiterte, brauchte ich meine Energiekonzepte und die entsprechenden Techniken ganz dringend. Die Menschen in unserem Zoo waren zahlenmäßig ganz klar unterlegen. Sie können sich vielleicht vorstellen, welche unterschiedlichen Bedürfnisse hier aufeinandertrafen und welche Krisen zu meistern waren. Angefangen bei allen möglichen Krankheiten bis hin zu den Streitereien zwischen der Katze, den Hunden und dem Kaninchen. Ich setzte genau die Ideen und Methoden ein, die Sie in diesem Buch kennenlernen werden, um ein liebevolles, gesundes und vergnügliches Miteinander zu schaffen. Jedes Haustier lebte sein Potenzial optimal aus, manchmal im wahrsten Sinne des Wortes. Max, das Meerschweinchen, beispielsweise starb erst mit neun Jahren, obwohl Meerschweinchen in der Regel nur etwa vier Jahre alt werden. (Als eindeutiger Anführer des Rudels *musste* Max einfach dableiben.)

Damit Sie das Wissen über feinstoffliche Energie und die entsprechenden Instrumente auch bei der Pflege Ihrer eigenen Haustiere anwenden können, habe ich die wichtigsten Fakten zusammengefasst. Zunächst erfahren Sie etwas über Energie, insbesondere über die beiden oben genannten Arten von Energie. Sie lernen auch die beiden unterschiedlichen Körpersysteme kennen, welche die Energien Ihres Haustieres steuern. Die feinstofflichen Energien von Lebewesen werden von der feinstofflichen Energieanatomie gesteuert, die sich aus entsprechenden Energiezentren, Kanälen und Feldern zusammensetzt. Diese feinstofflichen Strukturen wiederum regulieren die physischen Organe, Gewebe und Bereiche. Unter den feinstofflichen Strukturen gilt es vor allem die zwölf Chakras zu verstehen, feinstoffliche Energiezentren, die sämtliche physischen, psychischen und spirituellen Funktionen von Lebewesen – und dazu gehören auch Haustiere – steuern.

Manche fragen sich vielleicht: »Warum zwölf Chakras? Ich dachte, es gibt nur sieben!« Es gibt in der Tat mehrere Chakrasysteme, die von verschiedenen Kulturen auf der ganzen Welt verwendet werden und aus drei bis Dutzenden Chakras bestehen. Auch wenn in den meisten esoterischen Büchern nur die sieben innerhalb des Körpers liegenden Chakras vorgestellt werden, finde ich, dass das Wissen über die fünf zusätzlichen außerkörperlichen Chakras einen echten Unterschied im Leben eines Haustieres machen kann. Das Wissen über diese besonderen Chakras trägt wesentlich dazu bei, dass Sie die Probleme von Tieren beurteilen und zu wirkungsvollen, feinstofflichen Lösungen gelangen können.

Doch vor allem werde ich Ihnen zeigen, wie Sie das Wissen über die Chakras und verwandte Gebiete einsetzen können, um herauszufinden, warum ein Haustier krank ist oder sich schlecht benimmt, oder um ein emotionales Trauma aufzulösen. Diese Erläuterungen bilden auch die Grundlage zur Entschlüsselung der persönlichen »Energiesignatur« Ihres Haustiers oder des Codes, der es einzigartig macht; für die intuitive Kommunikation mit Ihrem Haustier und um seinen früheren Leben auf die Spur zu kommen. Doch damit nicht genug. Sie erfahren außerdem, wie Sie Zugang zu den Energien bekommen, die zwischen Ihnen und Ihrem Haustier fließen, wie Sie diese reinigen, negative Entitäten freisetzen und Schwingungsmedikamente wie Blütenessenzen und ätherische Öle auswählen können, um die Gesundheit und das Wohlbefinden Ihres Haustieres zu fördern.

Sie werden häufig auf die beiden charakteristischen Übungen stoßen, die ich in vielen meiner Bücher präsentiere. Sie heißen »Geist-zu-Geist« und »Heilende Ströme der Gnade« und machen Sie nahezu augenblicklich zum Energieprofi. Wenn Sie diese Übungen bereits kennen, werden Sie schnell merken, wie wunderbar sie auch in der Tierpflege anwendbar sind. Falls sie Ihnen neu sind, werden Sie begeistert feststellen, wie einfach sie sind. Ich wette, dass Sie sie im Umgang mit Tieren fast immer nutzen können.

Weil eine gute Karte jede Reise einfacher macht, finden Sie hier alle acht Kapitel dieses Buches zusammengefasst.

Kapitel 1, Das Band: Hier wird erzählt, wie sich die Seele eines Haustieres durch die Zeit bewegt, von früheren Leben über das Leben in einem menschlichen Zuhause bis zum Leben nach dem Tod. Ich werde diese Reise aus dem Blickwinkel von Karma, Dharma und Energie erforschen und erklären, welche Rolle die physischen und feinstofflichen Energiesysteme jeweils spielen. Außerdem werde ich kurz erläutern, welche grundsätzlichen Unterschiede zwischen domestizierten und wilden Tieren bestehen, wenn es um ihre Bestimmung geht.

Kapitel 2, Die Energiesignatur: Gruppen von Haustieren, bestimmte Tierarten und einzelne Seelen sind mit energetischen Codes versehen, die jeweils eine Bedeutung transportieren. Diese Bedeutungen summieren sich zu einer übergeordneten energetischen Signatur, die Ihr Tier beschreibt. In diesem Kapitel lernen Sie zunächst die Codes für die sieben Haustierfamilien kennen, die wir in diesem Buch behandeln werden, nämlich:

Säugetiere: Hunde, Katzen, Pferde, Kaninchen, Frettchen und Schweine
Nagetiere: Rennmäuse, Hamster, Chinchillas, Meerschweinchen, Farbratten und Mäuse
Vögel: Sittiche, Papageien, Kanarienvögel, Aras sowie domestizierte Hühner, Truthähne, Tauben, Enten und Gänse
Reptilien: Schlangen, Eidechsen, Leguane und Schildkröten
Gliederfüßer: Spinnen wie Vogelspinnen; Krebse wie Einsiedlerkrebse und andere; Ameisen, Raupen, Tausendfüßler
Amphibien: Frösche, Molche, Salamander und Kröten
Fische: Süß- und Salzwasserfische wie Skalare (Segelflosser), Goldfische, Regenbogenfische, Koi-Karpfen und Guppys.

Sie werden allmählich herausfinden, wie die besondere Geschichte und Persönlichkeit Ihres Haustieres in dieses Bild passt, und die Geist-zu-Geist-Methode anwenden, um seine persönliche energetische Signatur zu erkennen. Die so gewonnenen Einsichten helfen, sich bei der energetischen Analyse und Heilung ganz auf die spezifischen Bedürfnisse Ihres Haustieres zu konzentrieren.

Kapitel 3, Das feinstoffliche Energiesystem: Nachdem wir untersucht haben, welche Vorteile es hat, mit der feinstofflichen Energieanatomie zu arbeiten, die aus Energiezentren, -kanälen und -feldern besteht, wenden wir uns der Praxis zu und konzentrieren uns auf die Chakras. Jedes einzelne Chakra in meinem Zwölf-Chakra-System ist für bestimmte physische, psychische und spirituelle Funktionen zuständig. Welche Art Haustier Sie auch haben, die Abbildungen in diesem Kapitel werden Ihnen helfen, seine Chakras zu lokalisieren.

Kapitel 4, Die Kommunikation mit einem Haustier: Wie können Sie ergründen, was in Ihrem Haustier vor sich geht? Wie können Sie Ihrem Haustier am besten eine Nachricht senden oder sich mit seiner spirituellen Führung verbinden? Ich präsentiere vier Kommunikationsmöglichkeiten, die auf den Chakras basieren, sowie einen alles umfassenden mystischen Stil für die intuitive Kommunikation.

Kapitel 5, Energetische Probleme: Viele Probleme lassen sich auf ein Ungleichgewicht im feinstofflichen Energiehaushalt zurückführen. In diesem Kapitel erfahren Sie zunächst etwas darüber, dass den meisten Problemen mit Haustieren ein Trauma zugrunde liegt. Es gibt verschiedene Arten von Traumata, von denen wir hier die wichtigsten behandeln, darunter abgesaugte Energie, Seelenbesetzung, emotionale Herausforderungen und mikrobielle Infektionen. In diesem Kapitel finden Sie eine Tabelle, anhand derer Sie die physischen, psychischen, verhaltensbezogenen und spirituellen Probleme eines Haustieres in Zusammenhang mit den Chakras beurteilen können. Dies ist eine unschätzbare langfristige Ressource, denn Sie können darauf zurückgreifen, wann immer Ihr Haustier Stress oder Schwierigkeiten hat.

Kapitel 6, Energetische Lösungen: Es ist Zeit, mehr Glück und Wohlbefinden zu schaffen – sowohl für Ihr Haustier als auch für Ihre Mensch-Tier-Beziehung. Basierend auf einer energetischen Analyse werden Möglichkeiten aufgezeigt, Lösungen für alle Probleme zu finden, die in Zusammenhang mit Haustieren auftreten. Ich gebe Ihnen Tipps für die allgemeine Arbeit mit jedem Chakra und für die spezifische Arbeit mit den entsprechenden Hauptorganen und Körperteilen. Sie können zu dieser Liste zurückkehren, wann immer es Probleme mit Ihrem Haustier gibt.

Kapitel 7, Schwingungswerkzeuge: Wer sich mit feinstofflicher Energie auskennt, kann eine beliebige Anzahl von energetischen Werkzeugen einsetzen, um die Entwicklung seines Haustieres zu unterstützen. In diesem Kapitel geht es um Schwingungsmedizin, etwa den Einsatz von Berührung, Farbe, Steintherapie, Toning und ätherischen Ölen.

Kapitel 8, (Glückliches) Ende: Wie können Sie einem Haustier beim Sterben helfen – und damit auch sich selbst? Wie können Sie einem Haustier beim Verlust eines anderen helfen? Und gibt es Möglichkeiten, nach dem Tod eines Haustieres in Kontakt mit seiner Seele zu bleiben? Alle Beziehungen zwischen Tier und Mensch enden mit dem Tod – oder etwa nicht? Dieses Kapitel wird Ihnen helfen, den Kreis zu schließen, der sich geöffnet hat, als ein Haustier in Ihr Leben kam.

Sie werden feststellen, dass das Erlernen von »allem rund um die Energie« Ihres Haustieres und Ihrer Beziehung zueinander die Situation für alle Beteiligten mehr als verbessern kann. Es wird Sie für die Liebe öffnen, denn Liebe ist das ultimative Ziel einer jeden Verbindung zwischen Haustier und Mensch und die Essenz von allem, was ist.

Kapitel 1

Das unerklärliche Band

Sie sind nicht unsere Brüder, nicht unsere Untertanen.
Sie sind andere Völker,
mit uns gefangen im Netz des Lebens und der Zeit.
Sie sind Gefangene von Pracht und Mühsal
dieser Erde genau wie wir.

Henry Beston

Die meisten von uns würden sagen, dass uns unsere Haustiere alles bedeuten. Umgekehrt stimmt es aber auch: Wir sind die ganze Welt für unser Tier. Was genau macht diese scheinbar unerklärliche Bindung so bedeutungsvoll?

Um diese Frage zu beantworten, beginnt dieses Kapitel mit einer Reise. Beginnend mit dem »Ersten Zeitalter«. »Erstes Zeitalter« ist ein Hopi-Begriff für den Anfang der Schöpfung. In dieser Zeit lebte das menschliche Volk friedlich mit nicht menschlichen Völkern zusammen, etwa denen der Säugetiere, der Vögel und der Reptilien. Die Verbindung zu Ihrem Haustier, die Sie deutlich spüren, ist ein Echo dieses ursprünglichen Bandes.

Der historische Rückblick führt zu einer ausführlichen Diskussion der Segnungen, die gegenwärtig in jeder Beziehung zwischen Mensch und Haustier ausgetauscht werden, und dann zu einer Untersuchung, wie – und warum – ein Haustier in unser Leben kommt. Um dies zu erläutern, werde ich eine Geschichte erzählen, in der es darum geht, wie eine einzelne Haustierseele die Zeit durchquert. Diese Geschichte wird mir auch helfen, wichtige Begriffe wie Geist, Seele, denkender Geist, Körper, Karma und Dharma zu definieren. Zunächst allerdings widmen wir uns ganz dem Thema des Buches: Energie.

Wenn Sie Ihre Haustiere wirklich verstehen und unterstützen und auch Ihre Beziehung zu ihnen verbessern wollen, helfen Ihnen Kenntnisse über Energie.

Alles besteht aus Energie. Ein Verständnis für die wichtigsten Unterschiede zwischen den zwei Arten der Energie sowie für die Anatomien, die sie jeweils steuern, ist der Schlüssel zu einer glücklichen, gesunden Beziehung zwischen Haustier und Mensch. Dies ist auch die einzige Möglichkeit, das Echo der Liebe, welche die menschlichen und nicht menschlichen Völker noch verbindet, fühlbar zu machen.

Und nun werden wir die erstaunliche und sich ständig weiterentwickelnde Bindung, die vor so langer Zeit begann, genauer unter die Lupe nehmen.

Das Erste Zeitalter
Als die Völker ihre Weisheit teilten

Wie bereits erwähnt, gibt es einen Grund für die enge Verbindung zwischen Haustieren und Menschen. Meine Erklärung basiert auf einer kurzen historischen Lektion.

Den Hopi zufolge hat die Erde mehrere Zerstörungen und Wiedergeburten durchgemacht. In der Tat leben wir gegenwärtig in der vierten Startphase, auch Viertes Zeitalter genannt. Die Hopi sind nicht die einzige Kultur, die das glaubt. Gesellschaften wie das hinduistische Indien, das alte Griechenland, die Maya, die Zuni, die Navajo, das alte Ägypten, die Perser, die Azteken, die Cherokee, die Sumerer, die Kelten und die alten Kulturen Skandinaviens haben diesen Zyklus von Tod und Wiedergeburt ebenfalls anerkannt, unabhängig davon, ob sie Begriffe wie »Äon«, »Epoche« oder »Welt« für die einzelnen Zeitalter verwendeten. Allen Beschreibungen ist eines gemeinsam: Im ersten Zeitalter lebten die Menschen im Einklang mit allen anderen Lebewesen.

Laut den Hopi wurden die Pflanzen, die Tiere und andere nicht menschliche Völker tatsächlich vor dem menschlichen erschaffen. Diese Naturwesen wurden von Mutter und Vater Schöpfer sehr geliebt, weil »die ganze Kraft der Schöpfung durch sie floss« (Waters 1963, 6). Die Menschen, die anschließend erschaffen wurden, sollten einen anderen, aber ebenso besonderen Platz in der Schöpfung einnehmen. Wir waren angehalten, die Weisheit des Schöpfers anzuwenden, unser eigenes Wissen zu erweitern und gleichzeitig friedlich mit den nicht menschlichen Völkern zu leben. Was die Menschen damals wussten und woran wir uns heute nicht mehr erinnern, ist, dass alle Völker als Teil derselben irdischen Familie betrachtet wurden und sich umeinander kümmerten.

Um die Verbundenheit unter ihnen zu gewährleisten, wurden alle Lebewesen mit den gleichen feinstofflichen Energieorganen ausgestattet, die auch in der physischen Erde selbst vorhanden waren, nämlich mit Chakras. Mit dem Sanskritwort *Chakra* werden die feinstofflichen Energiezentren bezeichnet, die alle Aspekte des Lebens steuern. Deshalb konzentrieren wir uns vorrangig auf die Chakras. In der Tat können Sie Chakra-Wissen einsetzen, um alles zu bewerkstelligen, von der Analyse der Probleme, die ein Haustier hat, bis zum Finden von Lösungen. Die Hopi der alten Zeit arbeiteten mit fünf wichtigen feinstofflichen Energiezentren: Kopavi, das spirituelle Tor an der Krone, das Zugang zur Energie des Schöpfers bietet; das Stirnzentrum, das es jedem ermöglicht, selbstständig zu denken; das Halszentrum, in dem irdisches Wissen schwingt; das Herzzentrum, das zwischen Gut und Böse unterscheidet, und das Solarplexus-Zentrum, das die Lebensfunktionen steuert. Die Hopi wussten, dass es zu keiner Krankheit kommen würde, solange diese

Energiezentren in einem Lebewesen entsprechend ausgerichtet waren. Daher galten die Chakras als eine Art »göttlicher Bauplan«, der dafür sorgte, dass die Erde und alle Lebewesen in Sicherheit, gesund und miteinander in Verbindung waren.

Doch dann lösten sich die Menschen allmählich von ihren feinstofflichen Zentren. Nach Auskunft der Hopi überzeugte ein manipulierendes Wesen die Menschen davon, dass sie besser sind als die Tiere und es weder nötig haben, die spirituelle Weisheit ihrer Chakras anzuzapfen, noch auf ihre nicht menschlichen Freunde zu achten. Die Menschen verlegten sich darauf, die anderen grausam zu behandeln und bewirkten damit, dass diese sich zurückzogen. Aus lauter Verwirrung wurden diese Lebewesen wild, Chaos entstand und führte das Ende des Ersten Zeitalters herbei.

Ein paar wenige Menschen haben es geschafft, sich die Weisheit des Schöpfers in der Phase zwischen dem Ersten und dem Zweiten Zeitalter zu bewahren. Diese Menschen, die wie Phönix aus der Asche hervorgegangen sind, nutzten ihre feinstofflichen Zentren, um kluge Entscheidungen zu treffen und wieder eine Verbindung mit den nicht menschlichen Wesen einzugehen. Die Zentren sollten eine unmittelbare Verbindung sowohl zwischen ihnen und der Erde als auch zwischen ihnen und dem Schöpfer herstellen. Doch wieder überwogen Gier und Gewalt. Die Menschen distanzierten sich erneut von den nicht menschlichen Völkern und von ihren energetischen Zentren. Seither sind auch das Zweite und das Dritte Zeitalter untergegangen und für unser Viertes Zeitalter sieht es nicht gerade rosig aus (Waters 1963, 6–15).

Die einzige Möglichkeit, der Zerstörung des gegenwärtigen Zeitalters Einhalt zu gebieten oder sie zu verzögern, besteht nach Auskunft der Hopi-Ältesten darin, die Weltordnung des Ersten Zeitalters wiederherzustellen. Um dies zu erreichen, müssen wir Menschen wieder in Harmonie mit den nicht-menschlichen Völkern leben (Waters 1963, 182). Und wie könnte man das besser tun, als die Beziehung zu unseren Haustieren zu verbessern? Sie können uns wieder zu der Liebe zurückführen, die in unseren Herzen immer noch vorhanden ist.

In anderen Kulturen wird der frühen Beziehung zwischen der nicht menschlichen und der menschlichen Familie ebenfalls eine große Bedeutung beigemessen. In der Tat hat die nicht menschliche Familie in Sachen Intelligenz manchmal sogar die Nase vorn. Beispielsweise glauben die Creek-Indianer, dass die Frühmenschen so dumm und egoistisch waren, dass sie die ersten Anweisungen des Schöpfers nicht einmal als solche erkennen konnten. Bei diesen Anweisungen handelt es sich um Richtlinien für ein sinnerfülltes Leben. Der besorgte Schöpfer versteckte das Wissen über diese Anweisungen in tierischen und pflanzlichen Geschöpfen und versuchte, die Menschen zu zwingen, die Hilfe von Wesen in Anspruch zu nehmen, die sie für weniger beachtenswert hielten als sich selbst. Aus Stolz wollten sich die Menschen nicht so weit herablassen. Daher entgehen uns die Geheimnisse des Universums genauso wie die Hilfe, das Wissen, die Segnungen und die anderen Geschenke, die wir von unseren nicht menschlichen Freunden bekommen könnten (Grantham 2002, 255).

Die Angehörigen aller nicht menschlichen Völker haben einander und auch den Menschen einzigartige Weisheit zu bieten. Damit Sie die Bedeutung der persönlichen Beziehung zu Ihrem Haustier verstehen, muss ich genauer definieren, was ich unter einem Haustier verstehe. Immerhin kommen die Mitglieder der in diesem Buch vorgestellten Tierfamilien – Säugetiere, Nagetiere, Vögel, Reptilien, Gliederfüßer, Amphibien und Wassertiere – sowohl im wilden als auch im domestizierten Zustand vor. Darüber hinaus gibt es verschiedene Arten von domestizierten Lebewesen. Welche meine ich, wenn ich den Begriff Haustier verwende? Untersuchen wir diese Frage kurz unter praktischen und energetischen Gesichtspunkten.

Wilde und domestizierte Wesen
Die wichtigsten Unterschiede

Unter normativen Gesichtspunkten werden die Lebewesen in jeder der sieben Kategorien, die in diesem Buch behandelt werden, sowie andere Arten von Tieren und dergleichen entweder als wild oder domestiziert bezeichnet. Es ist wichtig, die Unterschiede zwischen diesen beiden Gruppen zu verstehen – und die Kategorie »domestiziert« weiter aufzuschlüsseln –, um zu erkennen, was ein Haustier ist und die Bedeutung der erstaunlichen Beziehung zwischen Haustier und Mensch voll und ganz zu erfassen.

In der Regel sind wilde Lebewesen von uns Menschen unabhängig. Domestizierte Wesen sind für ihr Wohlergehen auf den Menschen angewiesen und interagieren Tag für Tag eng mit ihm. Dies ist keine absolut stichhaltige Definition. Stellen Sie sich vor, eine Familie zieht weg und lässt ihre Katze zurück. Diese Katze könnte jetzt wild werden und für sich selbst sorgen. Sie ist für ihr Überleben zwar nicht in vollem Umfang auf Menschen angewiesen, hat aber dennoch eine Beziehung zu ihnen. Vielleicht stellt ihr eine Nachbarin ab und zu einen vollen Fressnapf vor die Haustür und ein anderer Nachbar lässt bei Sturm die Tür zum Schuppen für sie offen.

Die andere Seite der Medaille ist, dass einige Naturwesen wild geboren und später domestiziert wurden. Das sind zum Beispiel verwaiste Wölfe, gefangen genommene Affen, von Menschen aufgezogene Elefanten und Tiere aus Zuchtprogrammen. Exoten sind eine besondere Art von wilden Kreaturen. Diese ungewöhnlichen Naturwesen, etwa Streifenskunks, Löwen, Alligatoren, Pythons und andere, werden in der Regel in die Gefangenschaft gezwungen und wie Haustiere behandelt. Sie mögen sich zwar irgendwie mit Menschen verbrüdern, akzeptieren die Domestizierung aber niemals voll und ganz.

So wie es Unterschiede zwischen wilden Tieren gibt, gibt es auch Unterschiede zwischen domestizierten Tieren. Die drei Haupttypen domestizierter Naturwesen sind Arbeitstiere, Nutztiere und Haustiere. Pferde und Maultiere beispielsweise sind Arbeitstiere. Kühe, Schafe und Ziegen gelten als Nutztiere. Doch so wichtig diese Tiere und deren Haltung auch sind, dieses Buch beschränkt sich weitgehend auf Haustiere – und ihre Seelen. Haustiere sind nämlich Wesen, die auf jeder Bewusstseinsebene mit uns interagieren, also physisch, psychisch, spirituell und energetisch.

Im Gegensatz zu einem wilden Tier ist ein Haustier von uns abhängig. Manchmal revanchieren sie sich für den Gefallen, den wir ihnen tun, wie wir im nächsten Abschnitt erfahren werden. Auf der psychischen Ebene nehmen wir oft Einfluss auf die emotionale Gesundheit unseres tierischen Gefährten und umgekehrt. Spirituell gesehen ist unsere Seele nicht nur über ein karmisches oder dharmisches Band mit der Seele eines Haustieres verbunden, sondern wir senden und empfangen auch übersinnliche Botschaften. Auf der energetischen Ebene stehen unsere Chakras in ständiger Wechselbeziehung mit denen des Tieres, tauschen Informationen aus, geben Unterstützung und teilen manchmal sogar Krankheiten, Erinnerungen und Probleme miteinander. All das werden wir noch genau unter die Lupe nehmen.

Im Gegensatz dazu tauchen wilde Tiere normalerweise zufällig in unserem Leben auf oder helfen bei der Übermittlung eines Omens oder einer Botschaft. Dies werden wir in Kapitel 2 näher untersuchen. Unsere Beziehung zu Arbeits- und Nutztieren beschränkt sich normalerweise auf die körperliche Ebene. Dazu gehört auch der Energieaustausch zwischen den physisch orientierten Chakras. Es kommt eher selten vor, dass wir mit dieser Art von domestizierten Wesen auf der psychischen oder spirituellen Ebene interagieren. Natürlich kann ein Ackergaul ein tierischer Gefährte werden, wenn die Beziehung nicht nur rein physische Komponenten hat.

Das Gleiche gilt für eine besondere Ziege oder ein Schaf. Insgesamt jedoch helfen uns die tierischen Gefährten, die einen Platz in unserem Herzen haben, am ehesten dabei, das Versprechen zu erfüllen, das sich menschliche und nicht menschliche Wesen im Ersten Zeitalter gegeben haben und das immer noch Gültigkeit hat. Deswegen ist dieses Buch den Gefährten gewidmet, die uns lehren, führen und heilen – und die wir unsere »Haustiere« nennen.

Könnte es sein, dass unsere Freunde tatsächlich über die Weisheit verfügen, nach der wir als Kollektiv und als Individuen suchen? Wenn wir Dutzenden von Schöpfungsmythen Glauben schenken dürfen, lautet die Antwort Ja. Die Frage ist nur: Sind wir bereit zuzuhören?

Die Geschenke unserer Haustiere

Wie oft hören Sie wirklich auf Ihr Haustier oder wissen, was es Ihnen möglicherweise geben kann? Wie eine Freundin von mir kürzlich erfahren musste, ist es nicht immer einfach, die Botschaften, die sie uns schenken, als solche zu erkennen.

Molly machte sich Sorgen um ihren Kater. Wie viel Futter sie ihm auch gab, Felix miaute und kratzte in der Nähe des Herdes am Küchenunterschrank. Dort bewahrte sie sein Futter auf. Doch auch nachdem er gefressen hatte, kehrte Felix zu seiner Position am Schrank zurück und begann erneut zu protestieren.

Molly rief mich an und fragte, ob ich herausfinden könne, was mit Felix los sei. Musste sie ihn zum Tierarzt bringen? Tanzten die Mäuse im Schrank? Ich empfing nur einen einzigen intuitiven Blitz: einen irgendwie unangenehmen, starken Geruch. Ich schlug Molly vor, mit Felix zum Tierarzt zu gehen und außerdem einen Fachmann hinzuzuziehen, um die Quelle des giftigen Geruchs ausfindig zu machen.

Ein paar Tage später rief mich Molly zurück. »Die Gasleitung am Herd neben dem Küchenschrank hatte ein Leck«, berichtete sie bestürzt. »Ich glaube, mein Kater hat mich gewarnt.«

Hatte Felix den Gasgeruch wahrgenommen? Oder hatten seine übersinnlichen Antennen Alarmstufe Rot gemeldet? Haustiere haben intuitive Fähigkeiten, die unsere eigenen bei Weitem übertreffen können. Sobald der Techniker das Leck repariert hatte, kehrte Felix jedenfalls in seinen ziemlich faulen Normalzustand zurück.

Diese Geschichte ist nur eine von Tausenden über die merkwürdigen Botschaften, die Menschen von ihren Haustieren erhalten, die mir zu Ohren gekommen sind. Manche ihrer Geschenke sind materieller Natur. Andere sind sehr viel mysteriöser und können als psychisch oder spirituell angesehen werden. Wie auch immer, es scheint, dass unsere Vorfahren recht hatten: Unsere Haustiere verfügen über Fähigkeiten, die wir Menschen nicht haben.

Nehmen wir die gewöhnliche Hauskatze. Wussten Sie, dass ihr Schnurren die Knochendichte verbessert und die Heilung nicht nur der Knochen, sondern auch der Sehnen und Bänder fördert (Lyons 2003)? Der Beweis dafür ist die Tatsache, dass sich Katzen keine Knochenerkrankungen zuziehen, außer in den Teilen des Skeletts, wo die Schwingungsintensität des Schnurrens am geringsten ist, nämlich in den Pfoten (Peterson, o. J.).

Und was ist mit Hunden? Der Speichel eines Hundes enthält Proteine, mit deren Hilfe Wunden doppelt so schnell heilen, als wenn die Verletzung in Ruhe gelassen wird (Goodnet 2015). Und Haustiere wie Katzen, Kaninchen und Meerschweinchen steigern die Immunabwehr und reduzieren die Anzahl von Erkältungen und Mittelohrentzündungen bei Kindern (Rovner 2012). Sie müssen jedoch gar nicht unbedingt den obligatorischen Hund, die Katze, das Kaninchen oder das Nagetier besitzen, um von der Verbindung mit einem Haustier zu profitieren. Das Zusammenleben mit jeder Tierart scheint denselben Zweck zu erfüllen.

Ein typisches Beispiel: Studien zeigen, dass Tierhalter über weniger körperliche Beschwerden wie Kopfschmerzen oder Heuschnupfen klagen. Unabhängig davon, ob das Haustier ein freundlicher Fido oder eine schlaue Schlange ist, allein seine Anwesenheit kann den Cholesterin- und Triglyceridspiegel sowie den Blutdruck senken. Ein Haustier zu haben, zaubert ein Lächeln ins Gesicht und erhöht die allgemeine Zufriedenheit von Menschen jeden Alters (Pet Health Council, o. J.).

Haustiere können auch Lebensretter sein und Menschen vor Gefahren für ihre Gesundheit warnen. Nehmen Sie Hunde. Sie sind mit 220 Millionen Geruchsrezeptoren ausgestattet – wir hingegen nur mit 5 Millionen – und können daher winzige Veränderungen in der menschlichen Chemie wahrnehmen. Sie können beispielsweise vorhandene Krebszellen riechen, einen bevorstehenden Narkolepsie-Anfall, eine aufkommende Migräne, einen Blutzuckerabfall bei Diabetikern und einen herannahenden Krampfanfall erkennen (Heimbuch 2016).

Alle Beispiele, die ich bisher angeführt habe, veranschaulichen einige der vielen dokumentierten körperlichen und psychischen Vorzüge, die unsere Haustiere zu bieten haben. Doch in Anbetracht der Tatsache, dass sie spirituelle Wesen sind, tragen sie auch zu unserer spirituellen Weiterentwicklung bei. Ich möchte Ihnen dies am Beispiel einer Klientin von mir verdeutlichen.

Die beste Freundin meiner Klientin Gertrude war Rosy, eine chilenische Rosenhaartarantel. Das sind sanfte Wesen, obwohl sie für viele fürchterlich anzusehen sind. Rosy lebte in einem Terrarium, aber ihre Seele ging nachts auf Wanderschaft, oft direkt in Gertrudes Träume.

Spinnen haben mütterliche Züge. Sie können offenbaren, was wir im Netz unseres Lebens behalten oder aber von ihm fernhalten sollten. Eine Besonderheit von Rosy war, dass sie erkennen konnte, wer vertrauenswürdig war und wer nicht. Den Beweis dafür trat sie eines Nachts in Gertrudes Träumen an. Rosy erschien deutlich sichtbar und ihre haarigen Beine warfen dunkle Schatten auf das Foto von Gertrudes neuem Freund. Basierend auf Rosys Botschaft überprüfte Gertrude die Lebensumstände des Mannes genauer und stellte fest, dass er verheiratet war.

Haustiere verbessern unser Leben zweifellos, aber sie brauchen uns auch, damit sie sich bei uns revanchieren können.

Was wir unseren Haustieren schuldig sind

Das Leben ist keine Einbahnstraße. Unsere Haustiere geben uns etwas, und wir müssen etwas zurückgeben. Dies beinhaltet, dass wir die körperlichen, geistigen und spirituellen Bedürfnisse eines Tieres erkennen und befriedigen. Werfen wir einen Blick auf diese Bedürfnisse.

Auf der körperlichen Ebene müssen wir unser Haustier angemessen füttern und bei Bedarf sogar eine besondere Diät einhalten. Die Hündin meines ältesten Sohnes verträgt ungefähr fünf Nahrungsmittel. Jedes andere Futter macht sie krank. Und natürlich brauchen Haustiere je nach Tierart mehr oder weniger Bewegung und Training sowie Schutz.

Auf der emotionalen Ebene brauchen die meisten Haustiere Zuwendung. Die benötigte Menge hängt von ihrer Art ab, aber auch von ihrer Persönlichkeit. Ich weiß sehr wohl, dass Katzen angeblich eher distanziert sind, aber Kater Johnny, der bis vor ein paar Jahren bei mir lebte, bestand darauf, jede Nacht bei mir zu schlafen. Er war ganz wild darauf zu kuscheln und schnurrte die halbe Nacht. Ein weiteres Beispiel: Mein Sohn hatte einmal fünf Goldfische. Sie folgten seinem Gesicht rund um das Aquarium, wann immer er hineinschaute, und schwammen ziellos umher, wenn er weg war. Ich bin mir sicher, dass sie eine besondere Art von Licht in meinem Sohn gesehen haben. Liebe ist immer die beste Nahrung.

So wie Haustiere übersinnliche Informationen an uns übermitteln, brauchen sie manchmal das Gleiche von uns. Als ich von einer Reise nach Hause kam – und das ist jetzt Jahre her –, fand ich Max, mein Meerschweinchen, hektisch und völlig außer sich vor. Er war überhaupt nicht mehr er selbst. Sonst war Max immer ruhig und gelassen.

Er musste so sein, denn Max führte den tierischen Haushalt. Von seinem Käfig im Esszimmer aus konnte er alles beobachten, auch, was im oberen Stockwerk des Hauses vor sich ging. Häufig hielten die Hunde und die Katze vor seinem Käfig inne, legten die Köpfe schief und schlugen eine neue Richtung ein, weil Max den entsprechenden Marschbefehl gegeben hatte. Sogar Wilma, meine frei laufende Schildkröte, und die Haustiere meiner Freunde, die zu Besuch kamen, blieben vor dem Käfig stehen und meldeten sich zur Stelle.

Nachdem ich ihn also recht hektisch und verwirrt vorgefunden hatte, beschloss ich, Max zu helfen. Von da an schickte ich Max immer eine Botschaft, bevor ich von einer Reise zurückkehrte. Mithilfe der Kommunikationsmittel für Haustiere, die Sie in Kapitel 5 kennenlernen werden, sagte ich ihm, er solle das Haus auf Vordermann bringen. Als ich einen Tag später durch die Tür ging, war Max ganz cool und gelassen – und die Hunde und die Katze saßen wie brave Schulkinder nebeneinander im Esszimmer. Ich vermutete, dass Max seinen Managementjob so ernst nahm, dass er sauer war, als ich nach Hause kam und er keine Zeit gehabt hatte, die Truppen in Stellung zu bringen. Also gab ich Max nun immer rechtzeitig Bescheid, wenn ich von einer Reise nach Hause kam.

Wie ich später näher ausführen werde, glaube ich, dass Max, obwohl er mittlerweile von uns gegangen ist, auch weiterhin den Haushalt meiner Tiere führt. Jetzt ist er allerdings noch mächtiger. Sobald Haustiere ihren Körper verlassen haben, kann ihre wahre Natur noch heller erstrahlen.

Sie können uns ihre Bedürfnisse auch intuitiv mitteilen. Vor ein paar Jahren erlitt eine meiner Klientinnen eine Panikattacke. Eine volle Stunde lang tauchten in ihrer Umgebung alle möglichen Repräsentationen von Feuer auf. In einer Fernsehsendung ging ein Haus in Flammen auf. Ihr Sohn zündete ein Streichholz an, was er nicht hätte tun sollen. Sie hörte drei Sirenen von Feuerwehrautos durch das offene Fenster. Weil sie nicht wusste, was das zu bedeuten hatte, meditierte sie und empfing das Bild ihres Pferdes, das in einem nahe gelegenen Bauernhof untergestellt war. Ganz verzweifelt rief sie den für die Unterbringung der Pferde Zuständigen an und fragte, ob es ein Problem auf dem Hof gäbe.

»Nein«, sagte er.

Meine Klientin ließ aber nicht locker, bis er versprach, die Pferdeställe zu überprüfen. Eine Stunde später rief er zurück. Offenbar hatte einer der Tierpfleger eine brennende Zigarette neben einem Heuballen fallen lassen und damit einen Schwelbrand ausgelöst, der schnell hätte außer Kontrolle geraten können. Das Pferd meiner Klientin war die Rettung gewesen. Es hatte den Rauchgeruch an meine Klientin weitergeleitet, die dann die Zeichen entsprechend interpretiert hatte.

Manchmal ist es schwer herauszufinden, ob eine übersinnliche Botschaft von einem Haustier oder einem Menschen gesendet wird. Ich habe einmal mit einer Klientin gearbeitet, deren Kaninchen sich immer wieder übergeben hat. Das Erbrechen hörte auf, als meine Klientin festgestellt hatte, dass sie schwanger war, und ihre morgendliche Übelkeit einsetzte. Mr. Rabbit hatte also lediglich den Zustand seiner menschlichen Gefährtin widergespiegelt.

Können sich unsere Haustiere tatsächlich seelisch, wenn nicht sogar spirituell mit uns identifizieren? Ich glaube, dass Haustiere nicht nur Seelen haben, sondern auch Bewusstsein, also dass sie bewusst wahrnehmen und handeln können. Neuere Forschungen von Gregory Burns, Professor für Neuroökonomie, zeigen, dass eine wichtige Gehirnregion, über die sowohl Menschen als auch Hunde verfügen, auf ähnliche Weise funktioniert. Es handelt sich um den *Nucleus caudatus* oder Schweifkern. Dieser ist reich an Dopaminrezeptoren und gilt als ein »Bewusstseinszentrum«, das positive Emotionen wie Liebe und Bindungsfähigkeit steuert. Die Tatsache, dass der *Nucleus caudatus* eines Hundes auf dem gleichen Niveau arbeitet wie der eines menschlichen Kindes, lässt darauf schließen, dass Hunde fühlende Wesen sind (Dvorsky 2013).

Säugetiere und Nagetiere haben einen voll entwickelten *Nucleus caudatus* genau wie wir. Auch Vögel haben eine ziemlich ähnliche Verschaltung im Gehirn. Von ihnen wird ebenfalls angenommen, dass sie auf einer hohen Bewusstseinsebene agieren. Aus neurologischer Sicht haben Reptilien und Amphibien ein weniger hoch entwickeltes Gehirn. Deshalb wird angenommen, dass sie weniger Bewusstsein haben, aber immer noch bewusst agieren. Beispielsweise haben sie eine Art Primärbewusstsein (Butler und Cotterill 2006), einen Überlebensinstinkt, der manchmal intuitiver Art ist. Wie diese Studien nahelegen, können die neurologischen Verschaltungen, die Menschen und Tiere aufweisen, einige der Gründe erklären, aus denen wir spirituell und sogar seelisch miteinander verbunden sind.

Wie oben dargestellt, müssen wir uns immer auf eine wechselseitige Beziehung zwischen uns und unseren Haustieren einstellen. Der Austausch von Zärtlichkeiten kann dazu beitragen, die Unruhe auszugleichen, für die Menschen im Laufe der Jahrhunderte unter den nicht menschlichen Völkern gesorgt haben. Aber man erreicht damit noch viel mehr. Die Verbindung zwischen Mensch und Tier ist der Schlüssel zum Erreichen unserer eigenständigen und gemeinsamen Ziele. Damit wir die Bedeutung dieser Beziehung wirklich verstehen, müssen wir uns den Weg der einzelnen Haustierseele anschauen, und der ist Gegenstand des nächsten Abschnitts.

Die Reise eines Haustiers durch Zeit und Raum

Es war einmal eine Zeit, in der alle Wesen im Himmel zusammenlebten. Keines verletzte ein anderes. Wissen wurde vermittelt, bevor es gebraucht wurde. Der Himmel war über alles erhaben, weil er von Geistwesen bewohnt wurde. Ihr Geistwesen – und das Ihres Haustieres – ist die unsterbliche Essenz, die sich selbst als vollständig mit dem Großen Geistwesen verbunden erkennt.

Wir haben viele Namen für das Große Geistwesen, darunter Gott, Christus, die Göttin, Allah, das Eine, das Schöpferbewusstsein, das Universum, Ganesha, Guanyin und andere. In diesem Buch verwende ich am häufigsten den Begriff »göttlicher Geist« und manchmal auch »der Schöpfer«. Sie können ihn durch einen anderen Namen ersetzen, wenn Sie möchten. Die Namen unterscheiden sich, aber unser gemeinsames Wissen über dieses Wesen oder diese Macht ist immer von Liebe, Gnade und Barmherzigkeit geprägt. Unser eigener spiritueller Anteil ist, genau wie der unserer Haustiere, als Verbindung zum Großen Geistwesen zu verstehen. Daher kann unsere Geistseele gar nicht anders, als die Welt durch die Brille der Liebe wahrzunehmen und entsprechend zu handeln.

Das Paradies war wunderbar, aber auch ein wenig langweilig. Das Wesen des Schöpfers besteht darin, seine Schöpfung durch Hervorbringen von immer mehr Liebe zu erschaffen. Weil alle Geistwesen nach dem Bild des Schöpfers geschaffen wurden, hatten sie alle die gleiche Sehnsucht. Und daher reisten sie in das expandierende Universum, das allmählich Form anzunehmen begann. Dort brachte jedes eine eigene Reihe von einzigartigen spirituellen Eigenschaften wie Ehre, Heilung, Wahrheit, Loyalität, Gerechtigkeit oder Glück zum Ausdruck. Diese Eigenschaften bildeten die Grundlage für die spirituelle Bestimmung eines Wesens und seine ganz besondere Art, mehr Liebe in den entstehenden

Kosmos zu bringen. So hatte jede Geistseele eine Dharma-Aufgabe, eine besondere Berufung oder einen spirituellen Auftrag. In diesem Buch wird häufig die Rede davon sein, wie Sie Ihr Haustier bei der Erfüllung seiner Dharma-Aufgabe unterstützen können.

Es genügte allerdings nicht, Liebe einfach nur zu verbreiten. Die Geistwesen wollten sie auch erleben. Dafür mussten sie in der Lage sein, sich zwischen »Liebe« und »Nichtliebe« zu entscheiden. Eine Geistseele kann von Natur aus nichts anderes als liebevoll sein. Daher brachte jede von ihnen eine Seele hervor, eine Art verlangsamte Version ihrer selbst. Eine solche Seele kann liebevoll handeln – oder auch nicht. Die Konsequenz des von Angst und Gier motivierten Handelns war eine Katastrophe. Im Laufe der Zeit wurden die Seelen immer traumatisierter und traumatisierten andere, was zu tiefen Verletzungen und wenig hilfreichen Überzeugungen führte.

Die herannahende Dunkelheit und das aufkommende Leid brachten für die Seelen diverse Veränderungen mit sich. Damit eine Seele ihre Dharma-Aufgabe erfüllen konnte, musste sie sich auch um ihre negativen Erfahrungen und Überzeugungen kümmern. Mit anderen Worten, sie musste ihr Karma abarbeiten. Karma kann als Summe der Ereignisse und Wahrnehmungen definiert werden, die einerseits verzerrte Ansichten über die Liebe erzeugen, andererseits aber auch liebevolles Wissen und entsprechendes Handeln ermöglichen. Grundsätzlich mussten sich die Seelen mit ihrem Karma auseinandersetzen, um ihre Dharma-Aufgabe erfüllen zu können.

Etwa zu diesem Zeitpunkt fingen die Seelen allmählich an, Familien oder Seelengruppen zu bilden. Diese werden in der Regel nach der Dharma-Aufgabe organisiert. Beispielsweise gründeten die Seelen, die sich der Wahrheit verschrieben hatten, eine Familie und diejenigen, die sich der Ehrlichkeit verschrieben hatten, eine andere. Auf diese Weise können die Seelen einander bei der Erfüllung ihrer jeweiligen Aufgabe auf der Erde finden und unterstützen. Sie können sich auch gegenseitig beim Abarbeiten ihrer oft ähnlichen karmischen Muster hilfreich zur Seite stehen. Die meisten dieser Seelengruppen existieren noch heute, aber viele von ihnen wurden noch weiter abgegrenzt. Beispielsweise finden wir heute eine Seelengruppe, die aus dem Katzenstamm besteht, eine andere, die sich aus Tausendfüßlern zusammensetzt, und eine weitere für Menschen.

Damit sie alle ihre karmischen Erfahrungen, Fehlwahrnehmungen und Lektionen einordnen konnten, trat eine weitere Änderung ein. Jede Seele entwickelte einen denkenden Geist oder Verstand. Dieser denkende Geist ist so etwas wie ein nicht lokaler Computer, der den Überblick über alles behält, was die Seele schon gelernt hat oder noch lernen muss. Aber selbst das aktive Durchdenken von Dingen reichte nicht aus, um das Karma zu klären. Um echtes Wissen über die Liebe zu erwerben, brauchten die Seelen praktische Lektionen. Also inkarnierten sie allmählich in physischen Körpern und irdischen Lebenszeiten.

Ein Leben ist ein gut organisierter Unterrichtsplan, der sich aus bestimmten karmischen Aufgaben und Dharma-Verpflichtungen zusammensetzt. Ich glaube, dass die meisten Seelen, die gegenwärtig in einem Körper leben, bereits frühere Leben in verschiedenen Universen und auch auf diesem Planeten hinter sich haben. Reinkarnation ist nämlich das Standardprotokoll für den Umgang mit dem eigenen Karma und die Erfüllung der Dharma-Aufgabe. Was das betrifft, so glaube ich auch, dass Seelen fast immer in die gleiche Art von Körper zurückkehren, egal ob er tierisch, pflanzlich oder menschlich ist.

Dies bedeutet keineswegs, dass ein Tiger nicht in einem Leben als Mensch und in einem anderen als Elefant in Erscheinung treten kann. Das ist möglich.

Allerdings besteht eine Seele aus einer Reihe von Frequenzen oder Codes, die sich zu einem einzigartigen Selbst verbinden. Jeder nicht menschliche und jeder menschliche Körper besteht ebenfalls aus verschiedenen Codes. Im Laufe der Zeit haben sich Seelen tendenziell Körper ausgesucht, die zu ihren Codes passen, welche wiederum auf Karma, Dharma, Persönlichkeitsmerkmalen und anderen Faktoren basieren. Genau genommen möchten sie sich mit gleichen Seelen zusammentun. Daher beschließen viele Seelen, sich in einem Leben nach dem anderen wiederzutreffen. Wieder ist der ursächliche Grund dafür die Übereinstimmung von Karma (persönliche Geschichte) und Dharma (höhere Bestimmung).

In Kapitel 2 erfahren Sie alles über die Codes, welche die energetische Signatur oder einzigartige Persönlichkeit Ihres Haustieres ausmachen. Der springende Punkt im Moment ist, dass Sie und Ihr Haustier aus sehr wichtigen karmischen und dharmischen Gründen miteinander verbunden sind. Mein Hund Lucky ist die Reinkarnation meiner Hündin aus Kindertagen, die Muffy hieß. Woher weiß ich das? Ich hatte einen Traum, in dem Muffy auftauchte, bellte und dann in dem rundlichen Körper von Lucky, dem Welpen, verschwand. Dies ereignete sich, kurz nachdem wir Lucky zu uns nach Hause gebracht hatten.

Ich war froh, dass ich eine weitere Chance bekam, eine gesunde und liebevolle Beziehung zu Muffys Seele aufzubauen, denn ich hatte mich immer schuldig gefühlt, weil ich mich nicht gut genug um sie gekümmert hatte, als ich Kind war. Meine Mutter hatte mich gezwungen, Muffy im Hinterhof zu halten. Als ich älter wurde, spielte ich nur noch selten mit ihr. Jetzt kann ich die Aufmerksamkeit, die ich Muffy damals nicht geschenkt habe, durch viele Ballspiele und Stöckchenwerfen mit Lucky mehr als wettmachen. Wie Sie sich vorstellen können, arbeiten Muffy/Lucky und ich nicht nur unser Karma ab, sondern auch an unserem Dharma. Lucky bringt mir etwas über Freude bei und ich helfe ihm, Vertrauen aufzubauen. Eigentlich wäre ich nicht überrascht, wenn sich herausstellen würde, dass Muffy/Lucky Mitglied einer meiner Ahnenfamilien war. Ein Beispiel für dieses Phänomen werde ich in Kapitel 8 vorstellen, wenn ich meine komplizierte Beziehung zu Honey, meinem anderen Hund, genauer untersuche.

Es gibt aber noch eine andere Erklärung, warum sich Seelen in einem Leben nach dem anderen mit uns verbinden. Wenn sich eine Seele verkörpert, sei es als Naturwesen oder als Mensch, werden ihre Karma- und Dharma-Muster in ihre feinstoffliche und physische Anatomie aufgenommen.

Doch noch eine andere Art von Energie kann von der Seele auf einen Körper übertragen werden. Sie wird als Anhaftung bezeichnet und ich werde sie noch ausführlich behandeln. Zunächst genügt es zu wissen, dass es sich bei Anhaftungen um feinstoffliche Verträge handelt, die Seelen über Zeit und Raum verbinden. Sie bleiben über den Tod hinaus erhalten und wirken wie Schnüre, die zwei oder mehr Seelen aneinanderbinden. Die betreffenden Seelen werden unweigerlich in den Einflussbereich der jeweils anderen gezogen, und so spielen sich die gleichen Szenarien in einem Leben nach dem anderen ab, bis sich die Beteiligten daraus befreien. Befreiung setzt im Wesentlichen die Erforschung der karmischen Gründe voraus, durch die Seelen miteinander verflochten sind.

Ich habe beispielsweise einen Klienten, der meinte, er würde irgendwann der von seiner Frau regelrecht vergötterten Katze etwas antun, weil sie immer mitten in der Nacht spitze Schreie von sich gab. Glücklicherweise kam er zu mir, bevor er das tat. Wir fanden heraus, dass diese drei – der Mann, die Frau und die Katze – schon mehrmals inkarniert gewesen waren. In jeder Inkarnation hatte der Mann die Katze ermordet, weil er eifersüchtig auf die Gefühle war, die seine Frau für sie hatte. Die aktuelle Inkarnation der Katze schrie nachts aus Angst, erneut getötet zu werden. Wie ich erwartet hatte, gab es eine Anhaftung zwischen allen drei Seelen. Diese Bindung löste sich auf, nachdem sich mein Klient mit seiner Eifersucht auseinandergesetzt und beschloss, die Verbindung der beiden zu akzeptieren. Und die Katze flippte nachts nicht mehr aus.

Wie erhält die Seele diese komplizierten Handlungsstränge aufrecht? Kurz gesagt, das hat wie immer mit Energie zu tun: das Gute, das Schlechte, das Hässliche und das Schöne. Aus diesem Grund ist es wichtig, dass wir die grundlegenden Prinzipien und Funktionen von Energie verstehen. Nur indem wir Energie verlagern, können wir unseren Haustieren – und uns selbst – helfen, Karma und Traumata zu bewältigen und unsere individuelle und gemeinsame Bestimmung zu erfüllen. Nur wenn wir auf der Energieebene agieren, können wir die Vereinbarung zwischen den nicht menschlichen und den menschlichen Völkern erneuern und endlich erfüllen.

Alles eine Frage der Energie

Energie ist Information in Bewegung, und alles geschieht durch sie. In der Tat interagieren Sie jedes Mal, wenn Sie Ihr Haustier berühren, füttern oder loben, energetisch mit ihm. Wann immer Sie die Angst eines Tiers spüren, sich auf seinen Schmerz einstellen oder seine »Stimme« in Ihrem Kopf hören, ist dies energetisch. Was Ihrem Haustier, Ihnen selbst oder zwischen Ihnen beiden auch passiert, es ist immer eine Frage der Energie. Der Trick zur Veränderung der negativen Energie, die schlimme Situationen hervorruft, besteht darin, zwischen den beiden grundlegenden Arten von Energie zu unterscheiden, der grobstofflichen und der feinstofflichen.

Grobstoffliche Energie ist messbar und konkret. Wir erfassen sie mit unseren fünf Sinnen: Hören, Sehen, Schmecken, Tasten und Riechen. Die Tatsache, dass wir unsere Erfahrungen mit grobstofflicher Energie teilen können – wenn ich einen Cowboyhut sehe, sehen Sie ihn auch –, macht sie höchst vorhersehbar. Im Hinblick auf Haustiere bedeutet das: Wenn Sie Ihr Tier füttern, ist sein Hunger gestillt. Wenn Sie einem Hund sagen, er soll das Stöckchen holen, tut er es in der Regel. (Es sei denn, es handelt sich um einen meiner Hunde. Die runzeln einfach nur die Stirn. Doch selbst diese Reaktion ist vorhersehbar, denke ich.)

In den meisten Büchern geht es darum, das Leben eines Haustiers ebenso zu verbessern wie die Beziehung zwischen Tier und Mensch, indem sie erklären, wie man physische Energie analysiert und verändert. Einiges davon wird auch in diesem Buch behandelt. Wenn Ihr Haustier Verhaltensstörungen aufweist und psychische oder physische Probleme hat, müssen Sie diese mit grobstofflichen Mitteln erkennen, lösen und im Auge behalten, damit sich etwas ändert. Möglicherweise muss das Tier zu einem Tierarzt, braucht mehr liebevolle Fürsorge oder häufigere Bewegung. Oftmals ist es jedoch so, dass die meisten Situationen in der physischen Realität tatsächlich auf Begebenheiten in den feinstofflichen Bereichen zurückzuführen sind. Das bedeutet: Feinstoffliche Energien bestimmten die Aktivität der grobstofflichen.

Im Vergleich zu grobstofflichen Energien sind die feinstofflichen weniger gut messbar und vorhersehbar. Wir können feinstoffliche Energien mithilfe eines Röntgengeräts oder mit dem bloßen Auge nicht wahrnehmen. Andere Bezeichnungen für feinstoffliche Energie verweisen auf ihr übernatürliches Verhalten, etwa übersinnliche, mystische, intuitive und spirituelle Energie. Noch andere Begriffe, die mit feinstofflicher Energie gleichgesetzt werden, sind Nullpunkt-, Äther- und Quantenenergie sowie Orgon, Skalarwellen, Biophotonen, Tachyonen, Qi, Prana, zeitversetzte Wellen und Biofelder. Der Ausdruck »feinstoffliche Energie« funktioniert für mich, weil er zuerst von Albert Einstein verwendet wurde. Dieser definierte sie als »die Kraft, die in Abwesenheit aller bekannten Kräfte verbleibt« (Crowe 2004, 206).

Worauf wollte Einstein hinaus? Er deutete an: Wenn man alles Feste, Konkrete von einem Objekt oder einer Situation entfernt, bleibt eine Energie, die allem zugrunde liegt. Das ist die feinstoffliche Energie, welche die gesamte physische Wirklichkeit gestaltet und erhält. Wenn Sie also Dinge in der konkreten Realität verbessern möchten, vom Verhalten Ihres Haustiers bis zu seiner Gesundheit, müssen Sie verstehen und verändern, was sich in der feinstofflichen Wirklichkeit abspielt.

Ich habe herausgefunden, dass Haustiere sehr empfindlich auf das reagieren, was sich zwischen den physischen und den feinstofflichen Bereichen abspielt, und die meisten meiner Freunde und Klienten bestätigen dies. Beispielsweise habe ich eine Klientin, deren Leguan namens Ralph plötzlich Flecken entwickelte, und zwar kurz bevor ihr Sohn die Masern bekam. Sobald sich die Flecken bei dem Kind zeigten, verschwanden sie beim Leguan. Es schien, als habe Ralph die Familie vor der herannahenden Krankheit des Kindes warnen wollen. Honey, einer meiner Hunde, lag vier Tage lang in seinem Hundebett, nachdem sich mein Sohn wegen einer verkrümmten Nasenscheidewand und Polypen einer Operation unterzogen hatte. Honey stand nur auf und begab sich kurz nach draußen, wenn auch mein Sohn auf die Toilette ging. Er hat meinen Sohn sowohl auf der körperlichen als auch auf der emotionalen Ebene unterstützt. Ein anderes Mal kam ich traurig nach Hause. Ich hatte gerade meinen Sohn im College abgeliefert. Zu meiner Überraschung begrüßte mich Honey an der Eingangstür mit fünf quietschenden Spielzeugen. Sie lagen nebeneinander in einer Reihe. Honey nahm eines nach dem anderen ins Maul und ließ es quietschen. Er hatte aus der Ferne mitbekommen, dass ich traurig war, und eine richtige Aufmunterungszeremonie für mich geplant.

Grobstoffliche und feinstoffliche Energien sind zwar voneinander abhängig, werden aber von unterschiedlichen Wissenschaftsdisziplinen erklärt. Die klassischen Gesetze der Naturwissenschaft, die beschreiben, wie Objekte mit Kräften interagieren, beziehen sich auf grobstoffliche Energie. In der Regel sagt die klassische Naturwissenschaft: »What you see is what you get«, also praktisch: »Mehr als was man sehen (und beweisen) kann, gibt es nicht.« Wenn Sie einem Hund einen Knochen geben, ist der bald Geschichte. Wenn Sie einer Katze Katzenminze geben, ist sie stundenlang in Hochstimmung. Feinstoffliche Energie hingegen wird von der Quantenmechanik beschrieben, die sich der Untersuchung von Quanten verschrieben hat, den kleinsten Einheiten des Universums. Quanten werden als »freakig« oder »spukhaft« bezeichnet, weil die Quantengesetze nicht sehr regelkonform sind, zumindest nicht nach klassischen Maßstäben.

In der Quantenwirklichkeit existiert ein Objekt an mindestens zwei Orten gleichzeitig und tritt nur dann physisch in Erscheinung, wenn – und wo – es beobachtet wird. Das bedeutet, dass feinstoffliche Energie durch Entscheidungskraft oder gezieltes Fokussieren gesteuert werden kann. Dies legt die Vermutung nahe, dass Sie im Umgang mit Ihrem Haustier alles, vom Verhalten des Tieres bis zu seiner spirituellen Entwicklung, beeinflussen, indem Sie sich bewusst machen, was auf der feinstofflichen Ebene geschieht. Wenn die feinstofflichen Energien anschließend verändert werden oder ganz bewusst ein günstiges Ergebnis visualisiert wird, reagieren die grobstofflichen Energien entsprechend.

Eine andere Quantenregel besagt, dass zwei Objekte, die einmal zusammengekommen sind, verschränkt oder verbunden bleiben. Das bedeutet, dass sich diese beiden Objekte oder Wesen gegenseitig beeinflussen, auch wenn sie durch Zeit und Raum voneinander getrennt sind. Wenn Sie beispielsweise auf Arbeit sehr schlecht gelaunt sind, könnte auch Ihr Tier zu Hause griesgrämig werden. Andererseits könnte Sie Ihr Haustier, wenn Sie unglücklich sind, dadurch aufheitern, dass es selbst fröhlich ist. Da Zeit und Raum diese Verbundenheit nicht beeinträchtigen, erklärt das Gesetz der

Quantenverschränkung auch, wie Ihr Haustier mit Ihnen Kontakt aufnehmen kann, wenn es verstorben ist, und wie Sie sich in einem Leben nach dem anderen wiederfinden. Wenn sie einmal verbunden waren, bleiben unsere Seelen es meistens auch.

Abgesehen davon, dass wir die wichtigsten Unterschiede zwischen grobstofflichen und feinstofflichen Energien verstehen müssen, sollten wir auch über ihre unterschiedliche Anatomie Bescheid wissen. Grobstoffliche Energie unterliegt der körperlichen Anatomie, die sich aus physischen Organen, Kanälen und Feldern zusammensetzt. Zu den Organen gehören unter anderen die Leber und die Gallenblase, zu den Kanälen Blut- und Lymphgefäße. Physische Felder gehen von jedem Atom, jeder Zelle und jedem Organ aus. Diese Felder setzen sich im Wesentlichen aus elektromagnetischen und akustischen Frequenzen zusammen beziehungsweise aus Licht und Klang.

Feinstoffliche Energien wiederum werden von der subtilen Anatomie gesteuert, die durchaus mit der physischen vergleichbar ist, weil auch sie aus Organen, Kanälen und Feldern besteht. Die feinstofflichen Strukturen sind den grobstofflichen insofern ähnlich, als es ihre Aufgabe ist, Energie zu verarbeiten und zu steuern. Und welche Energien außer Licht und Klang sind das? Keine anderen, aber im Vergleich zu den mit der physischen Anatomie korrelierten Energien bewegen sich Licht und Klang, die von den feinstofflichen Strukturen beherrscht werden, einfach schneller oder langsamer, unterliegen eher Quantengesetzen als klassischen Gesetzen und werden eher vom Bewusstsein gelenkt als durch physische Manipulation.

Was die feinstofflichen Systeme betrifft, auf die ich Bezug nehme, so werden wir uns mit den Chakras, den Meridianen und den Aurafeldern beschäftigen. Diese drei Systeme organisieren feinstoffliche Energien, können diese aber auch in grobstoffliche Energien umwandeln und umgekehrt. Dies bedeutet, dass feinstoffliche Systeme

Energietransformatoren sind. Sie werden herausfinden, wie wichtig diese Funktion ist, wenn es darum geht, die Gefühle eines Haustieres in verständliche Gedanken zu übersetzen oder Liebe auszusenden, um eine von Mikroben verursachte Erkrankung zu bewältigen.

Vor allem konzentrieren wir uns jedoch auf die Chakras, genau die feinstofflichen Organe, mit denen sich vor langer Zeit bereits die Hopi und viele andere Kulturen beschäftigt haben. Jedes Chakra steht in Zusammenhang mit einer Reihe von physischen, psychischen und spirituellen Begebenheiten, aber sie sind von Anfang an fest miteinander verbunden und spiegeln das einzigartige Temperament einer Haustierseele wider. In der Tat lädt die Seele während und unmittelbar vor der Empfängnis jedes Chakra mit einzigartigen karmischen und dharmischen Programmen auf. Im Laufe des Lebens nehmen die Chakras weitere Ideen auf, darunter auch abgewandelte Familienüberzeugungen, persönliche Erfahrungen und Umweltfaktoren. Kurz, man könnte sagen, dass ein Chakra eine Art »Minigehirn« ist, ein Speicher für Erinnerungen und Energien. Deshalb können wir über die Chakras nahezu jedes Problem analysieren und lösen.

Zunächst einmal sollten Sie verstehen, dass die Chakras Ihres Haustieres bereits aktiv sind, dass feinstoffliche Energie aktiv ist und dass sie einfach ein wenig Aufmerksamkeit brauchen, damit sich etwas bessert.

Wie bereits erwähnt, werden wir auch mit zwei anderen bekannten feinstofflichen Strukturen zu tun haben, den Meridianen und den Aurafeldern. Meridiane sind Kanäle, durch die eine Energie transportiert wird, die in der Traditionellen Chinesischen Medizin (TCM) Qi genannt wird. Die zwölf Hauptmeridiane, die durch das Bindegewebe verlaufen, verteilen das Qi in den feinstofflichen und physischen Systemen, versorgen diese mit Nahrung und beseitigen Blockaden. In Kapitel 7 konzentrieren wir uns ganz auf einen bestimmten Meridian. Ich möchte Sie nämlich damit vertraut machen, wie leicht eine meridianbasierte Therapie bei Haustieren eingesetzt werden kann und wie kraftvoll sie wirkt.

Die Aura besteht aus zwölf Aurafeldern, auch Schichten genannt, die den Körper umgeben. Jedes Aurafeld ist eigentlich die Erweiterung eines Chakras. Diese Felder, die sich von der Haut nach außen erstrecken, überlappen einander geringfügig und fungieren jeweils als Repräsentant des zugehörigen Chakras. In der Regel sind die Felder in der gleichen Reihenfolge angeordnet wie die zugehörigen Chakras, aber es gibt eine Ausnahme: Das zehnte Aurafeld liegt über dem ersten, das sich in und direkt auf der Haut befindet. Dann folgt das zweite Aurafeld und so weiter. Auf das neunte folgt das elfte und auf das elfte das zwölfte Aurafeld. Basierend auf der Programmierung in dem jeweiligen Chakra, bestimmt jede Schicht darüber, welche feinstofflichen Energien in den Körper gelangen und welche nicht. Jede Schicht sendet auch von dem jeweiligen Chakra programmierte subtile Botschaften in die Welt und veranlasst diese damit, auf eine bestimmte Art zu reagieren.

Wie bereits erwähnt, verarbeiten sowohl grobstoffliche als auch feinstoffliche Strukturen Licht und Klang. Was die Chakras betrifft, so arbeitet jedes auf einem bestimmten Lichtband, das als Farbe interpretiert werden kann. Jedes Chakra gibt auch bestimmte Töne von sich, die auf einen Ton reduziert werden können. Sie können also den relativen Gesundheitszustand des Chakras eines Haustieres einschätzen, indem Sie dessen Farbgebung oder Tonalität mit seiner Grundlinie vergleichen. Sie werden auch lernen, wie Sie Farben und Töne in das Chakra eines Haustieres senden, um damit zu einem Gleichgewicht und mehr körperlichem, seelischem und spirituellem Wohlbefinden zu gelangen. Wenn es um Chakrafarben geht, dreht sich die große Debatte um die Frage: Welche Farben haben die oberen innerkörperlichen Chakras?

Vom Steißbein aufwärts sind den unteren fünf innerkörperlichen Chakras folgende Farben zugeordnet: Rot, Orange, Gelb, Grün und

Chakra	Farbe	Aufgabe
1	Rot	Überleben, Sicherheit
2	Orange	Gefühle, Kreativität
3	Gelb	Mentalität, Struktur
4	Grün	Beziehung, Heilung
5	Blau	Kommunikation, Hellhörigkeit
6	Violett	Vision, Hellsichtigkeit
7	Weiß	Spiritualität, Bewusstsein
8	Schwarz oder Silber	Mystizismus
9	Gold	höhere Bestimmung, Harmonisieren
10	Braun	Erden, Verbindungen zur Erde
11	Rosa	übernatürliche und natürliche Kräfte
12	klar, durchsichtig	für jede Aufgabe einzigartig

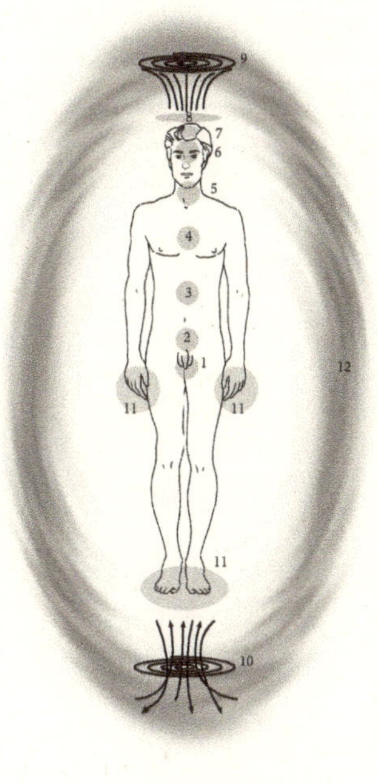

Abbildung 1:
Das menschliche Zwölf-Chakra-System
Sowohl Menschen als auch Haustiere haben ein Zwölf-Chakra-System. Hier sehen Sie das menschliche Zwölf-Chakra-System

Chakra	Farbe	Aufgabe
1	Rot	Überleben, Sicherheit
2	Orange	Gefühle, Kreativität
3	Gelb	Mentalität, Struktur
4	Grün	Beziehung, Heilung
5	Blau	Kommunikation, Hellhörigkeit
6	Violett	Vision, Hellsichtigkeit
7	Weiß	Spiritualität, Bewusstsein
8	Schwarz oder Silber	Mystizismus
9	Gold	höhere Bestimmung, Harmonisieren
10	Braun	Erden, Verbindungen zur Erde
11	Rosa	übernatürliche und natürliche Kräfte
12	klar, durchsichtig	für jede Aufgabe einzigartig

Abbildung 2:
Chakras von Säugetieren. Lage entlang der Wirbelsäule und außerhalb des Körpers
Die zwölf Chakras liegen bei allen Säugetieren an den gleichen Stellen im Körper. Dieses Bild zeigt die Positionen der sieben innerkörperlichen Chakras entlang der Wirbelsäule sowie der fünf Chakras, die sich außerhalb des Körpers befinden. Die Knospenchakras ermöglichen das Wahrnehmen von Schwingungen und Geräuschen aus der Umwelt.

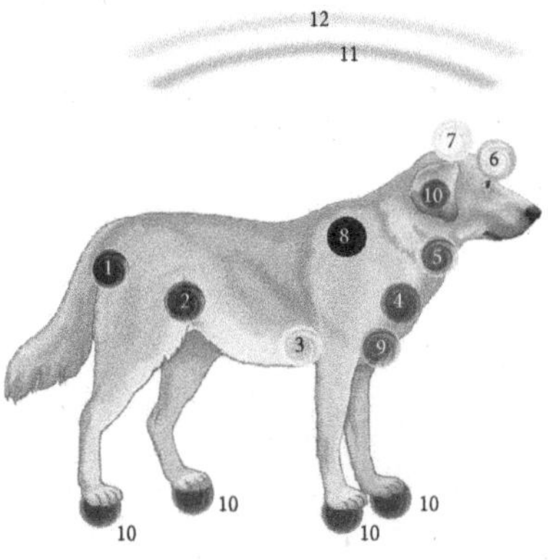

Chakra	Farbe	Aufgabe
1	Rot	Nebennieren
2	Orange	Eierstöcke, Hoden
3	Gelb	Bauchspeicheldrüse (Pankreas)
4	Grün	Herz
5	Blau	Schilddrüse
6	Violett	Hirnanhangdrüse (Hypophyse)
7	Weiß	Zirbeldrüse
8	Schwarz oder Silber	Schilddrüse (steht auch in Verbindung mit den Schulterblättern)
9	Gold	Zwerchfell
10	Braun	Knochenmark, Knospenchakras
11	Rosa	Muskeln, Bindegewebe
12	klar, durchsichtig	in Verbindung mit 21 Sekundärchakras

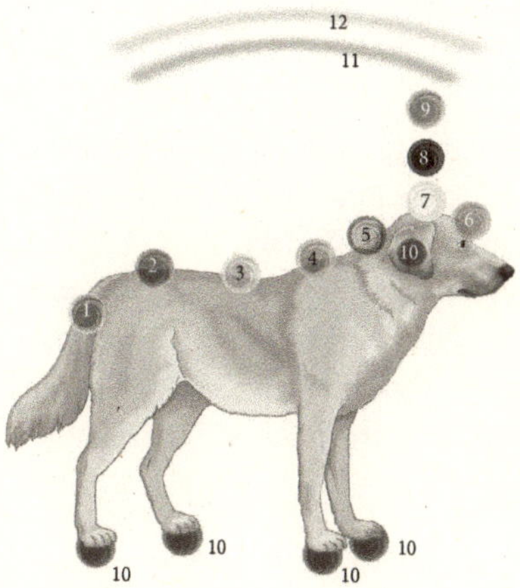

Abbildung 3:
Chakras von Säugetieren. Lage im Körper
Dieses Bild zeigt die Lage der zwölf Chakras im Verhältnis zu den wichtigen Organen.

Blau. Manche Chakraexperten glauben, dass das sechste Chakra, das auf der Stirn zwischen den Augenbrauen liegt, indigofarben ist und das siebte Chakra oben auf dem Kopf violett. Ich nehme das sechste Chakra als violett und das siebte als weiß wahr. Meine Schlussfolgerung basiert auf Forschungen, die Dr. Valerie Hunt in den 1970er-Jahren gemacht hat. Sie haben gezeigt, dass jedes der sieben innerkörperlichen Chakras innerhalb eines Bandes aus farbigem Licht arbeitet, wobei die beiden oberen Chakras als violett und weiß beschrieben werden (Hunt et al., o. J.). Wenn Sie anderer Meinung sind, wandeln Sie meine Darstellung der Chakrafarben einfach entsprechend ab.

Abbildung 1 zeigt das Zwölf-Chakra-System, wie es beim Menschen vorkommt. Sie können diese Illustration verwenden, wenn Sie sich auf Ihre eigenen Chakras konzentrieren, während Sie mit einem Haustier interagieren.

Die Abbildungen 2 und 3 zeigen die Chakrasysteme eines Säugetiers. In Kapitel 3 können Sie die Aurafelder von Menschen und Tieren vergleichen.

Wie Sie bald feststellen werden, eröffnet Ihnen die Interaktion mit dem feinstofflichen Energiesystem – dem Ihres Haustieres und Ihrem eigenen – unbegrenzte Möglichkeiten, die Bedürfnisse Ihres Haustieres zu entschlüsseln und zu befriedigen. Sie können auf diese Weise auch positive Veränderungen Ihres eigenen Wohlbefindens bewirken und gleichzeitig die Bindung verbessern, die bereits zwischen Ihnen und Ihrem Haustier besteht.

Als echte Vorbereitung auf die interaktiven Teile dieses Buches ist es hilfreich, die spirituellen Aspekte und Eigenschaften zu verstehen, die sich in Ihrem Haustier widerspiegeln. Das Thema der energetischen Codes und Signaturen wird im nächsten Kapitel ausführlich behandelt.

Kapitel 2

Die persönliche Energiesignatur Ihres Haustiers

Einzigartigkeit ist wie eine Unterschrift;
niemand kann eine exakte Kopie davon anfertigen.
Michael Bassey Johnson

Vor Gericht ist die Identifizierung einer Person anhand ihrer Unterschrift oder Signatur eine gültige Legitimation. Es gibt aber noch eine ganz andere Art von Signatur, die mit der wahren Natur unserer Haustiere zu tun hat und als energetische Signatur bezeichnet wird. Grundsätzlich gibt es drei verschiedene Arten von Energiecodes, die zur energetischen Gesamtsignatur Ihres Haustieres beitragen. Indem Sie die Gesamtsignatur eines Haustieres verstehen, können Sie seine wahre Natur erkennen, am besten entscheiden, welche Art von Heilung oder Unterstützung Sie ihm anbieten möchten, und das Wachstum fördern sowohl des Haustieres als auch Ihr eigenes.

Eine energetische Signatur ist ein feinstofflicher Energiecode oder eine Energieprägung. Die übergreifende Signatur Ihres Haustieres besteht aus drei verschiedenen Codesätzen, die von der Seele getragen und durch den Körper ausgedrückt werden.

Kategoriencodes: Dieser Code wird durch die Zugehörigkeit eines Haustiers zu einer Kategorie definiert. Die Kategorien sind Säugetiere, Nagetiere, Vögel, Reptilien, Gliederfüßer, Amphibien und Wassertiere.

Artencodes: Jede der sieben Kategorien wird in verschiedene Arten unterteilt, die bestimmte Charaktereigenschaften widerspiegeln.
Persönliche Codes: Jede Seele hat unterschiedliche Erfahrungen gemacht. Diverse Interaktionen haben einen persönlichen Code geschaffen – eine komplizierte Mischung aus Karma, Dharma, persönlichen Eigenarten und Lebenserfahrungen.

Bevor ich näher auf diese Themen eingehe, werde ich zunächst die spirituellen Grundlagen für die Existenz von Haustiersignaturen untersuchen. Dabei werden einige der Kulturen hervorgehoben, die Naturwesen im Laufe der Zeit bestimmte Eigenschaften zugeschrieben haben. Dann, nachdem ich alle drei Arten von Codes vorgestellt habe, die mit der Seele eines Haustiers zu tun haben, werde ich Ihnen eine Technik beibringen, die für alle Übungen in diesem Buch von entscheidender Bedeutung ist. Sie heißt Geist-zu-Geist und ist eine meiner Signaturtechniken. Schließlich werden Sie Geist-zu-Geist sowie Papier und Bleistift einsetzen, um die energetische Gesamtsignatur Ihres Haustieres auszumachen. Diese Übung können Sie für jedes Tier machen, mit dem Sie es gerade zu tun haben, und auch für die, die bereits verstorben sind.

Die mystische Tradition, die Haustiersignaturen erklärt

Unsere Ansicht, dass Haustiere bestimmte, ganz besondere Merkmale haben, wird von einer alten Tradition gestützt. In der Tat haben Hunderte von Kulturen im Laufe der Geschichte an »Totemismus« geglaubt, an die mystische Verwandtschaft von Menschen mit einem Mitglied eines nicht menschlichen Volkes, etwa einem Tier oder einer Pflanze. Wenn Sie den Totemismus verstanden haben, können Sie besser nachvollziehen, wie Ihr Haustier allgemeine und spezifische Eigenschaften spiegelt, die für Sie von besonderer Bedeutung sind.

Ein Totem ist ein Naturwesen in physischer oder geistiger Form beziehungsweise ein heiliges Objekt oder Symbol, das ein solches Wesen darstellt. Andere Bezeichnungen für Totem sind Schutzgeist, Krafttier und Geistführer. Sie beziehen sich alle auf ein Wesen, das entweder einer Gruppe von Menschen dient, etwa einem ganzen Clan, einem Stamm oder einer Familie, oder einer einzelnen Person. In der Regel erscheint das Totem als Geist, bietet Schutz und Führung und spricht Warnungen aus. Es kann auch die innere Natur einer Gruppe oder Person darstellen und sie daran erinnern, dass sie die gleichen Eigenschaften hat wie das Totem.

Ein Gruppentotem taucht häufig in den Legenden oder Mythen eines Clans auf, die von einem wichtigen Ereignis wie einer Migration oder einem Sieg berichten. Individuen aus dieser Gruppe präsentieren das Totem oft als Tätowierung, auf der Kleidung oder in der Kunst. Diese Tradition ist in Afrika, Indien, Ozeanien und Teilen von Nord- und Mittelamerika sowie bei den australischen Aborigines weit verbreitet (Haekel, o. J.).

Die Erklärung der australischen Aborigines zum Totemismus finde ich mit am interessantesten. Sie beruht nämlich auf dem Glauben der Aborigines an die Traumzeit. Die Traumzeit war ein heiliges Zeitalter, in dem grobstoffliche und feinstoffliche Muster über die Erde gelegt wurden. Diese Muster sind Blaupausen für ein Leben im Einklang mit der Natur. Jedes Muster wird von einem Totem verwaltet, das für eine Reihe von Überzeugungen steht. Es gibt beispielsweise die Hai-, Honigameisen- und Känguru-Traumzeit. Diese und die anderen Traumzeiten unterscheiden sich voneinander und können jeweils mit den Eigenschaften und Merkmalen des jeweiligen Naturwesens in Verbindung gebracht werden.

Im fünften Monat einer Schwangerschaft »träumt« sich eine Seele ihren Weg in eine der heiligen Traumzeiten und folgt dann ein Leben lang dem entsprechenden Plan. Auf diese Weise entwickelt die Person die Eigenschaften des Totems, selbst wenn sie als Hüterin des Landes fungiert, das von der zugehörigen Energie verwaltet wird (Crystalinks, o. J.).

Wie bereits angedeutet, kann das Totem sowohl als Wahrzeichen oder Wappen dienen als auch als Quelle von Prinzipien und Überzeugungen, mit denen ein Stück Land oder eine Gruppe »aufgeladen« ist. Die gleiche Art von Beziehung kann zwischen einem Totem und einer Einzelperson bestehen – mit dem Unterschied, dass die Beziehung eines Individuums zu einem Totem in der Regel enger ist als die, die Mitglieder einer Gruppe pflegen. Aufgrund meiner eigenen Studien auf der ganzen Welt habe ich herausgefunden, dass die Beziehung zwischen Totem und Individuum auf viele Arten zustande kommen kann.

Beispielsweise kann ein Familienmitglied oder ein Schamane das Totem eines Menschen identifizieren, indem es oder er die Ereignisse um die Geburtszeit eines Kindes genau beobachtet. Wenn ein Blauhäher, ein Tiger oder ein anderes Naturwesen auftaucht, kann dieses als persönliches Totem des Neugeborenen betrachtet werden. Totemismus beinhaltet immer die Auffassung, dass jede Gruppe von Lebewesen einzigartige Eigenschaften widerspiegelt, die ich Codes nenne, und dass dies auch für bestimmte Mitglieder dieser Gruppe gilt, die sich uns zeigen. Daher wird das Wesen des Kindes als dem Wesen des Totems ähnlich angesehen. Es kommt sogar vor, dass das Kind nach dem Totem benannt wird. Von da an muss dieser Mensch jeder Situation, in der das Totem erneut auftaucht, sei es als verkörpertes Wesen oder in Geistform, besondere Aufmerksamkeit schenken und sie bewältigen, indem er die Eigenschaften einsetzt, die ihm von dem Totem gespiegelt werden.

In vielen Kulturen wird eine Person im Rahmen eines besonderen Rituals mit einem Totem in Verbindung gebracht. Das bekannteste Ritual ist die Visionssuche. Dabei bleibt ein junger Mensch in der Regel drei Tage lang allein in der Wildnis und ist angewiesen, besonders auf seine Träume und Visionen zu achten und darauf, welchen Naturwesen er begegnet. Das Wesen, das am auffälligsten in Erscheinung tritt, gilt als persönliches Totem und wird den Jugendlichen für den Rest seines Lebens unterstützen.

Viele meiner Freunde, Klienten und Schüler haben sich intensiv mit persönlichen Totems beschäftigt. Eine meiner Freundinnen begegnete ihrem Totem auf einer Wanderung in den Bergen. Sie traf auf einen Bären. Der Bär starrte sie an, als wolle er ihr etwas mitteilen, bevor er sich wieder davonmachte. Diese Freundin sieht den Bären jetzt in ihren Träumen, wann immer sie Kraft braucht, eine der für diese Tiere typischen Eigenschaften. Sie schwört, dass es genau dieser Bär ist, was bedeutet, dass sie mit der Seele dieses einzigartigen Bären in Verbindung steht.

Eine weitere Klientin steht mit der Schlange in Verbindung. Es gibt zwar keine bestimmte Schlange, die in ihrem Alltag eine Rolle spielt oder in Erscheinung tritt, doch immer wenn sie in der realen Welt oder im Traum eine Schlange entdeckt, weiß sie, dass es an der Zeit ist, sich mit einem grundlegenden Lebensproblem zu befassen, weil dies etwas ist, was Schlangen repräsentieren.

Ich habe mehrere Totems. Die meisten sind aus dem mystischen Universum zu mir gekommen und tun das auch weiterhin, aber ein bestimmter Typ zeigt sich in dreidimensionaler Form, normalerweise wenn ich auf Reisen und nervös bin, weil ich mich in einer ungewöhnlichen Situation befinde. Beispielsweise bin ich einmal allein durch England gereist, um vierundvierzig Kraftplätze zu besuchen. Die meisten lagen abseits, etwa auf Feldern, in Höhlen und an unbefestigten Straßen. Als ich gerade ganz hinten auf einem Feld stand, kam plötzlich ein Sturm auf. Der Wind war so heftig, dass ich mich unter einem Baum zusammenkauern musste. Ich konnte einfach nicht zu meinem Auto zurück. Da tauchte ein Hund mit einem blauen und einem braunen Auge auf, setzte sich zu mir und tröstete mich. Er verschwand erst, nachdem sich der Sturm verzogen hatte.

Das gleiche Phänomen trat auf, als ein Freund und ich einen Berg in Belize bestiegen. Uns war beiden irgendwie unheimlich zumute, als würden wir von einem wilden Tier beobachtet. Und wieder tauchte ein Hund mit zwei unterschiedlich gefärbten Augen auf. Er trottete etwa zehn Minuten lang neben uns her und verschwand erst, als wir oben angekommen waren. Genau die Art von Hund – mit zwei verschiedenen Augenfarben – ist in meinem Erwachsenenleben etwa ein Dutzend Mal aufgetaucht. Wie Sie in diesem Kapitel erfahren werden, sind Hunde treue Beschützer. Ich glaube, dass ich, wenn ich in Not bin, eine bestimmte Art von Hund – oder Totem – anziehe, egal wo ich gerade bin. Und warum hat mein besonderer Beschützer zwei verschiedenfarbige Augen? Wie Sie später in diesem Kapitel der Tabelle »Die körperlichen Merkmale Ihres Haustiers und ihre Bedeutung« entnehmen können, steht die Farbe Blau für Kommunikation, und die Farbe Braun steht für Erdgebundenheit oder Bodenständigkeit. Meine »Sicherheitshunde« teilen mir also vor allem mit, dass ich körperlich in Sicherheit bin, und vielleicht sind sie sogar der Grund dafür, dass ich es bin.

Wenn ein Totem einen Teil unserer Persönlichkeit widerspiegelt, kann er uns auf Eigenschaften hinweisen, die bereits offensichtlich sind oder in uns schlummern. Ein Totem kann aber auch Eigenschaften an den Tag legen, die unsere ergänzen. In diesem Fall geht das Totem eine starke Partnerschaft mit uns ein. Das bekannteste Beispiel ist die sprichwörtliche Hexenkatze.

Historisch betrachtet, ist eine Hexe eigentlich eine Heilerin oder eine ähnlich begabte Person. Ob der verkörperte Helfer der Hexe nun eine Katze, ein Hund, ein Vogel, eine Fledermaus oder ein anderes Naturwesen ist, oft ergänzen seine Fähigkeiten die der Hexe. Da Katzen beispielsweise empfindlich auf Geister reagieren und dadurch dem Heiler beziehungsweise der Heilerin einen Hinweis auf die Gegenwart eines Geistes geben, sind es eben meist Katzen, die an der Seite einer Hexe stehen.

In diesem Buch geht es um Haustiere, eine besondere Art von Totem. Ein Haustier kann als eine Art »Familiar« fungieren. Dieser Begriff beschreibt einen Komplementärpartner oder ein Wesen, das eine bestimmte Eigenschaft in Ihnen weckt. Ein Haustier kann am Leben sein oder bereits verstorben, doch wie auch immer, alle Angehörigen eines nicht menschlichen Volkes, die in unser Leben kommen, bringen Energien mit, die wir um uns haben und von denen wir lernen müssen.

Kategoriencodes
Klassifizierung der Verhaltensweisen

In der Schule haben wir verschiedene Kategorien von Lebewesen kennengelernt, etwa Amphibien, Säugetiere und Reptilien. Eigentlich werden diese Gruppierungen als »Klassen« bezeichnet, und es ist gut, dass wir diese summativen Klassifizierungen haben, weil es auf diesem Planeten bis zu einer Milliarde Arten gibt (Pappas 2016). Es ist viel einfacher, die Merkmale einer Gruppe zu beschreiben, als die Merkmale von Tausenden oder Millionen von Gruppenmitgliedern.

Hier stelle ich Kategorien vor, in denen die gängigsten Haustiere – Säugetiere, Nagetiere, Vögel, Reptilien, Gliederfüßer, Amphibien und Wassertiere – zusammengefasst sind. Warum schreibe ich einen ganzen Abschnitt über die Tauglichkeit dieser sieben Klassifikationen? Weil Haustierseelen die Merkmale oder Signaturen ihrer Hauptgruppe widerspiegeln. Ich glaube in der Tat, dass sich viele Tierseelen einen bestimmten Körper aussuchen, weil sie die Eigenschaften der entsprechenden Klasse oder Gruppe erfahren und zum Ausdruck bringen möchten.

Es gibt viele Gründe, warum sich die Seele eines Haustiers zu bestimmten Kategorien hingezogen fühlt. Vielleicht ist sie bereits mit den zu dieser Gruppe gehörigen Attributen vertraut. Vielleicht muss sie die entsprechenden Eigenschaften nur wecken, weil sie bereits in ihr schlummern. Andererseits hat sie möglicherweise nicht die geringste Ahnung von diesen Eigenschaften, weiß aber, dass sie sie erwerben muss. Mit anderen Worten, Ihr Haustier könnte »gut sein«, was die Codes betrifft, die seiner Kategorie zugeschrieben werden, oder auch nicht.

Vögel beispielsweise repräsentieren Freiheit. Dies könnte dazu führen, dass Sie sich fragen, warum Ihr Vogel in seinem Käfig kauert, zu ängstlich, um zu fliegen. Werden Sie nicht ungeduldig. Ihr Haustier hat möglicherweise noch keine Erfahrungen mit der Freiheit gemacht. Es dauert eine Weile, bis man etwas Neues ganz oder auch nur halbwegs beherrscht.

Wissen sollten Sie aber auch, dass Kategorien eingebundene Merkmale haben, aber auch mit entsprechenden Einschränkungen einhergehen. Einschränkungen sind der Preis dafür, dass man etwas über Liebe lernt. Sie sind nicht nur schlecht. Wenn wir eingeschränkt sind, müssen wir kluge Entscheidungen treffen. Wie Sie erfahren werden, sind Mäuse großartig, wenn es um Details geht, aber sie sind viel zu winzig, um das große Ganze zu sehen. Sie können nicht erwarten, dass eine Maus, die Sie als Haustier halten, erfasst, was in Ihrem ganzen Haushalt vor sich geht. Allerdings wird sie sehr genau mitbekommen, was direkt vor ihrer Nase los ist.

Der nächste Abschnitt ist eine Zusammenstellung der sieben Haustierkategorien. Darin beschreibe ich die in jeder Kategorie am häufigsten vorkommenden Codes und nenne Schlüsselwörter, die Ihnen helfen sollen, sich besser an die Codes zu erinnern. Dann fasse ich die wichtigste Lektion, die von Wesen dieser Kategorie vermittelt und gelernt wird, in einem Satz zusammen. Und weil ich davon ausgehe, dass Sie sich intensiv mit einigen Eigenschaften Ihres Haustieres beschäftigen, stelle ich Ihnen dann eine Frage, anhand derer Sie Ihren Fortschritt beurteilen können.

Gegen Ende dieses Kapitels kommen wir noch einmal auf diese Informationen zurück und arbeiten damit.

Säugetiere

Säugetiere wie Hunde und Katzen fühlen sich von Natur aus einem Stamm zugehörig. Sie sind sehr liebevoll und sorgen sich um andere, einschließlich der Menschen. Sie verhalten sich beschützend und loyal und erkennen die Bedürfnisse anderer. Säugetiere verfügen über eine tiefe Weisheit und sind hochgradig vertrauenswürdig.

Schlüsselwörter: Stammesbewusstsein, liebevoll

Wichtigste Lektion: Wie man warmherzig und liebevoll ist. Fragen Sie sich, ob Sie manchmal tendenziell zu loyal sind oder im Gegenteil zu kalt und distanziert.

Nagetiere

Nagetiere wie Mäuse und Hamster widmen sich kleinsten Details und der Einfachheit des Augenblicks. Ihre ganze Aufmerksamkeit gilt dem, was sie direkt vor ihrer Nase haben.

Schlüsselwörter: Detail, Fokus

Wichtigste Lektion: Nagetiere fordern uns auf, ganz im gegenwärtigen Moment zu leben und auf Details zu achten ohne uns davon überwältigen zu lassen. Fragen Sie sich, ob Sie sich entweder in Details verlieren oder gar nicht darauf achten.

Vögel

Vögel illustrieren Freiheit von irdischen Ankern und die Transzendenz der Seele. Sie fordern uns auf, uns für eine Richtung zu entscheiden, die göttliche Anerkennung genießt.

Schlüsselwörter: Freiheit, Transzendenz

Wichtigste Lektion: Vögel fordern uns auf, unseren freien Willen in Einklang mit dem Willen des großen Geistes zu bringen. Fragen Sie sich, ob Sie Ihren freien Willen zu großzügig durchsetzen oder ob Ängste und Restriktionen Sie allzu sehr behindern.

Reptilien

Reptilien gehören zu den ältesten Lebensformen auf diesem Planeten. In ihnen spiegelt sich unter anderem unser Reptiliengehirn wider, der älteste Teil des menschlichen Gehirns, der überlebenswichtige Reaktionen steuert. Sie fordern uns auf, den Wunsch – und das Recht – zu überleben in Anspruch zu nehmen, aber auch Entscheidungen zu treffen, die auf uralter Weisheit beruhen. Sie stehen außerdem für die wichtigsten Lebenszyklen wie Geburt, Tod und Wiedergeburt.

Schlüsselwörter: Überleben, Transformation

Wichtigste Lektion: Reptilien wie etwa Schlangen leben zwar nach uralten Regeln, sind aber in der Lage, sich zu verwandeln. Fragen Sie sich, ob Sie entweder zu unsicher oder zu ehrgeizig sind.

Gliederfüßer

Gliederfüßer wie Spinnen und Krebse sind Wirbellose. Sie symbolisieren Flexibilität in der Gestaltung des persönlichen Schicksals und die Fähigkeit, immer einen Ausweg zu finden. Gliederfüßer bewegen sich auch zwischen verschiedenen physischen und geistigen Bereichen und stehen in Verbindung mit dem Feenreich.

Schlüsselwörter: Schicksal, Dream-Shifting (die Fähigkeit, sich zwischen den Reichen zu bewegen)

Wichtigste Lektion: Gliederfüßer lenken unsere Aufmerksamkeit auf unser Schicksal und ermöglichen eine Veränderung in der Wahrnehmung, damit wir unsere Ziele erreichen können. Fragen Sie sich, ob Sie Zugang zu dem intuitiven Wissen haben, das Sie brauchen, um Ihre Bestimmung zu erfüllen, oder ob Sie »abgelenkt« sind.

Amphibien

Amphibien wie Frösche und Molche leben im Wasser und an Land und vereinen die Eigenschaften beider in sich. Wasser steht für Gefühle, Reinigung, Fließen und Intuition, Erde hingegen für Bodenständigkeit, Logik und Zuverlässigkeit. Eines der größten Geheimnisse des Lebens ist, wie man diese scheinbar grundverschiedenen Eigenschaften miteinander vereinigt.
Schlüsselwörter: Fließen, Bodenständigkeit
Wichtigste Lektion: Amphibien bringen uns mit unseren Emotionen und unserer geistigen Führung in Einklang und fördern gleichzeitig eine gewisse Sachlichkeit. Fragen Sie sich, ob Sie übermäßig emotional und übersinnlich oder zu rational und praktisch sind.

Wassertiere/Fische

In vielen Kulturen stehen Fische für Inspiration, Prophezeiung und Evolution. Außerdem dienen sie dem Göttlich-Weiblichen und gewähren großes Glück.
Schlüsselwörter: Inspiration, Glück
Wichtigste Lektion: Die Energie der Fische fordert uns auf, für das Göttlich-Weibliche und seine Nahrung offen zu sein. Fragen Sie sich, ob Sie mit den weiblichen Aspekten des Geistigen in Verbindung stehen, ob Sie mütterliche Nahrung in Anspruch nehmen und gut für sich selbst sorgen oder ob Sie Ihre eigenen Bedürfnisse ignorieren.

Artencodes

So viele Angebote

Wie aus Kulturen, in denen der Totemismus eine wichtige Rolle spielt, bekannt ist, steht jede Tierart für bemerkenswerte Eigenschaften oder energetische Codes. Diese Eigenschaften sind ziemlich offensichtlich und haben etwas mit der Lebensweise der jeweiligen Art zu tun. Papageien beispielsweise lieben die Sonne, was sie zu Vorboten der Erleuchtung macht. Sie ahmen Menschen nach, was sie zu einer Art Botschaftern macht.

Welche besonderen Merkmale oder Signaturen sind typisch für die Spezies, der Ihr Haustier angehört? Welche Einschränkungen begleiten die positiven Eigenschaften? Um dies zu analysieren, lade ich Sie ein, sich die folgende Tabelle genau anzuschauen. Am Ende des Kapitels werden Sie diese Informationen auf Ihr Haustier und sich selbst anwenden.

Positive Merkmale und Einschränkungen bestimmter Haustierarten

Kategorie	Tierart	Positive Merkmale	Einschränkungen
Säugetiere	Hunde	Treue, Zuverlässigkeit, Freundlichkeit, Schutzbereitschaft, Verspieltheit	übermäßige Duldsamkeit gegenüber Missbrauch
	Katzen	Unabhängigkeit, Genügsamkeit, Selbstbewusstsein, Geduld, übersinnliche Begabung	egoistisch, überempfindlich

Kategorie	Tierart	Positive Merkmale	Einschränkungen
	Pferde	Vornehmheit, Sensibilität, Ausdauer, Zielgerichtetheit; können Länder des Lichts ebenso durchqueren wie Länder der Dunkelheit	scheu, misstrauisch, überempfindlich
	Kaninchen	Fruchtbarkeit, Sensibilität, Gefahrenbewusstsein; können in die Unterwelt reisen; wissen, wann sie sich tot stellen, kämpfen oder fliehen müssen	übermäßig wachsam, leicht verängstigt
	Frettchen	sehen, was verborgen ist	Opportunismus, List; rachsüchtig, hinterhältig
	Schweine	Glück, Intelligenz, Wohlstandsbewusstsein	selbstgerecht, exzessiv
Nagetiere	Rennmäuse	Widerstandsfähigkeit, Geselligkeit, Dankbarkeit	stammesbewusst, angriffslustig
	Hamster	Lebensfreude, Verantwortungsbewusstsein; können Chancen herbeiführen	überbesorgt, unersättlich
	Chinchillas	Unschuld, Herzenswärme; können sehr leise sein	übermäßiges »Schwimmen mit dem Strom«

Kategorie	Tierart	Positive Merkmale	Einschränkungen
	Farbratten	ehrgeizig, schlau, kreativ	gefräßig, faul
	Meer-schweinchen	intelligent, kommunikativ, anhänglich; können als Diagnostiker und Seher fungieren	geraten leicht in die Opferrolle
	Mäuse	Perfektionismus; die Fähigkeit, sich zu konzentrieren, auf Details zu achten und die kleinen Dinge im Leben zu würdigen	kleinlich, übermäßig analytisch
Vögel	Sittiche	Freiheit; können andere imitieren, Bindungen schaffen und als Götterboten fungieren	boshaft, übermäßig um ihr Aussehen besorgt
	Papageien	Einzigartigkeit, Fröhlichkeit; können als Sendboten und Wahrheitsbringer fungieren	ungefiltert, herrisch
	Kanarien-vögel	Anmut, Frische; können heilen und bringen neue Ideen und Licht	zu zart, übersensibel
	Aras	Ausgleich, Geselligkeit; Fähigkeit, andere zu verstehen	geschwätzig, zu kreischend

Kategorie	Tierart	Positive Merkmale	Einschränkungen
	Hühner	Kühnheit, Enthusiasmus, Geselligkeit, Findigkeit	territorial, uneinsichtig
	Truthähne	Fähigkeit, die Natur zu ehren, überschwänglich zu sein und das Göttliche zu vertreten	konfliktreich, uneinsichtig
	Tauben	Materialismus, nährend, spirituell	aufopfernd
	Enten	Fähigkeit, Botschaften von den Engeln zu überbringen und göttlichen Segen zu spenden	lassen sich leicht zum Sündenbock machen
	Gänse	Tapferkeit, Loyalität, Teamwork, Kameradschaft; Drang, die Unschuldigen zu schützen	dumm, faul, gemein
Reptilien	Schlangen	Fähigkeit, sich zu verwandeln, mit uralter Weisheit aufzuwarten, zu heilen, die Urenergie zu repräsentieren und verborgen zu bleiben, solange sie nicht provoziert werden oder in Gefahr sind	Überlebenskünstler, verstohlen, gewalttätig

Kategorie	Tierart	Positive Merkmale	Einschränkungen
	Eidechsen	mystische und regenerative Kräfte; Anpassungsfähigkeit und Beweglichkeit; können die Farbe ändern oder anderswie antworten, wenn sie in Gefahr sind	verstohlen, geheimnistuerisch
	Leguane	Stoizismus, Leichtigkeit der Bewegung, Intuitivität, Zufriedenheit; können Einsicht und Tarnung gewähren	geheimnistuerisch
	Schildkröten	Weisheit, emotionale Fluidität, Ausdauer, Friedfertigkeit	zu widerstandsfähig oder verletzlich
Gliederfüßer	Spinnen	können das Schicksal wahrnehmen, Strukturen schaffen und Licht und Dunkel miteinander verflechten	verstohlen, gefährlich
	Vogelspinnen	können das Schicksal wahrnehmen, Strukturen schaffen, perfektes Timing einhalten und intelligente Überfälle aus dem Hinterhalt tätigen	zu dominant

Kategorie	Tierart	Positive Merkmale	Einschränkungen
	Krebse	können sich selbst schützen, wandern, mütterlich sein, zyklisch fließen und eine Schwäche zur Schau stellen, die geschützt werden muss	zu stark geschützt, zu zurückhaltend
	Ameisen	fleißig, stark, verantwortungsvoll; können Träume wahr werden lassen	mangelnde Konzentration auf sich selbst
	Raupen	Schnelligkeit; können sich verwandeln und verborgenes Potenzial nutzen	stecken leicht fest, unfähig, sich zu ändern
	Tausendfüßler	Koordination, Geschäftigkeit	ungeschickt
Amphibien	Frösche	spirituelle Reinigung, Wohlstand; sind in Alchemie bewandert und können wahre Liebe anziehen	zu verletzlich oder emotional
	Molche	die gleichen Merkmale wie Salamander plus die Fähigkeit, Hexerei auszuüben	manipulativ

Kategorie	Tierart	Positive Merkmale	Einschränkungen
	Salamander	magische Begabung; Fähigkeit, zu verwandeln und Geheimnisse zu offenbaren	zu einzelgängerisch oder verschlossen
	Kröten	können zaubern; Beschützer (können Gift einsetzen); agieren über Androgynität	aufgeblasen unter Stress, übermäßig servil
Wassertiere	Fische, Salzwasser	Fähigkeit, im Strom des Lebens zu schwimmen, emotionales Gleichgewicht zu erreichen und andere mit der heilenden Kraft des göttlichen Mutterleibs zu umgeben	zu emotional, Mangel an Männlichkeit
	Fische, Süßwasser	Fähigkeit, den Fluss des Lebens zu genießen und sich von ihm treiben zu lassen, emotionales und spirituelles Gleichgewicht zu erreichen und Klarheit und Reinheit für Heilzwecke einzusetzen	zu emotional, Mangel an spiritueller Klarheit

Kategorie	Tierart	Positive Merkmale	Einschränkungen
	Skalare (Segelflosser)	Schönheit; Fähigkeit, eine Verbindung zu Geistführern herzustellen und Farbe zur Heilung einzusetzen	eifersüchtig, selbstherrlich
	Goldfische	Schönheit, harmonisierend; können Chancen herbeiführen	egoistisch, gierig
	Regen-bogenfische	Hoffnung, Toleranz, Gleichheit; können nach Mühsal Belohnungen bringen	Mangel an Selbstbestimmung
	Koi-Karpfen	gutes Wahrneh-mungsvermögen, Wohlstand, Über-mittler uralter Weisheit	hochmütig, unkonzentriert
	Guppys	Fröhlichkeit; können kulturelle Weisheit übermitteln	tollkühn
	See-pferdchen	Anmut, männliche Liebe, Ritterlichkeit	überfürsorglich
	Meeres-schnecken	Ruhe, Langsamkeit, Reinigung	träge
	Betta splendens (Siamesische Kampffische)	Schutz, Grenzen, Konfrontation mit dem Ego, Kriegertum	überaggressiv, gewalttätig

Wie können Sie mit den oben genannten Informationen arbeiten? Ich beantworte diese Frage am Beispiel von *Betta splendens*, besser bekannt als Siamesischer Kampffisch.

Seit sie 1910 erstmals aus Thailand in die westliche Welt importiert wurden, sind Bettas sehr beliebte Aquarienfische geworden. Sie sind wunderschön gefärbt, haben lange, fließende Flossen und können trotz ihrer Attraktivität sehr aggressiv sein. Die Männchen bekämpfen einander häufig und greifen nach der Fortpflanzung auch die Weibchen an. Und wenn die Weibchen auf zu engem Raum beieinander sind, können sie ebenfalls feindselig werden. Diese Brutalität tritt in freier Wildbahn, wo die Bettas mehr Platz zum Schwimmen haben und sich verstecken können, nicht so deutlich zutage. Enge Lebensräume sind ein Faktor, der zu diesen Kämpfen führt.

In der Tat war es das aggressive Wesen der Bettas, das den König von Thailand im 19. Jahrhundert auf sie aufmerksam machte. Die Bürger sammelten Bettas und züchteten sie für Kampfspiele. Der König interessierte sich so sehr für diese Kämpfe, dass er öffentliche Kampfspiele offiziell genehmigte. Noch heute züchten einige Leute Bettas, die von Natur aus Allesfresser sind, eigens für den Kampf.

Natürlich zwingen die meisten Betta-Besitzer ihre Fische nicht zu kämpfen, nicht absichtlich jedenfalls, aber sie machen andere Fehler, die Gewalt begünstigen können. Bettas greifen an, wenn sie nicht genug Platz haben. In den meisten Zoogeschäften werden sie in winzigen Behältern ausgestellt. Und wenn sie dann gekauft werden, versäumen es die Halter oft, ihnen ein ausreichend großes Aquarium zur Verfügung zu stellen oder für die richtige Trennung zwischen den Bettas zu sorgen. Die Halter glauben vielleicht, nur weil Bettas auch Pflanzen fressen, genüge es, das Aquarium mit vielen Wasserpflanzen auszustatten. Bettas brauchen aber auch Fleisch und Eiweiß, um gesund zu sein.

Ich teile dieses Hintergrundwissen über *Betta splendens* aus drei wichtigen Gründen: Erstens dienen die von mir bereitgestellten Daten als Stichprobe für die tiefer gehende Analyse der wesentlichen Merkmale Ihres Haustieres, die Sie durchführen sollten. Aus allen Komponenten der Bedürfnisse, Merkmale und Verhaltensweisen eines Haustiers ergibt sich der Code seiner Art. Zweitens: Mehr Daten bedeuten mehr Material, um herauszufinden, welche Persönlichkeits- und Seelenmerkmale Sie mit Ihrem Haustier gemeinsam haben. Wie Sie das herausfinden, erfahren Sie am Ende dieses Kapitels. Drittens kann Ihnen das gesammelte Wissen Hinweise darauf geben, wie Sie mit Ihrem Haustier umgehen sollen – und wie nicht.

Wenn Sie sich die Tabelle »Positive Merkmale und Einschränkungen bestimmter Haustierarten« noch einmal anschauen, werden Sie feststellen, dass ich die Daten, von denen gerade die Rede war, darin zusammengefasst habe. Kampffische können aggressiv, gewalttätig und kriegerisch sein. In den richtigen Grenzen und mit ausreichenden Rückzugsmöglichkeiten können diese kämpferischen Merkmale aufgehoben oder unter Kontrolle gebracht werden. Wenn Sie sich von Natur aus zu Kampffischen hingezogen fühlen, neigen auch Sie höchstwahrscheinlich bis zu einem gewissen Grad zu Aggression und Egoismus – Tendenzen, denen Sie mit angemessenen Grenzen und Auszeiten begegnen können.

Wie erreichen Sie Ihr Ziel? Auf die gleiche Weise, wie Sie Ihren Kampffisch unterstützen. Achten Sie besonders auf Ihr Bedürfnis nach Freiraum und ernähren Sie sich ausgewogen. Denken Sie über Möglichkeiten nach, wie Sie Ihre kriegerischen Fähigkeiten auf positive Ziele richten könnten und wie Sie reagieren könnten, wenn Menschen Sie in einen »winzigen Behälter« oder einen engen Kreis von Umständen stecken. All dies und noch mehr können Sie aus Ihrer Beziehung zu Ihrem Kampffisch – oder dem Haustier, mit dem Sie verbunden sind – lernen.

Nachdem Sie sich mit den Codes der beliebtesten Haustierarten vertraut gemacht haben, ist es nun an der Zeit, sich mit den persönlichen Codes Ihres Haustiers zu beschäftigen.

Die persönlichen Codes Ihres Haustiers

Jeder, der sich mit Individuen derselben Art beschäftigt hat, kann bestätigen, dass sie nicht vollkommen gleich sind. Ich hatte drei Schildkröten, und keine hatte dieselbe Persönlichkeit. Herkules war ruhig. Wilma war eine Amazone. Willie war winzig. Ich besaß auch zwei weiße Ratten, Sleepy und Snoopy. Sie machten ihrem Namen alle Ehre. Sleepy hat immer geschlafen. Snoopy wollte immer fliegen. Er hing buchstäblich oben an seiner Käfigdecke und schlug mit den Pfoten, als hätte er Flügel. Wie diese Beispiele zeigen, hat jedes Haustier seinen eigenen persönlichen Code (der sich von der kumulativen energetischen Signatur unterscheidet). Mitgebracht von der Seele, aber beeinflusst von dem, was sich in diesem Leben ereignet, wird dieser Code von folgenden Faktoren bestimmt:

- Geschichte, einschließlich früherer Leben und Zwischenleben; Geschichte hat mit Karma zu tun
- Bestimmung. Sie ist spirituell und bildet den Dharma.
- Lebenserfahrung: in diesem Leben in mehreren Lebensphasen gemachte Erfahrungen
- die einzigartigen persönlichen Macken eines Haustiers
- körperliche Eigenschaften, die von den Genen und der Umwelt vorgegeben sind. Sie können den Körperbau, aber auch das Verhalten und die Wahrnehmung prägen.

Als Nächstes werde ich jeden dieser fünf Faktoren ausführlich erkunden. Im letzten Abschnitt dieses Kapitels können Sie mit diesen Informationen arbeiten.

Das Karma Ihres Haustiers

Wie bereits definiert, spiegelt das Karma die Summe der Erfahrungen einer Seele wider und hauptsächlich die Lektionen, die sie noch lernen muss, um die Liebe zu verstehen. Unmittelbar vor und während der Empfängnis lädt die Seele den Körper des Haustiers mit Karma auf. Die entsprechenden Informationen werden geändert und aktualisiert, solange ein Haustier lebt.

Ganz gleich, um welche karmischen Themen es bei einem Haustier auch geht, in Bezug auf die Liebe gibt es nur zwei Überzeugungen, die seine Seele und sein Verstand vertreten können, nämlich:

- Ich bin getrennt.
- Ich bin verbunden.

Wenn sich die Seele eines Haustieres vom göttlichen Geist, vom Geist anderer und sogar von seinem eigenen Geist getrennt glaubt, zeigt es Anzeichen von Bedrängnis sowohl im Verhalten als auch auf der mentalen und der körperlichen Ebene. Es ist vielleicht besonders aktiv oder übermäßig zurückhaltend, emotional abgeschaltet oder reaktiv, oder es wird krank oder schwach. Es könnte auch die Energien anderer aufnehmen oder für übernatürliche Phänomene sorgen. Der entscheidende Punkt bei allen Anzeichen von Getrenntheit ist, dass sie bearbeitet werden müssen. Ich habe beispielsweise mit einer Klientin gearbeitet, deren Katze in jungen Jahren von einem Kojoten getötet wurde. Tatsächlich starb die Katze, weil meine Klientin einmal vergessen hatte, sie nachts ins Haus zu holen. Daraus folgerte sie, sie sei nicht zuverlässig genug, um jemals wieder ein anderes Tier zu besitzen. Das ist ein Beispiel für eine trennende Überzeugung, die mit einem Mangel an Selbstliebe behaftet ist.

Als meine Klientin erwachsen war, stolzierte eines Tages eine streunende Katze durch ihre Haustür und zwang sie praktisch, sie zu adoptieren. Eines Nachts schlich sich die Katze nach draußen.

Gegen Mitternacht hörte meine Klientin die Katze auf dem Rasen laut miauen. Sie rannte schnell zur Tür und riss sie auf. Die Katze sauste ins Haus und entkam mit knapper Not einem wütenden Kojoten. Nun, nachdem sie eine karmische Lektion gelernt hat, geht die Katze nachts nicht mehr vor die Tür, und meine Klientin gibt sich nicht mehr die Schuld am Tod ihrer ersten Katze. Tatsächlich beginnen beide, einander und ihrer Bindung zu vertrauen. Die schnelle Wiederholung dieses Ereignisses war auf fast jeder Ebene karmisch und beruhte auf trennenden Überzeugungen. Doch das Endergebnis sorgte für eine Verbindung.

Natürlich ist nicht jede Herausforderung karmisch bedingt. Der physische Körper ist anfällig für Widrigkeiten und Krankheiten. Ein Haustier kann auch »einfach so« krank, verstört oder aufgebracht sein. Und die Seele eines Haustieres kann sich nur in einem Lebensbereich getrennt fühlen und in einem anderen nicht. In der Regel ist ein chronisches oder akutes Problem jedoch ein Indiz für eine karmische Lektion. Und prinzipiell wird die Seele eines Haustieres alles tun, um sich selbst als mit den Quellen der Liebe verbunden zu erkennen.

Der Dharma Ihres Haustiers

Was ist die wesentliche Bestimmung Ihres Haustiers? Wofür ist Ihr Haustier hier? Welche einzigartige Lehre kann es Ihnen vermitteln? Jeder einzelne Geist und damit jede einzelne Seele ist auf der Erde, um eine besondere Form der Liebe zum Ausdruck zu bringen, aber abgesehen davon es gibt fundamentale Kategorien der dharmischen oder spirituellen Begabung. Die meisten Haustiere sind auf diesem Planeten, um eine oder zwei Bestimmungen zu erfüllen. Ein Anhaltspunkt ist, dass sich jede dieser Bestimmungen auf ein Chakra bezieht, wie Sie in Kapitel 3 sehen werden. Speziell die dharmischen Bestimmungen stehen mit dem ersten bis elften Chakra in Verbindung. Dies liegt daran, dass Seelen tendenziell eher durch ein Chakra leben. Die folgende Liste hält die gleiche Reihenfolge ein wie die Chakras und ihre Stadien, die im übernächsten Abschnitt beschrieben werden. Das zwölfte Chakra ist bei jedem Haustier einzigartig und seine Gaben sind unbeschreiblich.

Die Dharmamuster Ihres Haustiers

Körperlicher Dharma: Haustier ist sehr ursprünglich, körperbetont und aktiv.

Emotionaler Dharma: Haustier erfüllt seine eigenen emotionalen Bedürfnisse und die anderer.

Mentaler Dharma: Haustier ist sehr intelligent und empfänglich für Ideen.

Beziehungsdharma: Haustier ist ganz auf Beziehung und Liebe ausgerichtet, fungiert oft als Heiler.

Kommunikativer Dharma: Haustier ist kommunikativ, ausdrucksstark und hört auf das, was man ihm sagt.

Visueller Dharma: Haustier geht in den visuellen Aspekten des Lebens auf und ist in der Regel hellsichtig.

Spiritueller Dharma: Haustier ist spirituell eingestellt und dient als Kanal für spirituelle Wahrheiten.

Mystischer Dharma: Haustier ist ein Minischamane. Es ist übersinnlich begabt und spürt die Anwesenheit von Geistern sowie negativen und positiven Energien.

Harmoniedharma: Haustier hilft allen klarzukommen.

Umweltdharma: Haustier ist sich der Umwelt, anderer Lebewesen und Naturereignisse extrem bewusst und reagiert sensibel darauf.

Herrscherdharma: Es scheint, als beherrsche das Haustier alles und jeden in seinem Umfeld.

Wie kommen diese Dharmamuster in einem Haustier zum Ausdruck? Erinnern Sie sich an mein Meerschweinchen Max? Max legte ganz klar ein Herrscherdharma an den Tag. Alle tierischen

Hausbewohner reagierten auf seine Laute und bewegten sich in die Richtung, die er mit seiner Nase vorgab. Mein Hund Honey ist der perfekte Kommunikator. Wenn er nicht bellt, spielt er mit einem quietschenden Spielzeug. Wenn ich auf Reisen bin, schafft er es aus der Entfernung, mich morgens mit übersinnlichem Bellen zu wecken.

Denken Sie mal darüber nach, welche Pflichten Ihr eigenes Haustier erfüllt!

Die gegenwärtigen Lebenserfahrungen Ihres Haustiers

Wie bereits ausgeführt, bringt die Seele Ihres Haustiers sein Dharma und in früheren Leben erworbenes Karma in jedes Leben mit. Ein neues Leben bringt aber auch neue Erfahrungen, positive und negative. Um sich weiterentwickeln, altes Karma abbauen und seine dharmische Bestimmung zum Ausdruck bringen zu können, durchläuft ein Haustier mehrere Lebensphasen. Diese Phasen folgen jeweils aufeinander und stehen in Zusammenhang mit Entwicklungsphasen wie Empfängnis oder mittlerem Reifestadium. In Kapitel 3 werden Sie auch eine zeitliche Übereinstimmung jeder Phase mit der aktiven Periode eines bestimmten Chakras feststellen. Wir werden an mehreren Stellen auf die Entwicklungsphasen zurückkommen, weil das Wissen darüber Ihnen helfen kann, den Beginn eines Traumas einzugrenzen und das Problem eines Haustiers besser zu diagnostizieren. Es kann sogar hilfreich sein, wenn es darum geht, Ihr Haustier im Sterbeprozess zu begleiten und loszulassen.

Entwicklungsphasen eines Haustiers

Phase eins: Wahl des Dharmas. Unmittelbar vor der Empfängnis tritt der Geist des Haustiers mit dem Großen Geistwesen in Verbindung, um die körperlichen Programmierungen und die Dharmachancen für das kommende Leben auszuwählen.

Phase zwei: Wahl des Karmas. Unmittelbar vor der Empfängnis arbeitet die Seele des Haustiers mit Geistführern zusammen, die helfen, die körperlichen Programmierungen und die karmischen Lektionen für das kommende Leben auszuwählen.
Phase drei: Programmierung. Während der Empfängnis laden die Seele und der Geist unabhängig voneinander die zuvor ausgewählten karmischen und dharmischen Informationen in den feinstofflichen Energiekörper. Beide Programme wirken sich auf die Gene aus und auch auf das Epigenom, jene biochemische Flüssigkeit, welche die Gene umgibt und Erinnerungen an die Ahnen enthält. Diese Programme wirken sich hauptsächlich auf die Beziehung des Haustiers zur Umwelt und zu seiner unmittelbaren Umgebung aus.
Phase vier: Überleben. Während der Schwangerschaft bis zur Geburt werden elterliche Probleme und Erfahrungen auf den Fötus des Haustieres in der Gebärmutter übertragen. Dabei werden vor allem Programme ausgewählt, die das Tier körperlich überlebensfähiger machen.
Phase fünf: Sozialisierung. Als Junges passt sich das Haustier seiner Umgebung an und bildet soziale Fähigkeiten aus.
Phase sechs: Lernen. Wenn es etwas älter ist, entwickelt es eigene Vorstellungen und probiert aus, wie weit es in seiner Umgebung und seinem Clan gehen kann.
Phase sieben: Beziehungen eingehen. Als Jugendlicher sucht und findet das Haustier Beziehungspartner, die ihm sein Karma und sein Dharma widerspiegeln.
Phase acht: Kommunizieren. In der frühen Reifezeit kommuniziert das Haustier seine eigenen Bedürfnisse und Wünsche und achtet auf diejenigen, die von anderen zum Ausdruck gebracht werden.
Phase neun: Selbsterkenntnis. In der mittleren Reifezeit fängt das Haustier an, Entscheidungen auf der Grundlage persönlicher Vorlieben zu treffen. Allerdings könnten sich darin auch die Probleme

eines menschlichen Gefährten widerspiegeln. Der aufmerksame Gefährte kann dieses Wissen nutzen, um sich zu verbessern.

Phase zehn: Vergeistigung. In der späten Reifezeit lösen sich die schwerwiegenden Probleme eines Haustiers in der Regel wie von selbst und machen das Haustier einfühlsamer und mitfühlender.

Phase elf: Übernatürliche Kräfte. In der frühen bis mittleren Phase kann sich das Haustier, das jetzt weniger beweglich ist, (unbewusst) entscheiden, auf seine übernatürlichen Fähigkeiten zuzugreifen, um mit anderen in Beziehung zu treten und ihnen zu helfen. Es kann geheimnisvolle Fähigkeiten an den Tag legen oder Dinge auf ungewöhnliche Weise geschehen lassen, etwa durch übernatürliche Erscheinungen oder indem es Objekte bewegt, ohne sie zu berühren.

Phase zwölf: Transformation. Während des Sterbeprozesses und auf dem Weg ins Jenseits offenbart sich das wahre Wesen des Haustiers, wenn es sich darauf vorbereitet, zu sterben, seinen Körper zu verlassen und möglicherweise noch nach dem Tod zu kommunizieren. In dieser Phase wird seine Seele vom großen Geistwesen und den eigenen Geistführern ermutigt, ihre Errungenschaften in Sachen Karma und Dharma in Anspruch zu nehmen und zu entwickeln.

Eine Frage, die mir häufig gestellt wird, ist, wie diese Phasen bei einem Haustier mit sehr kurzer Lebensdauer ablaufen, etwa einem Tausendfüßler, oder was passiert, wenn das Haustier plötzlich stirbt oder wenn es noch sehr jung ist. Ich werde in Kapitel 8 ausführlicher auf diese Themen eingehen. Hier soll es genügen zu sagen, dass jedes Haustier, egal wie lang oder kurz es lebt, jede dieser Phasen durchlaufen kann, wenn es ein erfülltes Leben führt. Und wenn der Tod plötzlich und unerwartet kommt, kann die Seele des Tieres in Sekundenbruchteilen mehrere Stadien durchfliegen. Schließlich besteht eine Seele aus feinstofflicher Energie. Und im Quantenuniversum können unendlich viele Aktivitäten in einem Moment stattfinden.

Eine Seele kann auch in jedem Stadium »einfrieren«. Dann ist ein Fortschritt weder in diesem noch in einem späteren Stadium möglich. Dies tritt normalerweise aufgrund eines Traumas auf – einer der Gründe, warum Sie lernen werden, was Sie tun können, um das Trauma eines Haustiers zu heilen.

Die Persönlichkeitsmerkmale Ihres Haustiers

Natürlich weisen Ihre Haustiere Attribute auf, die nicht mit einer einfachen Formel erklärt werden können. Das macht sie so interessant!

Es gibt Millionen von Schlüsselwörtern, aber sie können auf die Beschreibung weniger aktiver und passiver Merkmale reduziert werden. Lesen Sie die folgende Liste und achten Sie auf die Merkmale Ihres Haustiers. Am Ende dieses Kapitels können Sie mit dieser Liste arbeiten.

Die Besonderheiten eines Haustiers definieren nicht nur seine Persönlichkeit, sondern könnten auch ein Spiegel Ihrer eigenen Persönlichkeitszüge sein. Studien zeigen, dass Menschen häufig einiges mit ihren Haustieren gemeinsam haben. Beispielsweise sind Halter von Reptilien, bei denen es sich um hochgradig unabhängige Tiere handelt, tendenziell wenig gesellig. Die menschlichen Gefährten von Vögeln sind normalerweise ähnlich ausdrucksstark wie diese, und Katzenliebhaber verhalten sich ähnlich wie ihre Hauskatzen. Wie diese sind sie klug, introvertiert, nonkonformistisch und sensibel. Auf der anderen Seite sind Hundehalter oft ähnlich wie Hunde: extrovertiert, umgänglich, gewissenhaft und aufgeweckt. Das könnte daran liegen, dass sie mit ihren Hunden spazieren gehen und sie fast überallhin mitnehmen müssen, wohingegen die Besitzer von Katzen und Vögeln das nicht tun müssen. Und genau wie ihre Fische sind Menschen, die sich Fische halten, einfach

Die Persönlichkeitsmerkmale eines Haustiers

Aktive Merkmale	Passive Merkmale
emsig	lethargisch
lebhaft	ruhig
extrovertiert	introvertiert
risikobereit	risikoscheu
emotional offen	emotional verschlossen
unfreundlich	umgänglich
ausdrucksstark	in sich gekehrt
neurotisch	gefestigt
sorglos	gewissenhaft
waghalsig	durchschaubar
anhänglich	einzelgängerisch
witzig	langweilig
gesellig	unabhängig

glücklich (Hubbard 2015). Natürlich ist jeder anders. Sie können gewiss Hunde lieben und trotzdem introvertiert sein. Diese interessante Studie lässt jedoch vermuten, dass Ihnen Ihr Haustier wirklich Ihr Karma und Ihr Dharma widerspiegeln könnte.

Die körperlichen Merkmale Ihres Haustiers

In einer Verkörperung spiegelt die Seele Ihres Haustieres die Merkmale seines körperlichen Erscheinungsbilds sowie seine Umgebung wider. Ich beispielsweise besaß als Kind einen grün-blauen Wellensittich, der ununterbrochen plapperte. Jeder, der sich in der Nähe dieses Vogels aufhielt, war sofort viel fröhlicher. Wie Sie sehen werden, steht Grün für Heilung und Blau für Kommunikation. Die Färbung des Vogels passte perfekt! Die folgende Auflistung von Farben, Mustern, Augenfarben und Statur/Lebensbedingungen

Die körperlichen Merkmale Ihres Haustiers und ihre Bedeutung

	Schlüsselwort	Bedeutung
Farben	Rot	wagemutig
	Orange	kreativ
	Gelb	verstandesmäßig
	Grün	beziehungsorientiert
	Blau	kommunikativ
	Indigo	Integrität
	Violett	Imagination
	Weiß	Reinheit
	Schwarz	Mystizismus
	Silber	allgemein verbunden
	Grau	vertraulich
	Gold	mächtig
	Braun	bodenständig
	Braungrau	verlässlich
	Rosa	liebevoll
	neutral	wechselhaft
	bunt	dynamisch
Muster	gestromt (Tigerstreifen)	von den Ahnen geprägt
	gestreift (regelmäßige Streifen)	anpassungsfähig
	getupft	seelisch geschützt
	gefleckt	lebenslustig
	gesprenkelt	mit dem Himmel verbunden
	marmoriert	künstlerisch und doch gefestigt
	schimmernd	engelgleich

	Schlüsselwort	Bedeutung
	wie ein Sattel oder ein Geschirr	Freund der Feen
	weich, geschmeidig	ruhig, gelassen
	rau, spröde	zäh, robust
Augenfarbe	blau	gelassen, friedlich, klug
	braun	unabhängig, selbstbewusst
	grün	neugierig, kreativ
	haselnussbraun	spontan, kühn
	schwarz	mysteriös, schamanisch
	grau	weise, sanft
	Verwenden Sie die Informationen vom Anfang dieser Liste, wenn Sie andere Augenfarben, etwa Gelb-, Rot- und Blautöne sowie Metallicfarben wie Silber und Gold bei Vögeln oder Blau, Silber und Schwarz bei Goldfischen interpretieren möchten.	
Statur/ Lebensbedingungen	nah/tief am Boden	bodenständig, praktisch
	hoch über dem Boden	scharfsichtig
	an Land lebend	vernünftig, funktional
	von der Luft getragen	himmlisch, transzendent
	im Wasser lebend	emotional, intuitiv
	mit Bäumen oder Pflanzen verbunden	vergnügt, vernetzt
	liebt Wärme	Feuerenergie ist leidenschaftlich und magisch; das Haustier verlässt sich auf eine äußere Quelle der Lebensenergie
	liebt Kälte	produziert seine eigene Lebensenergie

kann Ihnen vielleicht helfen zu erkennen, wie Ihr Haustier seine besonderen Eigenschaften nach außen projiziert.

Bestimmte Tierarten agieren in mehr als einem Umfeld. Ein Sittich beispielsweise steht in Verbindung mit Bäumen, auch wenn er sich als Haustier mit einer Vogelstange zufriedengibt. Und er fliegt durch die Luft. Wenn Sie nun unter »mit Bäumen verbunden« und »von der Luft getragen« nachschauen, werden Sie feststellen, dass ein Sittich »himmlisches Vergnügen« ausstrahlt. Ähnliche Kombinationen können Sie auch für Ihr eigenes Haustier zusammenstellen.

Wie finden Sie heraus, ob ein Haustier mehr oder weniger tief am Boden ist? Führen Sie eine vergleichende Analyse innerhalb seiner Art durch. Ein Dackel ist tiefer am Boden als ein Dalmatiner. Daher ist er vermutlich mehr mit alltäglichen Dingen beschäftigt als sein langbeiniger Freund.

Nun, nachdem Sie sich mit einigen besonderen Merkmalen Ihres Haustiers beschäftigt haben, ist es an der Zeit, die Technik zu erlernen, die Ihnen helfen wird, eine Aussage über die energetische Signatur Ihres Haustiers zu treffen.

Übung
Geist-zu-Geist – die Universaltechnik

Geist-zu-Geist ist eine Universaltechnik für intuitive Interaktionen. Sie werden sie in diesem Buch für verschiedene Zwecke einsetzen, unter anderem, um die feinstofflichen Energien Ihres Haustiers zu beurteilen, Probleme zu lösen und das Band zwischen sich und Ihrem Haustier zu stärken. Nachdem ich Ihnen Geist-zu-Geist vorgestellt habe, können Sie diese Technik sofort praktisch anwenden, um die zusammengesetzte Energiesignatur Ihres Haustiers zu erstellen.

Geist-zu-Geist wird in drei Schritten durchgeführt, in denen Sie sich nur an die höchste Informationsebene wenden, die energetischen Schutz bietet und die es Ihnen ermöglicht, Informationen und Heilung zu senden und zu empfangen. Hier die drei Schritte:

1. ***Bestätigen Sie Ihren persönlichen Geist.*** Wie bereits erwähnt, handelt es sich bei dem, was wir hier »Geist« nennen, um Ihr höchstes Selbst. Indem Sie diesen Aspekt von sich selbst anerkennen, verlangen Sie, dass nur Ihr bestes Selbst in eine bestimmte Unternehmung eingezogen wird. Damit dies schneller möglich ist, kann es nützlich sein, sich ein Bild oder ein Symbol vorzustellen, das Ihr höchstes oder wesentliches Selbst darstellt, etwa einen Engel, einen Stern, ein Licht, eine Flamme oder eine Blüte.

2. ***Bestätigen Sie den Geist anderer.*** In diesem Schritt entscheiden Sie sich ganz bewusst für die Interaktion mit dem wesentlichsten Aspekt von jemand oder etwas anderem. Das kann ein Mensch sein, aber auch ein Haustier, ein anderes Tier, ein jenseitiges Wesen oder jede andere Wesenheit oder Macht. Wie in Schritt 1 können Sie sich auch hier ein Bild machen und sich das Gegenüber als Engel, eine weiß gewandete Figur oder ein lächelndes Wesen vorstellen.

3. ***Bestätigen Sie den göttlichen Geist.*** In diesem Schritt ordnen Sie sich und Ihren Willen beziehungsweise das, was Sie erreichen wollen, dem göttlichen Geist unter. Sie bitten darum, dass dieser

- klare und korrekte Einsichten formuliert.
- Botschaften sendet, wann immer und in welcher Form auch immer sie benötigt werden.
- eine genaue Interpretation von physisch erfahrenen Ereignissen und intuitiv empfangenen Informationen gewährleistet.

- dafür sorgt, dass andere, die an dem Prozess beteiligt sind, stets in Sicherheit sind und gesund bleiben.
- Sie und andere vor unangemessenen oder schädlichen Kräften schützt und Ihnen auch hilft, störende Kräfte zu erkennen, damit Sie sich und andere davon befreien können.
- Heilung und Information an andere schickt, auch an Haustiere.

Damit Sie den göttlichen Geist oder die höchste Macht wirklich würdigen können, dürfen Sie sich ihn oder sie auch bildlich vorstellen, wie Sie es in den beiden anderen Schritten gelernt haben. Beispiele für solche Bilder: eine weiße Flamme, eine Taube, die Sonne, der Christus, Maria, Ganesha, der Buddha und andere.

Jetzt sind Sie bereit, das Gelernte praktisch anzuwenden.

Übung
Die persönliche Energiesignatur Ihres Haustiers erstellen

Was ist die übergreifende energetische Signatur Ihres Haustiers und was könnte sie über Ihr eigenes Wesen oder Ihre Probleme aussagen? In dieser Übung wenden Sie die Geist-zu-Geist-Technik an, um eine Signatur zu erstellen, die auf den Kategoriencodes, den Artencodes und den persönlichen Codes eines Haustiers basiert. Gleichzeitig nehmen Sie sich selbst unter die Lupe, damit Sie wirklich verstehen, wie ähnlich Sie Ihrem Haustier sind oder wie sehr Sie sich von ihm unterscheiden. Dann fassen Sie Ihre Beobachtungen in kurzen Aussagen zusammen, eine über Ihr Haustier und eine über sich selbst. Die Aussage zur energetischen Signatur Ihres Haustieres wird Ihnen bei der Einschätzung dieses Tieres und bei der Lösung eventueller Probleme helfen. Die Aussage über Sie selbst wird Ihnen helfen, an sich zu arbeiten, und kann Ihr Verhältnis zu Ihrem Haustier verbessern. Sie können diese Übung für jedes einzelne Haustier machen, mit dem Sie interagieren. Dabei spielt es keine Rolle, ob es jetzt lebt oder nicht.

1. Vorbereitung. Nehmen Sie sich Papier und etwas zum Schreiben. Begeben Sie sich in eine ruhige Umgebung, und sorgen Sie dafür, dass Sie etwa eine Stunde lang nicht gestört werden.

2. Geist-zu-Geist durchführen. Bestätigen Sie Ihren persönlichen Geist, den Geist Ihres Haustiers, alle helfenden Geister, sichtbar oder unsichtbar, und den göttlichen Geist. Erlauben Sie dem göttlichen Geist, Ihre wichtigste Quelle für Einsicht und Wissen zu sein.

3. Den Kategoriencode bewerten. Blättern Sie zum Abschnitt über die Kategoriencodes zurück und konzentrieren Sie sich auf die jeweilige Kategorie, zu der Ihr Haustier gehört: Säugetiere, Nagetiere, Vögel, Reptilien, Gliederfüßer, Amphibien und Wassertiere. Nehmen Sie die Eigenschaften, die Ihrem Haustier zugeschrieben werden, genau unter die Lupe. Schreiben Sie die Überschrift »Kategoriencodes« auf das Papier. Bitten Sie den göttlichen Geist, Ihnen bei der Auswahl und beim Aufschreiben von Schlüsselwörtern zu diesem Thema zu helfen. Beantworten Sie dann diese drei Fragen:

- Was sind die wichtigsten Kategorienmerkmale meines Haustiers?
- Bin ich ihm, was diese Merkmale betrifft, ähnlich oder nicht?
- Bin ich in Bezug auf das eine oder andere dieser Merkmale zu extrem? In welcher Weise?

Denken Sie einen Moment über alles nach, was Sie herausgefunden haben, und fahren Sie dann fort.

4. Die Artencodes analysieren. Blättern Sie zum Abschnitt über die Artencodes zurück. Schreiben Sie die Überschrift »Artencodes« auf Ihr Papier. Nehmen Sie die Art, der Ihr Haustier angehört, genau unter die Lupe, und wählen Sie die zutreffenden positiven Merkmale und Einschränkungen aus. Bitten Sie den göttlichen Geist, Ihnen beim Beantworten der folgenden Fragen zu helfen:

- Welche der positiven Merkmale beschreiben mein Haustier? Müssen noch weitere hinzugefügt werden?
- In welcher Weise bilden einige dieser Merkmale mich ab?
- Spiegeln sich irgendwelche dieser Einschränkungen in mir wider?

Denken Sie darüber nach, was Sie gerade über Ihr Haustier und sich selbst herausgefunden haben, und fahren Sie dann fort.

5. Das persönliche Profil Ihres Haustiers erstellen. Schauen Sie sich den Abschnitt »Die persönlichen Codes Ihres Haustiers« noch einmal an. Schreiben Sie die Überschrift »Persönliche Codes« hin und beantworten Sie dann die Fragen zu den vier zuvor skizzierten Unterabschnitten.

- ***Das Karma Ihres Haustiers.*** Die Fragen lauten:
  An welchen dieser beiden Überzeugungen (getrennt/verbunden) hält Ihr Haustier offenbar fest und auf welche Weise?
  An welchen dieser beiden Überzeugungen (getrennt/verbunden) halten Sie fest? Achten Sie auf Ihre entsprechenden Beobachtungen und Gedanken.
  Inwiefern sind Sie und Ihr Haustier einander ähnlich oder unähnlich, wenn es darum geht, sich getrennt oder verbunden zu glauben?
- ***Der Dharma Ihres Haustiers.*** Schauen Sie sich die elf wichtigsten Dharmamuster noch einmal an: körperlicher

Dharma, emotionaler Dharma, mentaler Dharma, Beziehungs-Dharma, kommunikativer Dharma, visueller Dharma, spiritueller Dharma, mystischer Dharma, Harmonie-Dharma, Umwelt-Dharma, Herrscher-Dharma. Beantworten Sie nun diese Fragen:
Welches dieser Dharmamuster passt am besten zu meinem Haustier?
Welches davon passt am besten zu mir?
Inwiefern ist die Dharmaaufgabe meines Haustiers ähnlich wie meine eigene, und inwiefern ist sie ganz anders?

- ***Die gegenwärtigen Lebenserfahrungen Ihres Haustiers.*** Lesen Sie sich den Abschnitt »Die gegenwärtigen Lebenserfahrungen Ihres Haustiers« noch einmal durch und schreiben Sie eine entsprechende Überschrift auf Ihr Papier. Schauen Sie sich die zwölf Lebensphasen eines Haustiers genau an und finden Sie heraus, in welchem sich Ihr Haustier befindet. Beantworten Sie nun diese Fragen:
  Wie hat sich mein Haustier durch alle Lebensphasen vor der aktuellen bewegt?
  Wie macht sich mein Haustier in der aktuellen Lebensphase? Steckt es irgendwo fest?
  Was hat mein Fortkommen im Leben mit der Entwicklung meines Haustiers zu tun?
- ***Die Persönlichkeit Ihres Haustiers.*** Lesen Sie sich den Abschnitt »Die Persönlichkeitsmerkmale Ihres Haustiers« noch einmal durch, und schreiben Sie als Überschrift »Persönlichkeitsmerkmale« auf Ihr Papier. Schauen Sie sich nun die aktiven und die passiven Persönlichkeitsmerkmale genau an, und schreiben Sie Ihre Antworten auf folgende Fragen darunter.
  Welche aktiven und passiven Merkmale beschreiben mein Haustier?

Gibt es noch weitere Merkmale, die für mein Haustier typisch sind?
Welche aktiven und passiven Merkmale beschreiben mich?
Inwieweit bin ich meinem Haustier ähnlich oder auch nicht?

- ***Die körperlichen Merkmale Ihres Haustiers.*** Schauen Sie noch einmal unter dem Abschnitt der körperlichen Merkmale auf den vorherigen Seiten nach und beantworten Sie folgende Fragen:
  Farben: Welche Farbe/n hat mein Haustier und was bedeutet/bedeuten sie?
  Muster: Hat mein Haustier irgendwelche Muster und wenn ja, was bedeuten sie?
  Augenfarbe: Welche Augenfarbe hat mein Haustier und was sagt dies über das Tier aus?
  Statur/Lebensbedingungen: Was sagt seine Statur und was sagen die aufgelisteten Lebensbedingungen über mein Haustier aus?
  Ich: Was haben die Merkmale meines Haustiers mit mir zu tun? (Sie können sich auch Gedanken über Ihre Farben machen, etwa über Ihre Haar- und Augenfarbe.)

6. Die persönliche Energiesignatur Ihres Haustiers erstellen. Schauen Sie sich an, was Sie aufgeschrieben haben. Jetzt bringen Sie alles zusammen. Schreiben Sie eine einfache Erklärung, in der alle Merkmale Ihres Haustiers zusammengefasst sind. Als Beispiel können Sie das nehmen, was ich über meinen Hund Honey geschrieben habe. Schreiben Sie zum Schluss einen Satz darüber, was das Tier noch lernen muss, bevor es sein Potenzial ausschöpfen kann.

Honey ist warmherzig, liebevoll und treu (Kategorie- und Artencode). Er glaubt sich verbunden, sofern er nicht von seinem Freund Lucky, dem Labrador, getrennt ist (Persönlichkeit, Karma). Er ist kommunikativ (Persönlichkeit, Dharma) und hat alle Lebensphasen bis zur Reife erfolgreich durchlaufen, was sich in seiner Fähigkeit, innezuhalten und über seine Aktionen nachzudenken, widerspiegelt (Persönlichkeit, Erfahrungen). Er hat nur aktive Merkmale (Persönlichkeit), ist gern in Bewegung (Persönlichkeit, rotes Fell) und wirkt sehr selbstbewusst (Persönlichkeit, braune Augen).

Was er noch lernen muss: Honey muss lernen, auf sich selbst zu vertrauen, auch wenn Lucky nicht da ist.

7. Beschreiben Sie sich selbst. Verwenden Sie jetzt die Informationen, die Sie gesammelt haben, um sich selbst im Vergleich zu Ihrem Haustier zu analysieren. Das folgende Beispiel stammt von mir und enthält alle Faktoren, die ich bei Honey analysiert habe. Auch hier habe ich einen Schlusssatz hinzugefügt.

Wie Honey ist auch Cyndi warmherzig, liebevoll und treu. Sie ist in erster Linie jemand, der sich verbunden fühlt und Verbindungen herstellt, es sei denn, sie fühlt sich vom göttlichen Geist getrennt. Wie Honey ist sie sehr kommunikativ (Dharma) und befindet sich in der Phase der Reife, was darin deutlich wird, dass sie sich oft selbst erforscht und um andere kümmert. Im Gegensatz zu Honey hat sie sowohl aktive als auch passive Persönlichkeitsmerkmale. Sie teilt viel von Honeys Lebensfreude, obwohl sie auch sehr introvertiert sein kann. Wie Honey ist sie einerseits sehr selbstbewusst, andererseits auch ziemlich vernünftig (blondes Haar) und liebt Fakten (blaue Augen).

Woran sie noch arbeiten muss: Cyndi teilt verschiedene Eigenschaften mit Honey, muss aber noch an ihrer Beziehung zum göttlichen Geist arbeiten und sich mehr Zeit für ihre Introvertiertheit nehmen.

8. Abschluss. Wenn Sie dazu bereit sind, bitten Sie den göttlichen Geist, Sie sanft aus diesem Prozess zu entlassen. Kehren Sie in Ihren Alltag zurück.

Jetzt, wo Sie ein Gefühl für die energetische Signatur Ihres Haustiers haben – und eine Idee, warum dieses Haustier in Ihrem Leben sein könnte –, ist es an der Zeit, sich mit dem Hauptteil dieses Buches zu beschäftigen und alles über das Energiesystem Ihres Haustiers zu erfahren.

Kapitel 3

Das Energiesystem Ihres Haustiers

Wir sind die Erde, sind alle aus demselben Soff gemacht.
Es gibt nichts anderes, keine Trennung zwischen uns und den
»niederen« oder »höheren Lebensformen.

Estella Lauder

Die ganze Erde besteht aus physischer oder grobstofflicher und feinstofflicher Energie. Wir verändern die physische Realität, indem wir feinstoffliche Energie mit unserem Bewusstsein lenken.

Diese Vorstellung fasst das Thema dieses Buches zusammen. Die Einschränkung ist, dass wir Daten und Hilfsmittel brauchen, um eine Haustier-Mensch-Beziehung mit Energie zu unterstützen. In diesem Kapitel informiere ich Sie über die feinstofflichen Systeme, die Sie bewerten und lenken werden, um das Leben Ihres Haustiers zu verbessern.

Innerhalb der feinstofflichen Energieanatomie gibt es drei Strukturen: Zentren, Kanäle und Felder. In diesem Kapitel diskutiere ich alle drei Strukturen mit Schwerpunkt auf den Chakras, den kraftvollsten und am besten zugänglichen feinstofflichen Energiezentren. Der wichtigste Teil dieses Kapitels enthält eine detaillierte Darstellung der zwölf Chakras, wie sie bei Haustieren vorkommen. Bevor ich Ihnen diese Informationen gebe, auf die im gesamten Rest dieses Buches immer wieder verwiesen wird, werde ich das in Kapitel 1 vorgestellte menschliche Chakrasystem mit dem eines

Haustiers vergleichen. Mit diesen Informationen wird es Ihnen leichter fallen, an Ihrer eigenen Struktur zu arbeiten, während Sie mit der Ihres Haustiers beschäftigt sind.

Dieses Kapitel enthält auch einige Illustrationen von Chakras bei Haustieren. Zwei Abbildungen in Kapitel 1 (Abbildung 2 und 3) zeigen die Chakras von Säugetieren. Die Illustrationen in diesem Kapitel helfen Ihnen, die Chakras anderer Tiere zu lokalisieren, etwa die von Vögeln, Gliederfüßern und Reptilien. Wenn Sie dieses Kapitel durchgearbeitet haben, können Sie herausfinden, was sich bei Ihren tierischen Freunden auf der feinstofflichen Ebene abspielt.

Die drei energetischen Strukturen Ihres Haustiers

Was sie ticken lässt

Sie können die Zeit auf einer Uhr problemlos ablesen und sie sogar vor- oder zurückstellen, indem Sie an dem einen oder anderen Schräubchen drehen. Doch wenn Sie die Uhr reparieren oder etwas raffinierter haben wollen, müssen Sie die ihr zugrunde liegende Mechanik verstehen, und genau das gilt auch für das Chakrasystem eines Haustiers.

Dieses Unterkapitel befasst sich ausführlich mit zwei Themen, die bereits in Kapitel 1 angesprochen wurden, nämlich der feinstofflichen Energieanatomie und dem Einsatz von Licht und Klang.

Die drei feinstofflichen Grundstrukturen

Wie bereits erläutert, wird feinstoffliche Energie von den drei Hauptstrukturen der feinstofflichen Anatomie verarbeitet, nämlich den Zentren, den Kanälen und den Feldern, die jeweils feinstoffliche Energie in physische Energie verwandeln und umgekehrt. Die wichtigsten feinstofflichen Energiezentren sind die Chakras, von denen es zwölf gibt. Sieben liegen im Körper und sind an der Wirbelsäule (oder dem Äquivalent der Wirbelsäule) befestigt. Fünf befinden sich außerhalb des eigentlichen Körpers, aber jedes davon ist auch im Körper verankert. Unabhängig von seiner Position steuert jedes Chakra eine Reihe von körperlichen, seelischen und spirituellen Funktionen.

Aber das wussten Sie ja schon. Was ich bisher nicht erklärt habe, ist der Aufbau eines Chakras, und der ist sehr wichtig, wenn Heilung durch die Chakras bewirkt werden soll. Jedes Chakra besteht aus zwei Rädern oder Schichten. Beide Schichten enthalten sehr unterschiedliche Programme. Die inneren Räder sind die »vollkommeneren«, weil der Geist eines Haustiers sie unmittelbar vor der Empfängnis mit einer dharmischen Programmierung versieht. Die äußeren Räder bekommen ihr karmisches Drehbuch von der Seele. Dies geschieht ebenfalls unmittelbar vor der Empfängnis. Im Laufe eines Haustierlebens werden die äußeren Räder zu einem Aufbewahrungsort für neue Ideen und Erfahrungen. Diese Erinnerungen, die unbewussten Schlussfolgerungen, die das Tier daraus zieht, und der Eindruck, den Ereignisse und Interaktionen hinterlassen – all das ist auf den äußeren Rädern der Chakras gespeichert, und damit gehen sie in Resonanz.

Was die feinstofflichen Kanäle betrifft, so gibt es davon zwei Haupttypen. Nach indischem Verständnis der esoterischen Anatomie sind die wichtigsten feinstofflichen Kanäle die Nadis, die prinzipiell mit den Nerven gleichgesetzt werden können. Der wichtigste Nadi verläuft durch die Wirbelsäule (oder das Äquivalent der Wirbelsäule). Zwei weitere wichtige Nadis verwalten das parasympathische (entspannende) und sympathische (anregende) Nervensystem. Alle drei Nadis führen auch durch die sieben innerkörperlichen Chakras und verbinden so den physischen mit dem feinstofflichen Körper. Wir werden es nicht direkt mit den Nadis zu tun haben, aber Sie sollten wissen, dass Sie das zentrale Nervensystem entscheidend verändern, wenn Sie sich auf ein Chakra beziehen.

In feinstofflichen Systemen aus Ostasien kommen ebenfalls Energiekanäle vor, die hier jedoch meistens als Meridiane bezeichnet werden. Meridiane unterscheiden sich von Nadis hauptsächlich darin, dass Meridiane elektromagnetische Tubuli sind, die sich durch das Bindegewebe ziehen und Energie zwischen Bindegewebe, Herz-Kreislauf-System und zentralem Nervensystem übertragen. Das indische und das ostasiatische System überschneiden sich insofern, als eine Handvoll Meridiane und ihre externen Zugangspunkte, die als Akupunktur-oder Akupressurpunkte bezeichnet werden, mit bestimmten Nadis und Chakras vergleichbar sind. In Kapitel 7 werde ich Ihnen eine einfache Technik zeigen, mit der Sie über einen Akupressurpunkt einen Schock lösen können.

Im Vergleich zu den Kanälen für die feinstoffliche Energie steht in diesem Buch die dritte feinstoffliche Grundstruktur stärker im Vordergrund – die Aura. Jedes der zwölf Aurafelder ist die Erweiterung eines Chakras. Das bedeutet, dass Sie mit einem Chakra interagieren können, indem Sie das entsprechende Aurafeld bearbeiten und umgekehrt. Daher ist etwas mehr Wissen über die Aura durchaus wichtig.

Zunächst erkläre ich, wie die Chakras die entsprechenden Aurafelder generieren. Die Energien, welche die sieben innerkörperlichen Chakras beeinflussen und von ihnen hervorgebracht werden, drehen sich auf der Vorder- und Rückseite des Körpers im Kreis und lassen die Chakras wie Wirbel aussehen. Die wirbelnde Energie dieser sieben Chakras bildet schließlich unabhängige, aber ineinandergreifende Bänder aus feinstofflicher Energie, die den Körper umgeben. Gleichzeitig generieren die fünf außerkörperlichen Chakras, die sich ebenfalls wie Strudel drehen, Energien, die in zwei Hauptrichtungen fließen. Ein Arm dieses Energieflusses verankert sich in einem bestimmten Organ des Körpers, ein anderer erzeugt eine externe Energieschicht. Alle zwölf Energiebänder – die Aurafelder, liegen übereinander, und zwar von der dichtesten bis zur leichtesten. Wie in Kapitel 1 beschrieben, liegt das erste Aurafeld dem Körper am nächsten. Dann folgt das zehnte Aurafeld, und darauf folgen das zweite, das dritte, das vierte und so weiter. Das elfte Aurafeld liegt über dem neunten, und das zwölfte folgt auf das elfte.

Gemeinsam bilden die Auraschichten einen wirksamen Schutz und energetischen Filter, indem sie einen matrixartigen Strang formen, der als feinstoffliche Energiegrenze bezeichnet wird. Einzeln wirkt jedes Feld wie ein Sieb, das Energie basierend auf der Programmierung des zugehörigen Chakras einlässt und ausstrahlt. Stellen Sie sich beispielsweise vor, dass Ihr Hund als winziger Welpe getreten wurde. Diese Entwicklungsphase wird vom ersten Chakra beherrscht, das für alles zuständig ist, was mit Überleben zu tun hat. Der Welpe verlässt diese Entwicklungsphase mit einer Überzeugung, die in seinem ersten Chakra gespeichert ist: »Ich habe es verdient, misshandelt zu werden.« Das erste Aurafeld wird diese negative Überzeugung widerspiegeln und eine feinstoffliche Nachricht in die Welt senden, die allen und jedem sagt, dass dieser Hund für Misshandlungen zur Verfügung steht. Daher könnte dieser Hund so lange, bis die negative Überzeugung gelöscht ist, Menschen anziehen, die ihn treten oder anderswie misshandeln. Wahrscheinlich scheut der Hund, der weiß, dass er verletzlich ist, Menschen überhaupt, weil er vom Schlimmsten ausgeht.

Wir können ein Chakra, aber auch das damit in Verbindung stehende Feld untersuchen, um herauszufinden, was mit unserem Haustier los ist. Ein Aurafeld kann aber auch positive und negative Energien enthalten, die noch nicht im entsprechenden Chakra zu finden sind. Beispielsweise ist das vierte Aurafeld, das mit dem vierten Chakra in Verbindung steht, für Beziehungen zuständig. Stellen Sie sich nun vor, dass das vierte Aurafeld Ihres Haustiers Teile eines Streits in sich aufgenommen hat, den Sie kürzlich mit einem Familienmitglied ausgetragen haben. Neu aufgenommene feinstoffliche Energie verbleibt normalerweise eine Weile in dem jeweiligen Feld, bevor sie im entsprechenden Chakra landet, aus dem sie schwerer wieder zu entfernen ist. Wenn Sie diese Energie löschen können, bevor sie fest verankert ist, können Sie weitere Verletzungen verhindern. In Kapitel 7 erfahren Sie, wie Sie einen Akupressurpunkt einsetzen können, um genau das zu erreichen.

Wie aus den gerade gegebenen Beispielen hervorgeht, wird die in einer Struktur enthaltene Energie auf mehrere Strukturen aufgeteilt. Wie genau erfolgt diese Verteilung? Die Antwort ist: durch Licht und Klang.

Alles dreht sich um Licht und Klang

Energie hat zwei Hauptformen, nämlich Licht und Klang. Beide existieren als physische und als feinstoffliche Energien. Somit fließen die physischen und die feinstofflichen Universen ineinander und erschaffen sich gegenseitig.

Licht wird formal als elektromagnetische Strahlung bezeichnet, und Klang wird von Schallwellen erzeugt. Wie alles auf der Welt ist ein Haustier in Wirklichkeit eine Ansammlung von Licht- und Schallwellen. Auf der physischen Ebene pulsiert Elektrizität in jeder Zelle und jedem Organ. Elektrizität wiederum erzeugt magnetische und elektrische Felder oder Licht. Hormone und andere Körperchemikalien sind auf Licht angewiesen, um alle Organfunktionen aufrechtzuerhalten. Gleichzeitig strahlt jede Komponente des Körpers ein Licht ins Universum und gibt auch Geräusche von sich. Genau genommen erzeugt jede Zelle, jedes Organ und jede Mikrobe im Körper einen eigenen Klang, der sich in ein wunderbares, wenn auch ungewöhnliches Konzert einfügt.

Auf der feinstofflichen Ebene arbeiten alle subtilen Strukturen mit ihren eigenen Schwingungsfrequenzen, die sich auch auf Licht und Klang reduzieren lassen, und senden diese aus. Aus einem

Blickwinkel betrachtet, könnten Sie sich diese Frequenzen als Bänder aus Licht und Klang vorstellen, die aus der Außenwelt kommen und horizontal durch jedes Chakra verlaufen. Gleichzeitig erzeugt ein Chakra genau die Frequenzen, die in die Welt getragen werden. Jedes Chakra und jedes ihm entsprechende Aurafeld interagiert hauptsächlich mit den Farben und Klängen, die zu den Frequenzen dieses horizontalen Energiebandes passen.

Im Körper liegt jedes horizontale Band aus Chakraenergie über einem anderen solchen Band. Dadurch wird die Kommunikation der Chakras untereinander ermöglicht. Chakras sind keine geschlossenen Vehikel. Eines geht in das andere über. Beispielsweise ist das erste Chakra rot und das zweite orange. Das bedeutet, dass zwischen ihnen verschiedene Rottöne liegen. Was liegt über dem orangefarbenen Chakra? Orangegelbe Bänder, die zum gelben Chakra aufsteigen. Sogar die Chakras außerhalb des Körpers kommunizieren, indem sich jedes von ihnen an den physischen Körper bindet und so am Tanz von Licht und Klang teilnimmt. Eine ähnliche Kommunikation findet zwischen einzelnen Aurafeldern statt, wenn ein Feld in das andere übergeht. Und so wie Chakras Informationen untereinander und mit den entsprechenden Aurafeldern austauschen, tauschen auch Meridiane und Nadis Informationen untereinander und mit den ihnen zugeordneten feinstofflichen Strukturen aus.

Der einzige Unterschied zwischen dem Licht und dem Klang – oder den Botschaften –, die von grobstofflichen und nicht von feinstofflichen Strukturen erzeugt wurden, ist ihre Messbarkeit. Grobstoffliche Frequenzen können wir mit unseren fünf Sinnen wahrnehmen, aber feinstoffliche Energien sind zu schnell oder zu langsam, um leicht gehört, gesehen, gespürt, gerochen oder ertastet zu werden. Chakras, die Rettung! Wie ich schon sagte, können Chakras grobstoffliche in feinstoffliche Energie umwandeln und umgekehrt. Das heißt, Chakras können feinstoffliche Botschaften in grobstoffliche verwandeln, die das Gehirn verstehen kann. Diese geistige (oder übersinnliche und intuitive) Funktion wird von jedem Chakra erfüllt. Beispielsweise hilft Ihnen das zweite Chakra, das emotionale Informationen verarbeitet, die Gefühle anderer im eigenen Körper zu spüren. Es sendet außerdem übersinnliche Eindrücke Ihrer eigenen Gefühle in die Welt. Das fünfte Chakra, in dem es um Verbalisierung geht, macht es Ihnen möglich, auf außersinnliche Weise (Hellhörigkeit) Informationen zu erhalten, sie in Worte zu fassen und weiterzugeben.

In der Regel sind die Frequenzen einer feinstofflichen Struktur umso niedriger, je tiefer sie im Verhältnis zum Körper – oder je näher am Körper – sie liegen. Das Gegenteil ist ebenso wahr. Die Frequenzen der im Körper höher liegenden feinstofflichen Strukturen sind höher. Energien mit niederer Frequenz haben in der dichten oder physischen Realität die stärkste Wirkung. Energien mit hoher Frequenz sind die spirituellsten. Und was ist mit Frequenzen im mittleren Bereich? Die wirken sich sowohl auf das materielle als auch auf das geistige Universum aus. Daher betrachte ich sie als psychisch. Im weiteren Verlauf dieses Buches werde ich noch genauer erläutern, wie Sie dieses Wissen im Umgang mit Ihren Haustieren anwenden können.

Energieexperten setzen Licht- und Klangtechniken häufig ein, wenn sie mit Menschen arbeiten, aber in der Arbeit mit Haustieren sind sie noch wichtiger, weil diese über ein weitaus breiteres Spektrum von beiden verfügen als wir.

Das feinstoffliche Licht- und Klangspektrum Ihres Haustiers

Bei Haustieren können wir mit feinstofflichen Interaktionen sehr viel kraftvollere Veränderungen bewirken als bei Menschen, weil Tiere auf der feinstofflichen Ebene deutlich sensibler sind. Mit anderen Worten, Haustiere haben Zugang zu einem Licht- und

Klangspektrum, das für Menschen unterschwellig, für sie jedoch normal ist.

Tatsache ist, dass wir Menschen nur sehr wenig von dem Licht und dem Klang wahrnehmen, die in unserem Körper erzeugt werden oder in der Umwelt zur Verfügung stehen. Unsere Augen können nur etwa 0,0035 Prozent des elektromagnetischen Spektrums und etwa 2,3 Prozent des gesamten sichtbaren Lichts sehen (Link 2007). Von allen Klangfrequenzen kann der Mensch nur etwa ein Fünftel hören (Akpan 2015).

Angehörige nicht menschlicher Völker sind nicht annähernd so eingeschränkt. Säugetiere wie Hunde, Katzen, Nagetiere und Frettchen können ultraviolettes Licht sehen, das sehr viel häufiger vorkommt als für uns sichtbares Licht. Gleiches gilt für viele Vögel, Reptilien, Insekten und Fische, von denen einige, Schlangen beispielsweise, auch Infrarotlicht wahrnehmen können, dessen Frequenz niedriger ist als die des für uns sichtbaren Lichts (Aktipis 2015).

Viele Lebewesen können auch Frequenzen hören, die der Mensch nicht hören kann. Das durchschnittliche menschliche Ohr kann Geräusche zwischen 20 und 20.000 Hertz wahrnehmen. Hunde hören doppelt so viele Frequenzen wie der Mensch und Geräusche, die viermal weiter weg sind. Katzen hören sogar noch besser als Hunde (Wonderopolis, o. J.) Insekten haben Tympanalorgane, die sehr viel empfindlicher sind als menschliche Ohren, während Spinnen und Kakerlaken Geräusche (Vibrationen) über winzige Haare an den Beinen aufnehmen. Fische haben zwar keine physischen Ohren, nehmen aber mit dem Seitenlinienorgan Geräusche wahr, die wir nicht wahrnehmen können – und manche haben sogar auditive Gehirnstrukturen (Dodero Hearing Center 2013).

Fazit: Viele Angehörige nicht menschlicher Völker arbeiten mit Energien, die für Menschen feinstofflich sind. Das bedeutet, dass wir unser Wissen über feinstoffliche Energien anwenden müssen, wenn wir unseren Haustieren wirklich helfen wollen, besonders wenn wir uns auf Licht und Klang konzentrieren. Vor diesem Hintergrund befasst sich der Rest dieses Kapitels mit der feinstofflichen Anatomie Ihres Haustiers, besonders mit den Chakras, den für Licht und Klang entscheidenden feinstofflichen Einheiten.

Das Chakrasystem Ihres Haustiers

Eine vergleichende Analyse

Alle Lebewesen haben das Zwölf-Chakra-System. Die menschlichen Chakras haben Sie in Kapitel 1 bereits kennengelernt; sie wurden in Abbildung 1 gezeigt. Die Abbildungen 2 und 3 zeigen die Chakras bei Säugetieren. Behalten Sie diese Abbildungen im Hinterkopf, während ich auf ein paar Unterschiede zwischen dem Chakrasystem eines Haustiers und dem eines Menschen eingehe, bevor ich alle zwölf Chakras bei Haustieren genauer beschreibe. Diese vergleichende Analyse wird Ihnen bei der Lösung Ihrer eigenen chakrabasierten Probleme helfen, wenn diese sich bemerkbar machen, während Sie mit den Chakras eines Haustiers interagieren.

Kurz gesagt, die meisten esoterischen Experten für den Umgang mit Haustieren glauben, dass die sieben innerkörperlichen Chakras von Menschen und Tieren eine ähnliche Funktion haben. Diese sieben Chakras liegen entlang der Wirbelsäule, wenn das Tier eine Wirbelsäule hat. Wenn nicht, sind sie mittig im Körper angeordnet. Jedes der sieben innerkörperlichen Chakras interagiert außerdem mit einer bestimmten endokrinen Drüse oder den Körperteilen des Tieres, die endokrine Funktionen erfüllen, und ist für seine eigenen körperlichen, seelischen und geistigen Funktionen zuständig. Kurz gesagt, die sieben innerkörperlichen Chakras eines Haustiers haben die gleichen allgemeinen Zuständigkeiten wie beim Menschen.

Erstes Chakra: Überleben
Zweites Chakra: Gefühle
Drittes Chakra: Mentalität
Viertes Chakra: Beziehung
Fünftes Chakra: Kommunikation
Sechstes Chakra: Vision
Siebtes Chakra: Spiritualität

Auch die fünf außerkörperlichen Chakras eines Haustiers haben eine ähnliche Funktion wie die eines Menschen. Wie ihre innerkörperlichen Verwandten verwaltet jedes dieser Zentren eine endokrine Drüse und ist für eine Reihe von körperlichen, seelischen und geistigen Problemen zuständig. Es gibt jedoch einige tierspezifische Merkmale, die diese Chakras von den menschlichen unterscheiden.

Zunächst, die grundlegenden Aufgaben dieser fünf außerkörperlichen Chakras, die denen ähneln, die bei Menschen erfüllt werden, sind wie folgt:

Achtes Chakra: Mystizismus
Neuntes Chakra: Harmonisieren
Zehntes Chakra: Verbindungen zu den Elementen und zur Umwelt
Knospenchakras: Einstimmen auf Schwingungen und Veränderungen in der Umwelt (offiziell ein Teil des zehnten Chakras)
Elftes Chakra: Beherrschung von Kräften
Zwölftes Chakra: einzigartig; spiegelt den Dharma und übergibt ein besonderes spirituelles Geschenk

Wie beim Menschen ist die wichtige endokrine Drüse, die mit dem achten Chakra in Verbindung gebracht wird, die Thymusdrüse. Bei Säugetieren, Nagetieren und den Angehörigen vieler nicht menschlicher Völker kommt dieses Chakra aber zusätzlich auch im Körper vor, nämlich als Brachial- oder Schlüsselchakra, das bei Lebewesen mit Schultern im Schulterbereich liegt. Mit ihrer Lage auf beiden Schulterblättern verwandeln die Zugangspunkte zum achten Chakra die Schultern in ein Vehikel für die Kommunikation zwischen bestimmten Haustieren und dem Menschen. Weil das achte Chakra Wesen mit verschiedenen Existenzebenen in Verbindung bringt, kann der Schulterbereich eines Haustiers tatsächlich den zeitübergreifenden Energieaustausch zwischen den Seelen von Menschen und denen von Haustieren ermöglichen.

Wie beim Menschen befindet sich das neunte Chakra eines Haustiers über dem Kopf und ist im Atmungssystem gesichert. Es ist zuständig für die Fähigkeit eines Haustiers, mit anderen zu harmonieren. Das zehnte Chakra eines Haustiers liegt wie das eines Menschen unter den Füßen und ist in der Erde verankert, steht aber auch in einzigartiger Verbindung mit den Knospenchakras – ein Begriff, der von Profis verwendet wird, die sich auf esoterische Weise mit Tieren beschäftigen.

Knospenchakras liegen an der Unterseite der Ballen, der Pfoten, der Hufe, der Klauen oder in einem ähnlichen Bereich sowie an der Basis der Ohren oder des Hörapparats eines Haustiers. Ihre Aufgabe ist es, Veränderungen in der Umwelt, etwa einen Wetterumschwung, zu spüren und ein Lebewesen mit der Welt der Natur zu verbinden. Aufgrund der Lage dieser Chakras an den Ohren kann ein Haustier Vibrationen »hören«, die so subtil sind, dass sie keine Geräusche verursachen. Knospenchakras liegen auch an den Flügelspitzen von Vögeln oder an den Flossen von Fischen.

Vervollständigt wird das Chakrasystem von Haustieren durch das elfte Chakra, das sich durch ihre Muskeln und ihr Bindegewebe webt. Es hat die gleiche Aufgabe wie bei Menschen, nämlich die Kontrolle über natürliche und übernatürliche Kräfte zu ermöglichen. Wie Sie in Abbildung 1 sehen können, ist das elfte Chakra bei Menschen auf die Hände und Füße konzentriert. Bei Haustieren gehört der Bewegungsapparat zum zehnten Chakra, obwohl das elfte Chakra die Muskeln steuert, die entsprechende Körperteile (etwa Füße oder Hufe) in Gang setzen. Und zu guter Letzt liegt das zwölfte Chakra sowohl bei Menschen als auch bei nicht menschlichen Wesen an der äußersten Grenze der Aura und ist für jedes Wesen einzigartig. Bei Naturwesen verankert sich das zwölfte Chakra in einundzwanzig Sekundärchakras.

Diese Sekundärchakras tauchen bei Haustieren als bestimmte Körperbereiche unterstützende Strukturen auf, wenn das Haustier über diese Körperbereiche verfügt. Sie liegen an Stellen wie der Nase, dem Schwanz und den Ohren. In der Tabelle unter der Überschrift »Die 21 Sekundärchakras eines Haustiers« beschreibe ich sie.

Was ist in einem Chakra?

Damit Sie das Chakrasystem Ihres Haustiers wirklich entschlüsseln und darauf zugreifen können, brauchen Sie jedoch mehr viel mehr Informationen, als ich Ihnen gerade gegeben habe. Die ausführliche Zusammenfassung jedes Chakras behandelt die folgenden Punkte:

Name des Chakras: Die Chakras werden numerisch aufgelistet. Zusätzlich werden die sieben innerkörperlichen Chakras mit ihren Sanskritnamen aufgeführt. Sanskrit ist die Sprache, in der die Chakras in Indien zuerst benannt und beschrieben wurden.
Position: allgemeiner physischer Bereich, in dem das Chakra liegt. Wenn es sich um ein außerhalb des Körpers liegendes Chakra handelt, schreibe ich etwas über seine externe Position und auch über seinen Verankerungspunkt im Körper.
Aufgabe: ein summativer Begriff, der die Aufgaben des Chakras beschreibt

Farbe: die Farbe des Schwingungsbandes oder der Frequenzen, mit denen ein Chakra arbeitet und die es ausstrahlt

Körperliche Aufgaben: Beispiele für die dem jeweiligen Chakra zugeordneten körperlichen Strukturen und Funktionen. Im nächsten Kapitel werden die Symptome eines entsprechenden Problems beschrieben.

Psychische Funktionen: die emotionalen und mentalen Funktionen des Chakras

Spirituelle Fähigkeiten: Jedes Chakra ist eine Linse für eine bestimmte Art von übersinnlichem Wissen oder intuitiver Funktion, die benannt und beschrieben wird.

Phase der Aktivierung: Ein Chakra wird in einer bestimmten Lebensphase vollständig erweckt oder aktiviert. Die einzelnen Phasen wurden unter »Die gegenwärtigen Lebenserfahrungen Ihres Haustiers« vorgestellt. Die folgende Liste ist eine Erinnerungshilfe. Mithilfe dieser Informationen können Sie körperliche, seelische und geistige Probleme bis zum jeweiligen Chakra zurückverfolgen und herausfinden, in welcher Lebensphase ein Problem erstmals aufgetreten ist. Dieses Wissen kann es einfacher machen, ein Problem zu verstehen und die beste Lösung dafür zu finden.

Die Nummerierung der Lebensphasen deckt sich nicht mit der der Chakras. Weil dies verwirrend sein kann, stelle ich Ihnen eine Art Spickzettel zur Verfügung, auf dem jeder Lebensphase eine Zahl, ein Schlüsselwort und ein Chakra zugeordnet wird. Diese Informationen werde ich auch in die folgenden Beschreibungen der einzelnen Chakras einfließen lassen.

Element: Die meisten Chakras verarbeiten ein oder zwei spezifische Elemente, die natürlichen Bausteine von allem auf der Erde und im Kosmos. Ich arbeite mit einem Zwölf-Elemente-System und werde jedem Chakra in den Beschreibungen mindestens ein

Lebensphase	Schlüsselwort	Chakra
erste	Wahl des Dharma	neuntes
zweite	Wahl des Karma	achtes
dritte	Programmierung	zehntes
vierte	Überleben	erstes
fünfte	Sozialisierung	zweites
sechste	Lernen	drittes
siebte	Beziehungen eingehen	viertes
achte	Kommunizieren	fünftes
neunte	Selbsterkenntnis	sechstes
zehnte	Vergeistigung	siebtes
elfte	übernatürliche Kräfte	elftes
zwölfte	Transformation	zwölftes

Element zuweisen. Außerdem beschreibe ich jedes Element. Diese Informationen basieren auf meiner eigenen Wahrnehmung und gesammelten Daten aus verschiedenen Kulturen.

Klang: Im indischen System steht jedes einzelne Chakra mit einem Klang in Verbindung, der es stärken kann. Ich nenne für jedes der sieben innerkörperlichen Chakras den traditionellen Klang (die Keimsilbe) und teile außerdem meine eigenen Ideen zu den fünf zusätzlichen Chakraklängen. Für Letztere verwende ich jeweils einen Sanskritbegriff, in dem sich die Bedeutung des Chakras widerspiegelt, und erkläre, was er bedeutet.

Zugehöriges Aurafeld: Jedes Chakra generiert ein Aurafeld. In den Beschreibungen der Chakras benenne ich das Feld, sage wo es sich befindet, und erkläre seine wichtigsten Aufgaben. In Abbildung 4 sehen Sie, wo die Aurafelder eines Haustiers liegen. Die Abbildungen 2 und 3 zeigen die Chakras eines Säugetiers. In Abbildung 5 sehen Sie die Aura eines Menschen zum Vergleich mit den in Abbildung 4 dargestellten Aurafeldern eines Haustiers.

Aurafeld	Farbe
1	Rot
2	Orange
3	Gelb
4	Grün
5	Blau
6	Violett
7	Weiß
8	Schwarz oder Silber
9	Gold
10	Braun
11	Rosa
12	klar, durchsichtig

Abbildung 4: Die Aura eines Haustiers
Menschen und Haustiere haben eine Aura, die aus zwölf einzelnen Feldern besteht. Das erste Feld liegt direkt am Körper an.

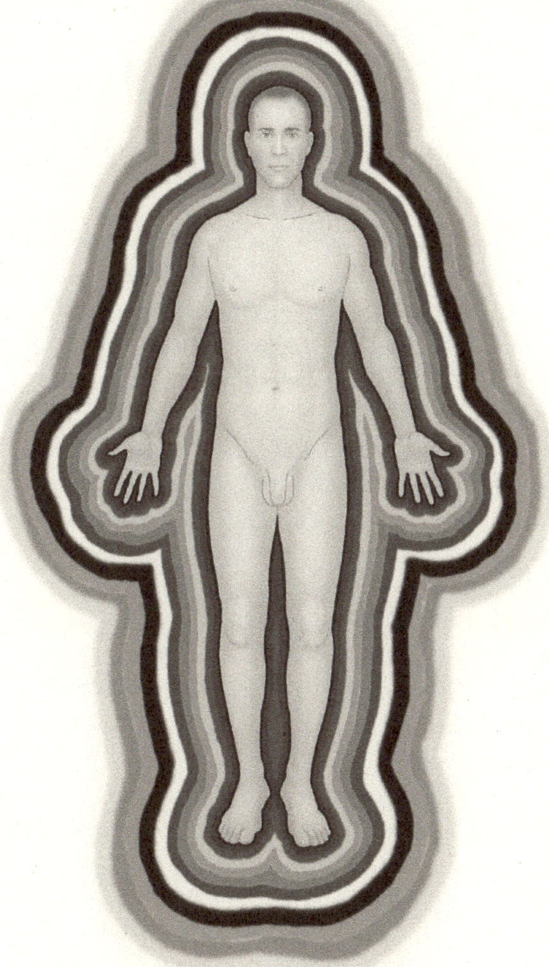

Abbildung 5: Die Aura eines Menschen
Das erste Feld liegt direkt am Körper an.
Das zwölfte ist am weitesten vom Körper entfernt.

Erstes Chakra
Muladhara

Position: Basis der Wirbelsäule oder Bereich, der als Wirbelsäule fungiert
Aufgabe: Körperlichkeit und Überleben
Farbe: Rot
Körperliche Aufgaben: Sichert das Überleben. Ist zuständig für Bereiche und Organe, die mit den Nebennieren, den Hüften, den Fortpflanzungsorganen, der Haut, den unteren Körperöffnungen und den Ausscheidungsorganen vergleichbar sind. Bei einem Haustier mit Fell, Schuppen, Federn und Ähnlichem werden Erkrankungen, die diese Hüllen betreffen, als dem ersten Chakra zugehörig betrachtet. Wenn auch ein einem Fuß oder einer Hand ähnlicher Bereich betroffen ist, sollten Sie auch das zehnte Chakra untersuchen.
Psychische Funktionen: Gefühle und Überzeugungen, die etwas mit Überleben und Sicherheit zu tun haben, etwa die Überzeugung, dass das Selbst seine Existenz verdient hat
Spirituelle Fähigkeiten: körperliches Einfühlungsvermögen. Das ist die Fähigkeit, die körperlichen Empfindungen oder Krankheiten eines anderen im eigenen Körper zu spüren. Aufgrund dieser Fähigkeit kann das Haustier seine eigenen Körperempfindungen an andere senden.
Phase der Aktivierung: Überleben. Schließt die Übertragung von elterlichen Themen zur Sicherung des Überlebens während der Schwangerschaft und im Säuglingsalter ein.
Element: Feuer, steht für Leidenschaft, Bewegung und Vitalität
Klang: *Lam*
Zugehöriges Aurafeld: Das erste Aurafeld liegt in und unmittelbar auf der Haut. Es zieht Ereignisse, Menschen und Wesen an, die Überleben und Sicherheit garantieren, indem es entsprechende Botschaften in die Welt sendet.

Zweites Chakra
Svadhisthana

Position: im Unterbauch oder einem verwandten Bereich
Aufgabe: Emotionen und Kreativität
Farbe: Orange
Körperliche Aufgaben: Regelt die Verdauungsfunktion. Ist zuständig für Körperbereiche, die mit dem Dünndarm, den Eierstöcken, den Hoden und den Sakralwirbeln (Kreuzbein) vergleichbar sind.
Psychische Funktionen: Gefühle und Überzeugungen, die sowohl etwas mit Bindungen, Kreativität und der Beziehung zwischen sich selbst und anderen zu tun haben als auch mit Sinnlichkeit und Lebendigkeit
Spirituelle Fähigkeiten: Empathie, die Fähigkeit, die Gefühle anderer in sich selbst zu spüren und anderen die eigenen Gefühle zu vermitteln
Phase der Aktivierung: Sozialisation. Diese Fähigkeit wird in der frühen Kindheit angelegt und hängt davon ab, in welcher Beziehung das Haustier zu Mitgliedern seiner biologischen Familie und den Lebewesen oder Personen in seinem Umfeld steht.
Element: Wasser, das mit dem intuitiven und emotionalen Fluss zu tun hat
Klang: *Vam*
Zugehöriges Aurafeld: Das zweite Aurafeld liegt über dem zehnten. Es verbreitet die Gefühle eines Haustiers in der Welt und nimmt die Gefühle anderer auf.

Drittes Chakra
Manipura

Position: Solarplexus oder Magenregion
Aufgabe: Mentalität und Willenskraft
Farbe: Gelb
Körperliche Aufgaben: Regelt die Verdauungsprozesse und ist zuständig für die beteiligten Organe, wie Leber, Magen, Milz, Gallenblase, Nieren und andere sowie für die Mitte der Wirbelsäule.
Psychische Funktionen: Dieses Chakra ist das Sammelbecken für Gedanken und Annahmen, aus denen sich Urteile, Meinungen und Taten/Verhaltensweisen ergeben, die etwas mit Selbstachtung, Selbstvertrauen und dem eigenen Verhältnis zu Macht zu tun haben.
Spirituelle Fähigkeiten: mentale Empathie, auch Hellwissen genannt. Das ist die Fähigkeit, die Einstellungen und Überzeugungen anderer zu erspüren und sie in die Welt zu senden.
Phase der Aktivierung: Lernen. Diese Fähigkeit wird in der frühen Reifephase aktiviert. In diesem Stadium demonstriert ein Haustier, was es gelernt hat und ob es Anweisungen befolgen kann.
Element: Holz, das Ziele erreichen hilft, bei Veränderungen im Leben hilft und positive Lebensgewohnheiten fördert; außerdem das Element Luft, das etwas mit der Weitergabe von Ideen und Idealen zu tun hat.
Klang: *Ram*
Zugehöriges Aurafeld: Das dritte Aurafeld liegt über dem zweiten. Es sendet die Gedanken und Ansichten eines Haustiers in die Welt und nimmt die Gedanken und Ansichten anderer auf.

Viertes Chakra
Anahata

Position: Herz oder Brustbereich
Aufgabe: Liebe, Beziehung und Heilung
Farbe: Grün
Körperliche Aufgaben: Ist zuständig für das Herz-Kreislauf-System, die Lungen, die Brüste, die Schultern, die Rippen, den Brustkorb und die Arme. Reguliert auch die Funktion der Brustwirbel oder des entsprechenden Bereichs.
Psychische Funktionen: Verwaltet höhere Emotionen und Tugenden und ermöglicht das Geben und Annehmen von Liebe und Heilung.
Spirituelle Fähigkeiten: Beziehungsempathie. Das ist die Fähigkeit, die das Wissen über die höheren emotionalen Bedürfnisse sowie die Bedürfnisse in Bezug auf Beziehungen und Heilung einlädt und genau diese Informationen in die Welt sendet.
Phase der Aktivierung: Beziehungen eingehen. Diese Fähigkeit wird in der frühen Reifephase aktiviert. In dieser Lebensphase neigt die Seele eines Haustiers dazu, ihr Karma aus früheren Leben zu bearbeiten oder sich ihrem Dharma zuzuwenden, was bedeutet, sich mit dem tieferen Sinn der Liebe zu beschäftigen und zu entsprechender Einsicht zu gelangen.
Element: Stern, eine Kombination aus Feuer und Äther. Das Element Stern verbindet Leidenschaft mit den höheren Idealen des göttlichen Geistes. Dies ist das perfekte Element für das Herz, das im Zentrum des innerkörperlichen Chakrasystems liegt. Sternenergie verbindet Feuer aus dem ersten Chakra mit Äther aus dem siebten Chakra.
Klang: *Yam*
Zugehöriges Aurafeld: Das vierte Aurafeld liegt über dem dritten. Es zieht Liebe und Heilung an und macht es möglich, dass beides auch an andere gesendet wird.

Fünftes Chakra
Vishuddha

Position: Halsbereich
Aufgabe: Kommunikation und Ausdruck
Farbe: Blau
Körperliche Aufgaben: Ist zuständig für den Hals, die Kiefer, die Zähne, den Mund, die Schilddrüse, die Speiseröhre, den Hals und die Halswirbel oder welche Körperteile auch immer die entsprechenden Funktionen erfüllen.
Psychische Funktionen: Verwaltet die Überzeugungen, die etwas mit Kommunikation zu tun haben, etwa das Verantwortungsbewusstsein eines Haustiers, die Fähigkeit, zuzustimmen oder abzulehnen, und die Bereitschaft, sich leiten zu lassen.
Spirituelle Fähigkeiten: verbale Empathie. Das ist die Fähigkeit, außersinnlich zu hören und akustische Anleitung in einer Sprache oder Ausdrucksweise zu geben, die auf das Haustier Bezug nimmt.
Phase der Aktivierung: Kommunizieren. In der frühen Reifenphase macht ein Haustier deutlich, dass es fähig ist, seine Bedürfnisse zum Ausdruck zu bringen und auf verbale Befehle oder Wünsche anderer zu reagieren.
Element: Klang, der Botschaften übermittelt, die etwas mit Macht zu tun haben
Klang: *Ham*
Zugehöriges Aurafeld: Das fünfte Aurafeld liegt über dem vierten. Es lässt die spirituelle Führung ebenso ein wie die telepathischen Gedanken und Formulierungen anderer und sendet außersinnlich wahrnehmbare akustische Botschaften in die Welt.

Sechstes Chakra
Ajna

Position: zwischen den Augenbrauen und in der Nähe der Augen
Aufgabe: Vision und Wahrnehmung
Farbe: Violett
Körperliche Aufgaben: Ist zuständig für den unteren Teil des Gehirns und den oberen Bereich der Wirbelsäule, für Organe, die mit dem Sehen in Verbindung gebracht werden, und für die wichtigste Hormondrüse des Gehirns (bei Säugetieren die Hypophyse).
Psychische Funktionen: die Fähigkeit, die Wahrheit zu erkennen, vor allem über sich selbst
Spirituelle Fähigkeiten: visuelles Einfühlungsvermögen, auch Hellsichtigkeit genannt. Das ist die Fähigkeit, außersinnlich Bilder zu empfangen und zu senden.
Phase der Aktivierung: Selbsterkenntnis. Wird in der mittleren Reifephase aktiviert, um das Selbstbild eines Haustiers zu offenbaren. In diesem Stadium spiegelt ein Haustier oft das verborgene Selbstbild eines menschlichen Gefährten wider.
Element: Licht, das Spektrum der feinstofflichen Energien, die Liebe zum Ausdruck bringen
Klang: *Om*
Zugehöriges Aurafeld: Das sechste Aurafeld liegt über den fünften und sendet außersinnlich wahrnehmbare Bilder vom Selbstbild eines Haustiers sowie von seinen Bedürfnissen und Gedanken in die Welt. Es lässt auch außersinnlich wahrnehmbare Eindrücke vom Selbstbild sowie von den Bedürfnissen und Gedanken anderer herein.

Siebtes Chakra
Sahasrara

Position: oberster Punkt des Kopfes oder Gehirnregion
Aufgabe: Spiritualität und Bewusstsein
Farbe: Weiß
Körperliche Aufgaben: Ist zuständig für die Teile des Gehirns, die mit höherem Denken, Bewusstsein, Schlaf und Stimmungslage in Verbindung gebracht werden. Bei vielen Haustieren beherrscht es die Zirbeldrüse, die Zerebralhöhle, den Zerebralplexus, den Plexus choroideus, den Schädel oder ähnliche Körperteile.
Psychische Funktionen: Reagiert auf Tugenden wie Wahrheit, Hoffnung und Liebe.
Spirituelle Fähigkeiten: Spirituelle Empathie, auch Prophetie genannt, ermöglicht es einem Haustier, die positiven und negativen Energien anderer zu erkennen und das wahre spirituelle Wesen des Gegenübers widerzuspiegeln – oder darauf zu reagieren.
Phase der Aktivierung: Vergeistigung. In der späten Reifezeit kann sich das Karma eines Haustiers glätten und sein empathisches Wesen sowie seine dharmische Fähigkeit, spirituelle Ideale widerzuspiegeln, können zutage treten.
Element: Äther. Dieses Element spiegelt das Bewusstsein des Geistes wider und ermöglicht es einem Haustier, Tugenden und höhere Prinzipien an den Tag zu legen.
Klang: *Om*
Zugehöriges Aurafeld: Das siebte Aurafeld liegt über dem sechsten. Es spürt Negativität und Positivität auf, während es spirituelle Botschaften in die Welt sendet.

Achtes Chakra

Position: Fünf Zentimeter über dem Kopf, verankert im Thymus oder einem gleichwertigen Immunregulator. Auch im Bereich der Schulterblätter zu finden.

Aufgabe: Mystizismus, Schamanismus und Karma

Farbe: Schwarz oder Silber. Schwarz absorbiert Energie, um sie als Kraft und Stärke zu nutzen, Silber lenkt Negativität ab und bringt Liebe hervor. Die Farben variieren je nach Persönlichkeit des Haustiers.

Körperliche Aufgaben: Reguliert Immunprozesse, die möglicherweise Autoimmunerkrankungen und chronische Krankheiten verursachen (oder heilen).

Psychische Funktionen: Das achte Chakra stellt Verbindungen zwischen Vergangenheit und Gegenwart sowie zu möglichen Zukunftsvarianten her und speichert auch alle karmischen Probleme und Lösungen. Es ist die Heimat der Akasha-Chroniken, der Bibliothek, in der die zeitübergreifenden Aktivitäten und Gedanken eines Haustiers sowie andere Arten von spirituellen Aufzeichnungen aufbewahrt sind.

Spirituelle Fähigkeiten: mystische Empathie. Grundsätzlich lädt das achte Chakra zum schamanischen Gebrauch aller geistigen Fähigkeiten und Kräfte ein mit dem Ziel, Zeit und Raum übergreifenden Zugang zu bestimmten Energien und Wesen zu bekommen.

Phase der Aktivierung: Wahl des Karmas. Unmittelbar vor der Empfängnis entscheidet die Seele des Haustiers zusammen mit seinen Geistführern, welches Karma in seinen Genen und sein Epigenom einprogrammiert werden soll. Dies bedeutet, dass die Kräfte des achten Chakras, die oft schon in früheren Leben eingesetzt wurden, einem Haustier dann sein ganzes Leben lang zur Verfügung stehen.

Element: Metall. Dieses Element lenkt Negativität ab und ermöglicht die schamanische Übermittlung von Informationen und Botschaften des göttlichen Geistes und interdimensionaler Wesen.
Klang: *Akasha.* Das Wort bedeutet »Himmel« und beschreibt die in den Akasha-Chroniken gespeicherten Informationen.
Zugehöriges Aurafeld: Das achte Aurafeld liegt über dem siebten. Es hat Zugriff auf alle Zeiten und Räume und verbindet Wesen und Energien über die Dimensionen hinweg. Es »entscheidet«, welche Kommunikation zustande kommt, und zwar auf der Grundlage von Seelenthemen und Karma.

Neuntes Chakra

Position: etwa 70 Zentimeter über den Kopf, verankert im Atmungssystem
Aufgabe: Harmonisieren
Farbe: Gold
Körperliche Aufgaben: Ist zuständig für das Zwerchfell oder das damit verbundene Atmungssystem und die entsprechenden Mechanismen.
Psychische Funktionen: Repräsentiert die höchsten Aspekte der Seele und ermöglicht es ihr, sich mit den Seelen und höheren Idealen anderer in Einklang zu bringen.
Spirituelle Fähigkeiten: harmonische Empathie. Das ist die Fähigkeit, tief mit anderen mitzuschwingen.
Phase der Aktivierung: Wahl des Dharmas. Sie findet vor der Empfängnis statt. In dieser Phase wählt der Geist des Haustiers den Dharma, der in den Genen und im Epigenom des künftigen Embryos verschlüsselt wird.
Element: Stern, eine Mischung aus Äther, der die himmlischen Prinzipien widerspiegelt, und Feuer, Energie der Leidenschaft

Klang: *Samata* oder »Gelassenheit«, der Zustand der inneren Harmonie
Zugehöriges Aurafeld: Das neunte Aurafeld liegt über dem achten. Es zieht Energie an, die Harmonie und Frieden schafft, und verbreitet sie.

Zehntes Chakra

Position: etwa 70 Zentimeter unter den Füßen oder dem Körperteil, der dem Boden am nächsten ist. Bei Haustieren wird es auch mit den Knospenchakras in Verbindung gebracht. Diese liegen an Körperstellen, die den Füßen/Händen/Pfoten und dem Bereich unter der Ohröffnung entsprechen.
Aufgabe: Bodenständigkeit und ein gutes Verhältnis zur Umwelt
Farbe: Braun
Körperliche Aufgaben: Ist zuständig für die Knochen, die Stammzellen, die Gene und das Epigenom sowie für die Beine, die Füße und den Bereich unter den Ohren oder entsprechende Körperteile, einschließlich Teile des Ohrbereichs, die zur Einstimmung auf die Umgebung einladen. Wenn eine Erkrankung der Haut oder entsprechend des Fells, der Federn oder der Kiemen auch die Füße oder Hände beziehungsweise deren Entsprechungen einschließt, sind das erste und das zehnte Chakra betroffen.
Psychische Funktionen: Dieses Chakra spiegelt das Ich-Erleben eines Haustiers in seinem Umfeld wider.
Spirituelle Fähigkeiten: Umweltempathie. Die Fähigkeit, zu erkennen und zu spüren, was in der Umwelt und unter den Elementen vorhanden ist, war oder sein wird
Phase der Aktivierung: Programmierung, die während der Empfängnis erfolgt. Die Codes der Seele und des Geistes werden den Genen und dem Epigenom des entstehenden Embryos eingeprägt

und legen die Saat für entsprechende Karma- und Dharmaprogramme. Diese Prägungen bestimmen die Beziehung des Haustiers zur Umwelt und zu seiner Umgebung.

Element: Erde. Dieses Element ist bodenständig und warm und ermöglicht Wachstum. Auch Stein, ein Element, das die Geschichte einer Gegend in sich trägt. Diese Geschichte schließt die Geschichten eines Lebensraums und aller Wesen ein, die sich hier aufgehalten haben.

Klang: *Ahimsa.* Lässt den Glauben an Gewaltfreiheit und Respekt gegenüber allen anklingen.

Zugehöriges Aurafeld: Das zehnte Aurafeld liegt direkt über dem ersten. Es wird auch Ätherkörper oder ätherische Schicht genannt und spiegelt sämtliche karmischen und dharmischen Programmierungen sowie genetischen und epigenetischen Muster wider. Außerdem bringt es Energien ein, die benötigt werden, um karmische und dharmische Programmierungen zu heilen oder ins Gleichgewicht zu bringen. Es sendet auch Botschaften aus, um andere Tiere, Menschen oder Ereignisse anzulocken und dazu beizutragen, dass das Haustier seine spirituellen Ziele erreicht.

Elftes Chakra

Position: Liegt im elften Aurafeld. Ist über das Bindegewebe und die Muskeln im Körper verankert.

Aufgabe: Beherrschen von Kräften; übernatürliche Verbindung zu bestimmten Kräften – hell, dunkel, aus der Umwelt und aus dem Kosmos. Kann die Knospenchakras dahin gehend beeinflussen, dass sie übernatürliche Handlungen »ausführen«.

Farbe: Rosa

Körperliche Aufgaben: Grundsätzlich ist dieses Chakra für die Muskeln und das Bindegewebe zuständig und ermöglicht dadurch

die Fortbewegung der mit dem zehnten Chakra in Verbindung stehenden Knospenchakras.
Psychische Funktionen: Bezieht sich auf Überzeugungen hinsichtlich der Fähigkeit, die natürlichen und übernatürlichen Kräfte der Welt lenken zu können.
Spirituelle Fähigkeiten: Kraftempathie. Das ist die Fähigkeit, natürliche und übernatürliche Kräfte zu spüren und zu beherrschen. Diese Kräfte können gut sein oder schlecht. Es kann sich um Naturgewalten handeln, etwa das Wetter, die Elemente oder Naturwesen, und um Kräfte aus dem Kosmos, die entweder paranormal oder himmlisch sind.
Phase der Aktivierung: Übernatürliche Kräfte. Sie werden in der frühen bis mittleren Phase des Niedergangs am deutlichsten oder, anders ausgedrückt, in der Zeit, in der der Körper immer schwächer wird, treten diese Kräfte immer stärker zutage.
Element: Stern – das Element, das Feuer und Äther in sich vereint
Klang: *Seva*. Das bedeutet »Dienst«.
Zugehöriges Aurafeld: Das elfte Aurafeld liegt über dem neunten. Es sendet die Direktiven des Haustiers in die Welt. Damit ruft es natürliche und übernatürliche Reaktionen hervor und zieht Kräfte an, über die das Tier verfügen kann.

Zwölftes Chakra

Position: Im zwölften Aurafeld wird die Verbindung zum Körper über die Sekundärchakras hergestellt. Sie sind in der Tabelle »Die 21 Sekundärchakras eines Haustiers« aufgelistet.
Aufgabe: Die Aufgabe dieses Chakras ist von Tier zu Tier unterschiedlich, weil es das sehr einzigartige spirituelle Selbst des Tieres widerspiegelt.
Farbe: klar oder durchsichtig

Körperliche Aufgaben: Über den persönlichen Geist des Haustieres verwaltet dieses Chakra die Sekundärorgane und -chakras in seinem Körper.
Psychische Funktionen: Diese Funktionen sind sehr persönlich, weil sie das Verhältnis des jeweiligen Haustiers zum göttlichen Geist widerspiegeln.
Spirituelle Fähigkeiten: Auch diese Fähigkeiten sind sehr persönlich, aber sie spiegeln eine Kraft wider, die für den Geist des jeweiligen Haustiers einzigartig und ganz besonders ist, etwa die Fähigkeit, für ein Happy End zu sorgen, oder Menschen zu helfen, sich an ihr wahres Wesen zu erinnern.
Phase der Aktivierung: Transformation. Sie tritt ein, wenn das Haustier alt und immer schwächer wird und schließlich stirbt und ins Jenseits eingeht. Ermöglicht die wahre Darstellung des Wesens des Haustiers; offenbart, was es an Karma abgearbeitet hat und was nicht, und präsentiert seine authentische dharmische Essenz.
Element: Präsenz. Dieses Element steht stellvertretend für die Perfektion des göttlichen Geistes, die in dem Haustier persönlich geworden ist.
Klang: *Aham*. Das bedeutet »Ich«. Ich habe diesen Begriff gewählt, weil das zwölfte Chakra die äußere Grenze des wahren Selbst eines Haustiers ist.
Zugehöriges Aurafeld: Das zwölfte Aurafeld liegt über dem elften und allen anderen Aurafeldern. Es holt die Energien herein, die gebraucht werden, um die einzigartige Gabe des Haustiers zu fördern, und sendet die Energien dieses Geschenks in die Welt und darüber hinaus.

Möchten Sie sehen, wie die zwölf Chakras bei Haustieren aussehen? Um Ihnen das zu zeigen, habe ich die folgenden Abbildungen erstellt. Sie basieren teilweise auf Informationen von Energieexperten, die Chakra-Illustrationen für Hunde, Katzen, Pferde, Reptilien, Fische, Vögel, Meerschweinchen, Hamster und Kaninchen entwickelt haben. Anders als meine Bilder weisen diese Illustrationen sieben statt zwölf Chakras auf. Sie können die verschiedenen Sieben-Chakra-Systeme bei Haustieren leicht finden, indem sie im Internet nach »Chakra« und dem Haustiertyp aus der Liste suchen, die ich hier bereitgestellt habe. Um die Lücke zu schließen zwischen dem, was über die Chakras von Haustieren bekannt ist und was nicht, habe ich das verfügbare Material um aus meiner Intuition und Erfahrung gewonnene Einsichten ergänzt.

Die Abbildungen 6 und 7 zeigen die Chakras von Vögeln. Abbildung 8 zeigt am Beispiel einer Eidechse die Chakras der meisten Reptilien und Amphibien. Abbildung 9 zeigt die Chakras von Fischen, Abbildung 10 die von Spinnen und anderen Wirbellosen. Abbildung 11 zeigt gleichzeitig die Chakras einer Schlange und den magischen Caduceus, den Stab der Erleuchtung, der oft als Symbol für die Kraft der Chakras verwendet wird.

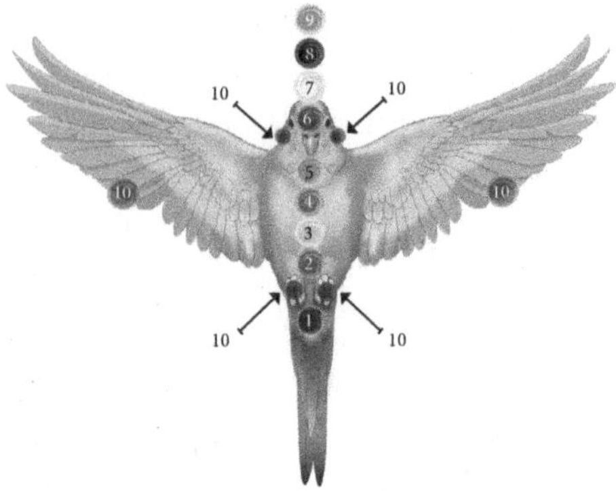

Abbildung 6: Die Chakras von Vögeln, Ansicht von vorn
Die Frontalansicht eines Vogels zeigt die Positionen von zehn der zwölf Chakras. Das zehnte Chakra, das die Knospenchakras einschließt, liegt unter den Klauen, neben den Ohrspalten und an den Flügelspitzen.

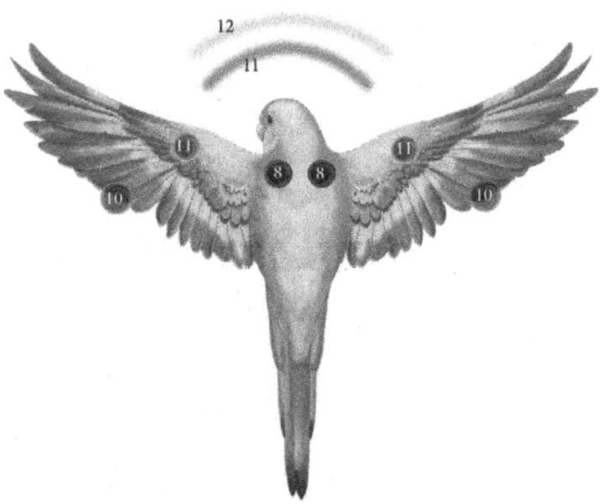

Abbildung 7: Die Chakras von Vögeln, Ansicht von hinten
Die Rückansicht eines Vogels zeigt die Schulterblattregion, die mit dem achten Chakra in Verbindung gebracht wird, sowie die Positionen des elften und des zwölften Chakras. Das elfte Chakra liegt außerhalb des Körpers, ist aber auch mit den Muskeln des Vogels verbunden.

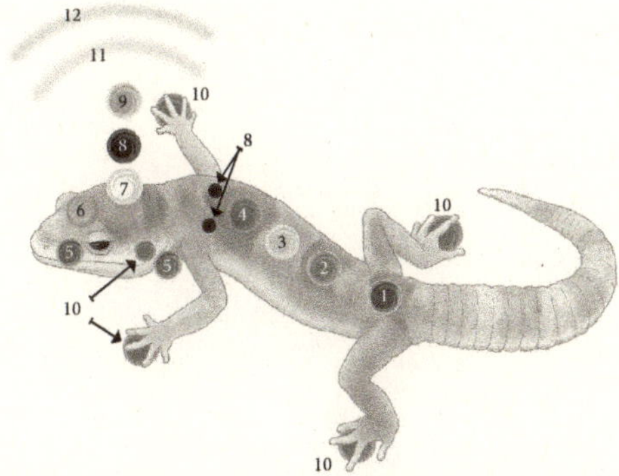

Abbildung 8: Die Chakras von Eidechsen und anderen Reptilien
Diese Abbildung zeigt die zwölf Chakras einer Eidechse und ist repräsentativ für andere Reptilien und die meisten Amphibien. Weil sie alle Wirbeltiere sind, liegen die Chakras bei Reptilien und Amphibien an ähnlichen Stellen wie bei Säugetieren.

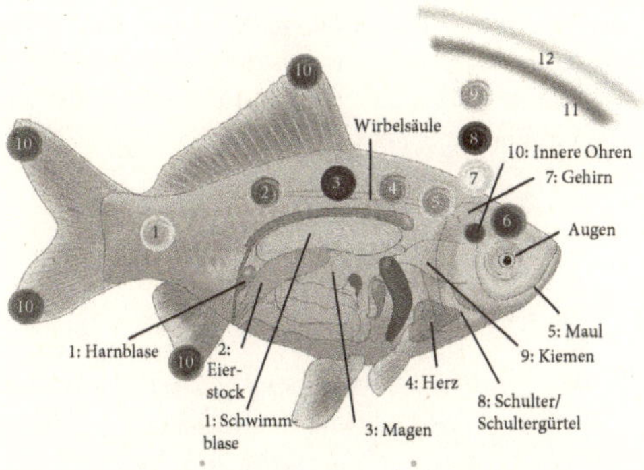

Abbildung 9: Die Chakras von Fischen
Oben werden mehrere Organe benannt, um Ihnen bei der Lokalisierung der Chakras zu helfen. Einige von ihnen werden zusammen mit einem Chakra aufgeführt, andere unabhängig. Bei einem Fisch werden dem zehnten Chakra drei Körperteile zugeordnet: die Flossen (zur Fortbewegung), die inneren Ohren oder inneren Knochen (zum Einschätzen von Geräuschen) und die Seitenlinienorgane (reagieren auf Vibrationen). Die Knospenchakras, die zum zehnten Chakra gehören, werden am häufigsten mit den Flossen in Verbindung gebracht.

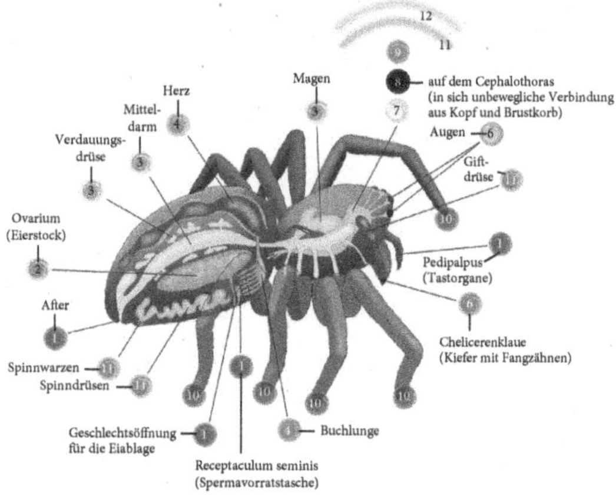

Abbildung 10: Die Chakras von Spinnen und anderen Wirbellosen
Die Chakras von Spinnen und anderen Wirbellosen sind schwer zu lokalisieren. Deshalb werden sie hier in Zusammenhang mit ihren Hauptorganen genannt. Die Beine gehören bei einer Spinne zum zehnten Chakra und die »Fußspitzen« (Tarsus) bilden die Knospenchakras. Das elfte Chakra, mit dem eine Spinne durch die Produktion von Gift und Spinnenseide Kräfte binden kann, umfasst Körperbereiche wie Spinnwarzen, Spinndrüsen und Giftdrüsen.

Abbildung 11: Die Chakras einer Schlange
Diese Illustration zeigt, wo die Chakras einer Schlange liegen, und zwar an einem Caduceus oder Hermesstab, dem Symbol der Medizin. Der Stab steht für Sushumna Nadi und die beiden Schlangen repräsentieren die Nadis Ida und Pingala, die in diesem Kapitel erklärt werden. Dargestellt sind alle zwölf Chakras. Die Knospenchakras, die zum zehnten Chakra gehören, nehmen den gesamten Unterbauch ein.

Sekundärchakras

Haustiere können bis zu 21 Sekundärchakras haben. Dabei handelt es sich um Erweiterungen des zwölften Chakras, das mit dem zwölften Aurafeld verwoben ist. Wenn einem Tier ein Körperteil fehlt, verfügt es auch nicht über das entsprechende Sekundärchakra. Sekundärchakras werden auch als Nebenchakras bezeichnet. Sie bilden kleinere Wirbel als die Hauptchakras und werden häufig mit einer körperlichen Schnittstelle, etwa einem Gelenk, in Verbindung gebracht.

Viele Energieexperten vermuten zwar, dass es 21 Sekundärchakras gibt, aber eine vollständige Auflistung habe ich bisher vergeblich gesucht. Also habe ich selber herauszufinden versucht, welche der vielen Punkte am Körper eines Haustiers als Sekundärchakras infrage kommen. Mein Forschungsmaterial umfasst Informationen aus der indischen Philosophie, dem Taoismus und dem Ayurveda sowie von Tierexperten und aus anderen Quellen. Doch wenn man ein Haustier auf Nebenchakras hin untersucht, muss man großzügig sein. Betrachten wir beispielsweise die Knie.

Manche sind der Ansicht, dass Säugetiere entweder vier Knie oder vier Ellbogen oder eine Mischung aus beiden haben. Genau genommen haben Katzen funktionale Knie an den Hinterbeinen und Ellbogen an den Vorderbeinen, wenn man sie mit Menschen vergleicht. Gleiches gilt für Hunde, Pferde und Nagetiere. Spinnen haben 48 Knie und Ameisen 56. Vögel haben Knie, die auf die gleiche Weise gebeugt werden wie die von Menschen, und Schlangen haben gar keine.

Und wie sieht es mit dem Auge aus, einem ganz normalen Sekundärchakra? Alle Wirbeltiere haben zwei Augen, aber Spinnentiere können bis zu acht Augen haben. Eine Gottesanbeterin kann fünf Augen haben (zwei Facettenaugen, drei Ocellen; Anm. d. Übers.). Wenn Sie einen Seestern als Haustier haben, worauf ich hier nicht eingehe, werden Sie wissen, dass er an den Enden der Arme jeweils ein Auge hat.

Und was ist mit dem Sekundärchakra der Nase? Bei Säugetieren und Nagetieren ist das Nasenchakra leicht zu erkennen, aber bei anderen Haustieren sieht das Riechorgan ganz anders aus. Spinnen gehören zu den wenigen Gliederfüßern, die riechen können. Sie verwenden dafür haarähnliche Gebilde an den Beinen (sogenannte Riechhaare; Anm. d. Übers.). Fische haben kleine Löcher, die Nasen- oder Riechgruben genannt werden und sich zu einer inneren Kammer öffnen, die mit Riechfalten ausgekleidet ist, in denen sich Riechrezeptoren befinden. Schlangen riechen (bei geschlossenem Maul) durch eine Spalte im Oberkiefer (ansonsten mit der Zunge; Anm. d. Übers.). Der Geruchssinn ist der älteste bekannte Sinn. Er warnt Tiere vor Gefahren oder macht sie auf das aufmerksam, was sie haben möchten, aber der Riechapparat kann sehr unterschiedlich sein.

Unter Berücksichtigung dieser Vorbehalte werden in der folgenden Tabelle die Sekundärchakras von Haustieren und ihre energetischen Funktionen beschrieben. Unabhängig von der Größe des physischen Bereichs, der von einem einzelnen Chakra bedeckt ist (ein Haustier kann zwei Augen und Dutzende von Schnurrhaaren haben), ist und bleibt es ein einzelnes Chakra. Ich verwende hier die Bezeichnungen, die uns vom Menschen am vertrautesten sind. Sie können einfach die korrekten Begriffe für die ähnlichen Körperteile Ihres Haustiers einsetzen. Beispielsweise kann die Fußspitze eines Haustiers die Spitze einer Klaue oder Pfote sein.

Nun, da Sie mehr über das Energiesystem Ihres Haustiers wissen, sind Sie bereit, ein wichtiges Bindungswerkzeug zu erwerben und zu lernen, wie Sie mit Ihrem Haustier kommunizieren können. Von dieser Fähigkeit werden Sie Gebrauch machen, wenn es darum geht, Probleme Ihres Haustiers zu lösen.

Die 21 Sekundärchakras eines Haustiers

Sekundärchakra	Energetische Funktion
Knie	Geben Flexibilität und Richtung.
Nase	Auf der Nasenspitze nimmt dieses Chakra grob- und feinstoffliche Geruchsinformationen wahr. Außersinnlich wird es oft grau oder strahlend silbern gesehen.
Ellbogen	Ellbogen stehen für die Fähigkeit, sich frei zu bewegen und wenn nötig radikale Veränderungen herbeizuführen.
Augen	Augen sind die Tore zur Seele und repräsentieren Intelligenz, Licht, Hellsichtigkeit und Tugendhaftigkeit.
Ohrspitzen	Die Spitze des Außenohrs eines Haustiers, etwa des Ohrlappens eines Hundes, beherbergt ein Nebenchakra, das Hellhörigkeit ermöglicht. Fische haben Seitenlinienorgane, die mit Neuroblasten oder primären Nervenzellen beladen sind und jede Schwingungsänderung des Wasserdrucks »hören«. (Dieses Chakra ist nicht identisch mit dem Knospenchakra, das an der Basis des Ohreingangs liegt, beispielsweise unter dem Ohrlappen eines Hundes.)
Schwanzspitze	Nimmt Gefahr, Liebe und die Stimmungen der Wesen in der Umgebung wahr. Ich glaube, dass Haustiere über ihren Schwanz ihre Bedürfnisse und Stimmungen mitteilen und sich mit anderen Dimensionen verbinden können.
Schnurrhaare	Schnurrhaare machen es möglich, die Stimmungen anderer zu lesen, und helfen bei der Navigation. Haustiere mit Schnurrhaaren können die »glücklichsten« oder zufälligsten Entscheidungen treffen. Schnurrhaare können mit außersinnlichen Antennen gleichgesetzt werden.

Sekundärchakra	Energetische Funktion
Basis der Zunge	Dieses Chakra befähigt ein Haustier, Futter zu finden und Gefahren zu erkennen.
Hüftknochen	Nimmt die Emotionen anderer, sexuelles Verlangen und Möglichkeiten, das Selbst aufblühen zu lassen, wahr.
Mingmen, Tor des Lebens	eine energetische Öffnung zwischen den Nieren, die spirituellen Segen und die Lebensenergie der Ahnen einlässt
Perineum (Damm)	Tor des Lebens und des Todes. Dunkle Wesenheiten können hier eintreten, aber auch zusätzliche Seelenanteile eines Haustiers.
Fußspitzen	Verankert ein Haustier im gegenwärtigen Moment und lässt gleichzeitig Änderungen der Richtung oder der Ziele zu.
Schulterblattspitzen	Anders als die Schulterblätter (achtes Chakra) spiegeln die Schulterblattspitzen Lasten wider, die fröhlich oder betrübt getragen werden.
Achselhöhlen	Spiegeln Gedanken und Gefühle zur Akzeptanz durch den Clan und menschliche Gefährten.
Hinterkopf (zwischen Schädel und Halswirbelsäule)	Fungiert als Tor für spirituelle Energie und Führung.
Finger-/Zehengelenke	Spiegeln die Fähigkeit, zu geben und zu nehmen, ebenso wie die Fähigkeit, auf Kurs zu bleiben oder nachzugeben, wenn etwas Unerwünschtes eintritt.
Schädelknochen (oder Schale/Panzer um den Körper, etwa bei einer Schildkröte)	Fähigkeit, geistig geschützt zu sein und sich gleichzeitig für Führung und hereinkommendes Wissen zu öffnen.
Hand-/Fußgelenke	Fähigkeit, Dinge zu beginnen und zu Ende zu bringen

Sekundärchakra	Energetische Funktion
Kiefergelenke	Spiegeln emotionale Anspannung oder Leichtigkeit wider und die Fähigkeit, zu »verschlingen«, was man vom Leben haben möchte.
Zähne	Jeder Zahn steht für einen anderen Meridian und eine andere höhere Wahrheit.
Rippen	Greift auf, was mit der Sicherheit der Liebe zu tun hat. Ist es sicher, jemanden zu lieben – oder nicht?

Kapitel 4

Kommunikation mit Haustieren – Die entscheidende Verbindung

Die Augen des Tiers haben
das Vermögen einer großen Sprache.
Martin Buber

Was versucht Ihr Haustier Ihnen mitzuteilen? Müssen Sie ihm eine Botschaft schicken? In diesem Kapitel erläutere ich Möglichkeiten, wie Sie intuitiv mit einem Haustier kommunizieren können, entweder direkt oder mithilfe eines Geistführers. Ja, Haustiere haben Geistführer. Auch darauf werde ich näher eingehen.

Die Fähigkeit, mit Tieren zu kommunizieren, ist notwendig für Menschen, die ihr Haustier unterstützen und die Beziehung zu ihm verbessern möchten. Sie können diesen Kommunikationsprozess nutzen, um Probleme zu analysieren, mögliche Lösungen zu finden, Informationen auszutauschen und einfach nur das Beisammensein mit dem anderen zu genießen. Denken Sie mal darüber nach, wie viel Ihr Haustier Ihnen mitteilen möchte – und umgekehrt.

Dieses Kapitel beginnt mit einer Beschreibung der vier wichtigsten intuitiven Kommunikationsstile, die etwas mit den verschiedenen Chakragaben zu tun haben:

- körperlich
- spirituell
- verbal
- visuell

Außerdem gibt es einen Stil, der als mystische Intuition bezeichnet wird und der es Ihnen möglich macht, die vier wichtigen intuitiven Stile zusammenzubringen.

Ein paar Hinweise werden Ihnen helfen herauszufinden, welcher Stil bei Ihrem Haustier am besten funktionieren könnte. Schließlich setzen Sie Geist-zu-Geist und einen anderen Prozess, der »Heilende Ströme der Gnade« genannt wird, ein, um tatsächlich mit Ihrem Haustier zu kommunizieren und es zu unterstützen. Sie werden feststellen, dass die letztgenannte Technik Ihnen helfen kann, nahezu jedes mit einem Haustier in Zusammenhang stehende Ziel zu erreichen. Deshalb werden Sie sie im weiteren Verlauf dieses Buches immer wieder anwenden.

Bereit für die Kommunikation? Ihr Haustier ist es auf jeden Fall!

Die vier Hauptstile der Kommunikation mit Haustieren

Es gibt zwölf intuitive Fähigkeiten, die auf den Chakras basieren, und jede ist anders. Diese intuitiven Fähigkeiten wurden in Kapitel 3 im Rahmen der Chakrabeschreibungen unter »Spirituelle Fähigkeiten« bereits vorgestellt. Ich ordne die mit dem ersten bis elften Chakra verbundenen Gaben in vier Kategorien ein und füge eine fünfte oder Kombination hinzu. Bei diesen Kategorien handelt es sich um die körperliche, die spirituelle, die verbale und die visuelle Intuition, die wir durch die mystische Intuition ergänzen. Die Gabe, die mit dem zwölften Chakra in Verbindung gebracht wird, ist für jedes Wesen einzigartig und kann daher nicht kategorisiert werden.

Ich teile die elf wichtigsten intuitiven Fähigkeiten gern in Kategorien ein, weil dies eine einfache Möglichkeit ist, sich daran zu erinnern und darauf zuzugreifen. Und wenn Ihr Haustier eine der Chakragaben in einer Sammlung wirklich beherrscht, ist es darin in der Regel besser als in allen anderen. In der Übung am Ende dieses Kapitels, die Ihnen helfen wird, intuitiv mit Ihrem Haustier zu kommunizieren, werden Sie aufgefordert, eine ganze Gruppe von Fähigkeiten einzusetzen, Ihre intuitive Kommunikation aber auch auf ein einziges Chakra zu reduzieren, um die Fokussierung zu erleichtern.

Was macht ein Haustier in einem bestimmten intuitiven Kommunikationsstil besser als in anderen? Eine Determinante ist die Art, der es angehört. Wie Sie in diesem Kapitel erfahren werden, neigen bestimmten Arten eher dazu, in einem bestimmten Chakrastil zu interagieren als in anderen. Schlangen beispielsweise sind sehr körperbetont. Sie können sie mit körperlichem Einfühlungsvermögen und vor allem über ihr erstes Chakra erreichen. Die meisten Fische passen auch in die Kategorie »körperliches Einfühlungsvermögen«, sind aber emotionaler, als Sie vielleicht denken. Daher setzen sie ihr zweites Chakra ein, wenn sie intuitiv kommunizieren. Aber die besondere Persönlichkeit eines Haustiers, die sich durch ihre übergreifende energetische Signatur auszeichnet, könnte sich in einem Pferd mit jeweils unterschiedlicher Farbe zum Ausdruck bringen. Ein Pferd könnte mystisch, ein anderes ganz und gar körperlich sein. Später in diesem Kapitel werde ich Ihnen Hinweise geben, wie Sie die intuitiven Fähigkeiten ausfindig machen können.

Bevor ich zu meinem Beschreibungen der einzelnen Gaben gemäß ihrer Kategorien übergehe, möchte ich Intuition definieren. Intuition ist für mich der achtsame Umgang mit feinstofflicher Energie. Unsere Haustiere interagieren ständig auf der feinstofflichen Ebene. Sie geben Informationen an uns weiter und nehmen andere von uns auf. Höchstwahrscheinlich war Ihnen bisher kaum bewusst, wie viel intuitive Kommunikation bereits zwischen Ihnen und Ihrem Haustier stattfindet. Wenn Sie die vier wichtigsten intuitiven Gruppierungen und die darin enthaltenen Chakragaben verstehen, wird Ihnen möglicherweise klar, wie kommunikativ Sie und Ihr Haustier bereits sind und sein können. Jetzt folgt eine Zusammenfassung der übergreifenden Gaben und ihrer mit den Chakras verbundenen Untertypen.

Körperliche Intuition

Physisch Intuitive spüren die feinstoffliche Energie empathisch oder in ihrem Körper. Innerhalb dieses Stils gibt es vier Unterteilungen:

Umweltempathie (zehntes Chakra): Umweltempathen stimmen sich physisch auf Ereignisse in ihrer Umgebung, im Kosmos und in der Natur sowie auf andere Lebewesen ein. Sie sind auch in der Lage, feinstoffliche Energien zu erzeugen, die sich auf die Natur auswirken können.

Körperliches Einfühlungsvermögen (erstes Chakra): Wesen mit körperlichem Einfühlungsvermögen spüren die Körperempfindungen anderer im eigenen Körper. Manchmal riechen oder schmecken sie sogar, was andere erleben. Sie können auch ihre eigenen Körperempfindungen in den Körper anderer senden.

Emotionale Empathie (zweites Chakra): Emotionale Empathen spüren die Gefühle anderer im eigenen Körper und senden ihnen ihre Gefühle.

Mentale Empathie (drittes Chakra): Wesen mit mentaler Empathie sind sich der Gedanken, Überzeugungen und Motivationen anderer bewusst und können das Gleiche an andere senden.

Spirituelle Intuition

Wer über spirituelle Empathie verfügt, ist schlicht und einfach spirituell bewusst. Sie verarbeiten höhere, bewusstseinsbasierte Daten auf folgende Weise:

Beziehungsempathie (viertes Chakra): Wesen mit Beziehungsempathie können das Bedürfnis eines anderen Wesens nach Liebe, Beziehung und Heilung »lesen«. Sie können auch Informationen über ihr eigenes Bedürfnis nach Liebe und Heilung verbreiten.

Spirituelle Empathie (siebtes Chakra): Wesen mit spiritueller Empathie erfassen die spirituellen Absichten, die Werte und die Integrität anderer und kommunizieren Informationen über ihre eigene spirituelle Persönlichkeit an andere.

Harmonische Empathie (neuntes Chakra): Wesen mit harmonischer Empathie spüren die Zwietracht in anderen und wissen, wie man mehr Harmonie möglich macht. Sie können ihre tiefinnersten Wünsche nach Verbundenheit mit anderen teilen.

Kraftempathie (elftes Chakra): Wesen mit Kraftempathie spüren intuitiv, welche natürlichen und übernatürlichen Kräfte sie selbst und andere negativ oder positiv beeinflussen. Sie können auch Kräfte beschwören und lenken und spüren, was ein anderes Wesen mit den Kräften macht, die ihnen zu Gebote stehen. Übernatürliche Kräfte sind magisch und unsichtbar. Sie machen augenblickliche Unterschiede in der physischen Welt. Andererseits setzen sich die Kräfte der Natur aus Elementen wie Wasser, Luft, Holz und Feuer zusammen. Ihre Auswirkungen scheinen oft sehr viel alltäglicher als die von übernatürlichen Kräften hervorgerufenen.

Verbale Intuition

Verbal Intuitive verwenden ihr fünftes Chakra, um außersinnliche Botschaften zu empfangen und auszusenden, die von hörbarer Natur sind. Diese Botschaften sind möglicherweise physisch oder innerlich hörbar, und sie können aus jedem verbalen Medium bestehen: Worte, Schrift, Lieder, Klänge, Gesänge und Geräusche. Der Unterschied zwischen einer außersinnlich verbalen und einer alltäglichen Botschaft besteht darin, dass die hörbaren Töne oder geschriebenen Sätze eine versteckte Botschaft enthalten.

Visuelle Intuition

Visuell Intuitive verwenden ihr sechstes Chakra, um außersinnliche oder hellsichtige Visualisierungen zu empfangen und auszusenden. Sie können diese Bilder auf ihrem inneren Bildschirm oder mit ihren Augen sehen, aber die wahre Bedeutung des Bildes wird außersinnlich vermittelt. Außersinnlich wahrgenommene Bilder erscheinen oft als Farben, Formen, Symbole oder sogar als filmähnliche Dramatisierungen. Was ist ein Beispiel für eine extern übermittelte visuelle Botschaft? Stellen Sie sich vor, Ihr Haustier steht neben einem Straßenschild, auf dem zu sehen ist, was das Haustier kommuniziert.

Mystische Intuition

Unabhängig davon, ob sie zu den menschlichen oder nicht menschlichen Völkern gehören, sind mystisch Intuitive Schamanen, »Priesterheiler«, die jedes Chakra und jede Art von Intuition einsetzen können, um feinstoffliche Informationen zu empfangen und auszusenden. Schamanen haben von überall Zugriff auf jedes Subjekt und jeden physischen Lebensbereich. Sie können zwischen den Dimensionen reisen und Verbindung zu Geistern aufnehmen.

Wie können Sie diese Informationen umsetzen? Schauen wir uns das einmal an.

Die intuitiven Stile in Aktion

Wenn Sie mit Ihrem Haustier kommunizieren, werden Sie in der Regel seinen wichtigsten intuitiven Stil nutzen wollen. Tiere können sich nicht einfach der menschlichen Sprache bedienen, also müssen Sie ihren Jargon verwenden. Im Hinblick auf dieses Ziel werde ich auf jeden der Stile und die damit verbundenen Chakragaben noch weiter eingehen und beschreiben, wie ein Haustier feinstoffliche Informationen sendet und wie Sie darauf antworten können. Natürlich können Sie den Spieß auch umdrehen und zuerst Kontakt aufnehmen!

Körperliche Intuition

In der Regel sendet ein körperlich intuitives Haustier eine Botschaft über die Umgebung oder direkt in Ihren Körper. Vielleicht berühren Sie etwas, womit es in Kontakt gekommen ist, oder haben eine Körperempfindung oder spüren seinen physischen, emotionalen oder mentalen Zustand, als sei es Ihr eigener. In der Umgebung stößt es vielleicht eine Pflanze von ihrem Ständer und sagt Ihnen damit, dass sie gegossen werden muss oder giftig ist.

Besonderheiten sind die folgenden:

Umweltempathie: Tiere mit der Empathie des zehnten Chakras reagieren auf die natürliche Umwelt und ihre Umgebung. Sie interagieren mit Objekten wie Steinen und Sofas; mit ihrem natürlichen Lebensraum, etwa mit Pflanzen und Bäumen; mit dem Kosmos, etwa mit der Sonne und den Sternen, und mit anderen Wesen, etwa anderen Haustieren oder auch Wildtieren. Um Ihnen eine Botschaft zu übermitteln, legt Ihnen ein Tier mit Umweltempathie vielleicht einen Stein in den Schoß, wird in einer bestimmten Umgebung unruhig oder ist nur in einer anderen glücklich und zufrieden. Um mit einem so sensiblen Haustier Nachrichten auszutauschen, müssen Sie sich möglicherweise draußen oder in seinem natürlichen Lebensraum mit ihm aufhalten, mit ihm an einer naturbezogenen Aktivität teilnehmen oder absichtlich eine Nachricht in ein natürliches Objekt »beamen«, etwa in einen Stein oder eine Wasserschale, um sie so auf das Haustier zu übertragen. Letzteres können Sie mit der Übung »Einfache Steinprogrammierung« in Kapitel 7 bewerkstelligen. In dieser Übung wird speziell gezeigt, wie man Energie in einem Stein transportieren kann. Sie können den gleichen Prozess mit jedem anderen Element durchführen, auch mit Wasser.

Denken Sie auch daran, dass die Füße eines Haustiers oder verwandte Körperteile Knospenchakras und damit Teile des zehnten Chakras sind. Sie können die Füße eines umweltempathischen Haustiers streicheln oder halten, um seine Bedürfnisse zu erkennen und ihm wohltuende Energie zu senden. Immer wenn mein Kater Johnny draußen unterwegs gewesen war, ließ er mich gern seine Pfoten halten. Auf diese Weise konnte ich spüren, auf welchem Untergrund er herumgewandert war: steinig, schlammig, trocken etc. Knospenchakras liegen auch unter dem Hörapparat. Dort können Sie also das gleiche Manöver ausführen.

Achten Sie auch auf das Sekundärchakra an der Schwanzspitze eines Haustiers oder deren Äquivalent. Wie Sie aus Kapitel 3 wissen, stimmt sich dieser Bereich auf das ein, was in der Umgebung vor sich geht, und verbindet sich außerdem mit anderen Dimensionen. Wenn ich die Anwesenheit anderer Geister spüren wollte, beobachtete ich Johnnys Schwanzspitze. Beispielsweise hatte ich manchmal Besuch vom Geist meines verstorbenen Vaters. Ich wusste, dass er da war, weil Johnnys Schwanz plötzlich wie wild kreiste. Dann hörte ich die Stimme meines Vaters in meinem Kopf, aber ich hätte vielleicht nicht zugehört, wenn Johnny mich nicht darauf aufmerksam gemacht hätte. Einmal, als eine Klientin mein Haus betrat, führte Johnnys Schwanz den gleichen Kreistanz auf. Die Klientin erklärte, sie habe in letzter Zeit Geister gehört. Johnnys Schwanz hatte ihre unsichtbaren Geistführer aufgespürt.

Körperliches Einfühlungsvermögen: Tiere mit der Empathie des ersten Chakras übermitteln Informationen durch ihr Handeln und Nichthandeln. Vielleicht schütteln sie sich, klappern oder wälzen sich herum und offenbaren ihre Bedürfnisse und Probleme durch körperliche Verhaltensweisen. Ein Fisch schwimmt vielleicht am

Rand des Beckens, um eine verletzte Flosse aufblitzen zu lassen. Und ein Pferd verpasst Ihnen vielleicht einen Stoß, weil es auf einem Ausritt besteht. Sie könnten auch eine übersinnliche Botschaft bekommen, und zwar durch Körperempfindungen, die widerspiegeln, was in Ihrem Haustier vor sich geht. Ein plötzlicher Schmerz in einer Ihrer Fingerspitzen könnte darauf hinweisen, dass sich Ihr Vogel eine Klaue verletzt hat. Ein Schmerz, der wie ein Blitz alle Ihre Finger und Zehen durchzuckt, könnte ein Hinweis auf eine Einschränkung einer Raupe sein, die Sie als Haustier halten. Wenn Ihr Haustier nichts tun möchte, lässt es sich vielleicht fallen und weigert sich, sich wieder in Bewegung zu setzen, oder löst außersinnliche Empfindungen aus, die dazu führen, dass Sie ganz träge werden.

Normalerweise möchte ein Haustier mit körperlichem Einfühlungsvermögen, dass Sie physisch mit ihm kommunizieren. Streicheln oder halten Sie es. Geben Sie ihm, was es braucht. Füttern Sie es. Machen Sie seinen Lebensraum sauber. Sie können auf außersinnliche Weise eine physische Empfindung in Ihrem Körper hervorrufen und auf das Haustier projizieren. Die Übung am Ende dieses Kapitels zeigt, wie dies durch Aussenden heilender Ströme der Gnade erreicht wird. Entscheidend ist, dass Sie spüren, was das Haustier in Ihrem Körper fühlen soll.

Emotionale Empathie: Wesen mit der Empathie des zweiten Chakras treten über Emotionen in Beziehung. Sie machen deutlich, was gerade mit ihnen los ist, indem sie Gefühle zum Ausdruck bringen oder Ihnen den außersinnlichen Eindruck eines Gefühls senden, das Sie in Ihrem Körper spüren, als sei es Ihr eigenes. In Anwesenheit des Froschs, den Sie als Haustier halten, sind Sie vielleicht plötzlich traurig – oder glücklich, wütend oder sonst etwas –, weil der Frosch emotional ist. Wenn Sie einem emotionalen Haustier etwas mitteilen wollen, bringen Sie am besten Ihre Gefühle zum Ausdruck oder hinterlassen mithilfe der Übung am Ende dieses Kapitels einen außersinnlichen Eindruck.

Mentale Empathie: Haustiere mit der Empathie des dritten Chakras sind Denker. Allerdings werden Sie keine Denkblase mit Worten darin über ihrem Kopf sehen wie im Comic. Sie bekommen vielmehr intuitive Ahnungen von ihren Gedanken, Überzeugungen und Meinungen. Mit ihnen werden Sie über das Bauchgefühl in Ihrem Solarplexus kommunizieren wollen. Die Übung am Ende dieses Kapitels macht deutlich, was ich meine!

Spirituelle Intuition

Alles in allem kommunizieren Wesen mit spiritueller Empathie auf hohem Niveau. Sie sind, offen gesagt, schwer zu erkennen, weil ihre Schlüsselmedien Achtsamkeit und Bewusstheit sind. Dennoch gibt es Hinweise, denn sie interagieren mit den folgenden fünf Formen der spirituellen Intuition.

Beziehungsempathie: Haustiere mit Beziehungsempathie übermitteln ihr Bedürfnis nach Liebe und Heilung von Herz zu Herz. Diese Haustiere lassen Ihr Herz singen – oder hämmern oder spüren oder sich verausgaben –, weil sie ihr Bedürfnis nach Beziehung oder Heilung mitteilen wollen. Und wenn Sie das Haustier lieben, sind Sie aufgefordert, darauf zu reagieren. Wenn Sie sich eine von Herzen kommende Botschaft für ein so liebevolles Haustier überlegen, werden Sie sich darauf konzentrieren wollen, wie sehr Sie es lieben. Achten Sie auf die Liebe in Ihrem Herzen, auch wenn Sie eine verbale Botschaft übermitteln. Beispielsweise habe ich vor Jahren einmal einen Streuner für meinen ältesten Sohn abgeholt. Ich fuhr zu einer Farm und wurde dort von einem großen Mann begrüßt. Dem erklärte ich, dass ich gekommen sei, um den Streuner abzuholen. »Welchen Streuner?«, fragte er. Ich war verwirrt. »Den von letzter Woche«, antwortete ich zaghaft.

Er schaute mich an und schrie: »Komm her, verdammt noch mal!«

Etwa vierzig Hunde rannten auf ihn zu. Einer hatte keine Hinterbeine. Der Bauer hatte ein Gestell mit Rädern erfunden, das es dem Hund erlaubt, nur mit den Vorderpfoten zu rennen. Mein neuer Hund tauchte auch auf. Und die Moral dieser Geschichte? Die Hunde interessierten sich nicht die Bohne für ihre Namen. Sie reagierten auf das große Herz des Bauern.

Spirituelle Empathie: Ein spirituell empathisches Haustier ist motiviert, spirituelle Prinzipien zu lehren oder vorzuleben, und gibt oft Hinweise darauf, was für es selbst oder Sie richtig oder falsch ist. Wenn es nicht einverstanden ist mit dem, was Sie tun, gibt es Ihnen das Gefühl, etwas falsch gemacht zu haben. Das Gegenteil trifft natürlich auch zu. Sie könnten einfach spüren, dass Ihr Haustier mit dem einverstanden ist, was Sie tun. Die einfachste Möglichkeit, einem Haustier eine geistige Botschaft zu senden, besteht in der Regel darin, dass Sie Ihre visuellen Fähigkeiten einsetzen, sich die Kommunikation in einer weißen Blase vorstellen und die Botschaft absenden. Wie das geht, zeige ich Ihnen in der Übung am Ende dieses Kapitels.

Harmonische Empathie: Wenn die Energie eines Haustiers Ihnen versichert, dass mit der Welt alles in Ordnung ist, empfangen Sie eine Botschaft des neunten Chakras. Mein Hund Honey beispielsweise sitzt häufig auf dem Beifahrersitz des Autos. Wenn ich richtig abbiege, signalisiert er Zustimmung. Wenn ich falsch abbiege, sendet er Schwingungen aus, die mich nervös machen. Wenn ich eine Entscheidung treffe, tut er dasselbe. Einmal war ich kurz davor, mich mit jemandem zu verabreden, den ich nicht gut kannte. Honey saß neben mir. Er beunruhigte mich. Ich beschloss, nicht zu der Verabredung zu gehen. Später fand ich heraus, dass dieser Mann nicht der war, der er zu sein schien. Er hatte sich in der Tat unter falschem Namen mit mir verabredet.

Wenn Sie einem Haustier eine Botschaft aus dem neunten Chakra übermitteln möchten, füllen Sie Ihr Zwerchfell mit Ihrem Gefühl der Harmonie oder Disharmonie in Bezug auf ein Thema. Atmen Sie ihm dieses Gefühl entgegen. Dies geht am einfachsten, wenn Sie Ihr Gefühl in einer goldenen Blase aussenden – eine Technik, die in der Übung am Ende dieses Kapitels vorgestellt wird.

Kraftempathie: Geschehen in Ihrem Umfeld merkwürdige Dinge, wenn Ihr Haustier in der Nähe ist? Hat Ihr Haustier einen übernatürlichen Einfluss auf Sie? Ein Haustier mit Kraftempathie kann beides. Vielleicht beschwört es einen Sturm herauf, der Sie daran hindert, an einer Party teilzunehmen. Vielleicht spüren Sie eine Kraft, die Sie von einem Wanderweg stößt, nur um einem galoppierenden Pferd auszuweichen. Um mit dieser Art von Tieren zu kommunizieren, müssen Sie eine Gabe einsetzen, die nicht zum elften Chakra gehört, indem Sie beispielsweise Ihre Hände bewegen, wenn Sie ein solches Tier führen, und sich dabei vorstellen, dass der Wind oder das Wasser Ihre Botschaft an es übermitteln, oder indem Sie eine spirituelle Kraft bitten, ihm die Heilung oder Information zu übermitteln, von der Sie möchten, dass es sie bekommt.

Verbale Intuition

Die verbalen Botschaften eines Haustiers können Sie im Kopf oder mit den Ohren hören. Mit Ihren physischen Ohren hören Sie vielleicht in dem Moment, in dem Sie an Ihr Haustier denken, ein Lied im Radio, und die Botschaft passt perfekt. Manchmal sprechen Haustiere auch für sich selbst, und zwar mittels einer aussagekräftigen Botschaft, die in den Geräuschen verpackt ist, die sie machen. Mein Häschen beispielsweise bekam immer einen Schluckauf, wenn es Hunger hatte, damit ich ihm Futter gab. Danach rülpste es ein Dankeschön. Es kann natürlich auch sein, dass Sie aufgrund Ihrer Hellhörigkeit eine verbale Lautäußerung Ihres Haustiers – ein Bellen, ein Heulen, ein Schlabbern oder was immer – in Ihrem Kopf hören. Dann übersetzt Ihr inneres System die Sprache Ihres Haustiers in Ihre eigene. Ein Geistführer kann das Gleiche tun.

Das Senden einer verbalen Botschaft an ein Haustier läuft nach dem gleichen Muster ab wie das Empfangen einer solchen Botschaft. Viele Haustiere können unsere Worte, unsere verbalen Anspielungen oder unseren Tonfall durchaus interpretieren, was bedeutet, dass wir darauf achten sollten, was wir sagen und wie wir es sagen. Ich gehe jeden Morgen mit meinen Hunden durch einen Park und sie kennen alle meine verbalen Anspielungen, einschließlich des Satzes: »Los, wir gehen in den kleineren Bereich.« Normalerweise laufen wir durch den größeren Teil des Parks und bewegen uns dann in den kleineren Bereich. Ich kann aber auch einfach »kleinerer Bereich« denken, und schon steuern sie auf das entsprechende Tor zu. Wenn unser Haustier also in der Lage ist, unsere Gedanken zu hören, können wir über unsere Hellhörigkeit mit ihm kommunizieren.

Visuelle Intuition

Viele Haustiere kommunizieren in übersinnlichen Bildern. Vor allem in Träumen können Bilder und Besuche von lebenden oder verstorbenen Haustieren vorkommen, die Informationen überbringen. In Ihrem Kopf können auch übersinnliche Visionen auftauchen und für Einsichten sorgen, die von Ihrem Haustier kommen. Einige Haustiere wiederum präsentieren ihre Botschaften visuell. Sie zeigen vielleicht auf etwas oder spüren etwas auf, das bildlich wichtig ist. Lucky, mein gelber Labrador, hat einmal ein Foto von einem Freund aufgespürt. Ich rief diesen Freund an und stellte schnell fest, dass auch er daran gedacht hatte, mich anzurufen.

Eine der einfachsten Möglichkeiten, einem Haustier eine visuelle Botschaft zu übermitteln, besteht darin, ein Bild zu gestalten und es außersinnlich an Ihr Haustier zu senden. Sie können auch ein übersinnliches Bild oder eine Farbe zu irgendeiner anderen Art von Botschaft, von verbal bis empathisch, hinzufügen. In der

Übung am Ende dieses Kapitels zeige ich Ihnen, wie Sie diesen visuellen Prozess für sich nutzen können.

Mystische Intuition

Mystische Haustiere können die vier intuitiven Stile kombinieren und eine kollektive Fähigkeit daraus machen. Dies bedeutet, dass das mystisch intuitive Haustier Zugang zu einem ganzen Universum von Geistwesen hat. Wenn wir ein Haustier bereits in einem früheren Leben gekannt haben, fällt es diesem Tier oft relativ leicht, seine mystischen Eigenschaften zu nutzen, um mit uns zu kommunizieren. Das liegt daran, dass ein Kontakt von Seele zu Seele alle intuitiven Tore öffnet.

Denken Sie daran, dass die Schulterblätter, auch Brachial- oder Schlüsselchakras genannt, mit dem achten Chakra in Verbindung stehen. Über diesen Bereich können Haustiere und Menschen einander Informationen übermitteln. Indem Sie die Hände auf diesen Bereich legen oder ihn streicheln, können Sie intuitive Daten empfangen und aussenden, von Empfindungen bis hin zu Bildern.

Energetische Anhaltspunkte für die Kommunikation mit Haustieren

Sie wünschen sich ein paar Anhaltspunkte für die Wahl eines intuitiven Stils in der Kommunikation mit Ihrem Haustier? In diesem Abschnitt werde ich die sieben Haustierkategorien skizzieren und angeben, welchen Stil und welche Chakras die entsprechenden Wesen normalerweise intuitiv einsetzen. Ich werde auch ein paar andere Anweisungen geben, doch zunächst möchte ich Ihnen zwei Dinge raten.

Achten Sie erstens auf die einzigartige energetische Signatur Ihres Haustiers, die Sie in Kapitel 2 herausgefunden haben. Sie kennen Ihr

Haustier besser als jeder andere. Wenn es sehr verbal wirkt, verwenden Sie den verbal intuitiven Kommunikationsstil. Wenn Ihr Haustier nie stillsitzt, gehen Sie mit dem körperlichen Einfühlungsvermögen des ersten Chakras vor. Achten Sie auf Ihr Bauchgefühl oder probieren Sie Verschiedenes aus und schauen Sie, was funktioniert.

Achten Sie zweitens auf Hinweise von den Elementen, die eng mit Ihrem Haustier verbunden sind. Fische schwimmen im Wasser. Wasser wiederum bezieht sich auf das zweite Chakra, wie in den Chakra-Beschreibungen in Kapitel 3 deutlich gemacht wurde. Versuchen Sie, eine emotionale Beziehung zu Ihren Fischen aufzubauen, und schauen Sie, ob es funktioniert. Halten Sie einen Finger ins Wasser, um besser spüren zu können, was ein Fisch spürt. Vögel fliegen durch die Luft und sind daher extrem drittes Chakra. Setzen Sie also mentale Empathie ein, um mit ihnen zu kommunizieren. Es geht darum, die Informationen aus diesem Buch mit Ihrem persönlichen Wissen zu verschmelzen.

Abgesehen von diesen Krümeln habe ich den folgenden Spickzettel zusammengestellt, der Ihnen bei der Suche nach der intuitiven Präferenz Ihres Haustiers helfen kann.

Säugetiere: mystische Intuition. Können immer auf die Beziehungsempathie des vierten oder die mystische Empathie des achten Chakras zugreifen.

Nagetiere: körperliche Intuition. Ziehen Sie den Einsatz der mentalen Empathie des dritten Chakras in Betracht, weil Nagetiere sehr auf Details achten.

Vögel: körperliche, spirituelle und verbale Intuition. Achten Sie in der Kategorie körperliche Intuition darauf, dass Sie auf die mentale Empathie des dritten Chakras zugreifen, die das Element Luft einbezieht. Ziehen Sie auch Besonderheiten in Betracht. Enten, Gänse, Truthähne und Hühner beispielsweise leben in Herden, was bedeutet, dass sie sehr zweites Chakra oder emotional intuitiv sind, vielleicht sogar viertes Chakra oder beziehungsempathisch. Vielleicht wollen Sie auch die verbale Intuition des fünften Chakras einsetzen, wenn Ihr Vogel viel krächzt, schnattert, kräht oder andere Lautäußerungen von sich gibt.

Reptilien: körperliche Intuition. Setzen Sie bei allen Reptilien das körperliche Einfühlungsvermögen des ersten Chakras ein, weil dieses Energiezentrum etwas mit Überleben zu tu hat. Überlegen Sie dann, mit welchem Element das Tier interagiert. Ein Python beispielsweise lebt sowohl im Wasser als auch an Land (auf der Erde). Schlagen Sie bei allen verwandten Chakras (zweites und zehntes) nach, und nehmen Sie die entsprechenden Informationen in Ihr Repertoire auf.

Gliederfüßer: körperliche Intuition. Der Schwerpunkt wird auf dem körperlichen Einfühlungsvermögen des ersten Chakras liegen, weil Gliederfüßer viel Zeit damit verbringen, ihr persönliches Überleben zu sichern. Sie könnten aber auch mit der mentalen Empathie des dritten Chakras arbeiten, weil Gliederfüßer sehr listig sind. Außerdem haben die meisten dieser Lebewesen mehrere Beine, weshalb Sie auch die Umweltempathie des zehnten Chakras einsetzen könnten. Der Einsatz anderer Chakras hängt von der Tierart ab. Bei Wasserkrebsen könnten Sie beispielsweise das emotionale Einfühlungsvermögen des zweiten Chakras hinzufügen. Sie sollten wissen, dass Spinnen besonders kompliziert sind. Sie könnten in Erwägung ziehen, die harmonische Empathie des neunten Chakras einzusetzen, weil Spinnen Gleichgewicht lehren; verbale Intuition, weil Spinnen für Schreiben und Kommunikation stehen, und sogar die Kraftempathie des elften Chakras, weil sie Gift einsetzen und Netze weben. Wenn ein Gliederfüßer ungewöhnliche oder besonders viele Augen hat, können Sie auch die visuelle Intuition des sechsten Chakras einsetzen.

Amphibien: körperliche und spirituelle Intuition. Arbeiten Sie mit dem Chakra, das sich auf den Lebensraum eines Amphibiums bezieht, und analysieren Sie auch seine einzigartige Energiesignatur für seine höhere Bestimmung, um sein spirituelles Chakra ausfindig zu machen.

Fische: körperliche, spirituelle und visuelle Intuition. Im Rahmen der körperlichen Intuition nehmen alle Fische mit der emotionalen Empathie des zweiten Chakras Beziehungen auf. In Zusammenhang mit der spirituellen Intuition greifen Fische auch auf das siebte Chakra zu, indem sie die höhere Wahrheit darstellen. Wenn der Fisch im Schwarm schwimmt, macht er sich vielleicht auch die Beziehungsempathie seines vierten Chakras zunutze. Achten Sie auch auf die Spezies. Skalare, die sehr schön sind, könnten über ihr sechstes Chakra visuelle Intuition einbringen. Diese Fische sind auch ziemlich idealistisch, sodass Sie die harmonische Empathie des neunten Chakras ins Spiel bringen können. Koi-Karpfen sind eine zutiefst mystische Spezies und könnten auf die mystische Empathie des achten Chakras ansprechen.

Eine Warnung: Je komplizierter das Haustier ist, desto mehr Möglichkeiten zu kommunizieren haben Sie, vor allem wenn Sie das Wesen Ihres Haustiers anhand seiner Spezies und seiner besonderen energetischen Signatur genauer analysieren. Beispielsweise können Säugetiere auf alle Chakras zugreifen. Ein Hund, dessen Spezies äußerst treu ist, setzt auch das Herz ein (viertes Chakra / Beziehungsempathie). Ein emotionaler Therapiehund, der auch hochgradig auf die Emotionen seines Besitzers eingestimmt ist (zweites Chakra / emotionale Empathie), wird darauf trainiert, auf visuelle Hinweise zu reagieren (sechstes Chakra / visuelle Intuition), und dient einem höheren Zweck (siebtes Chakra / spirituelle Empathie). Wenn Ihr Haustier so ist wie mein Hund Honey, der Golden Retriever, ist es ziemlich verbal (fünftes Chakra / verbale Intuition). Und was, wenn die Funktionen des Hundes am ehesten denen meines Meerschweinchens Max entsprechen, der das ganze

Haus unter Kontrolle hatte, als er noch am Leben war, und höchstwahrscheinlich jetzt, wo er tot ist, immer noch hat? Mit Sicherheit müssen Sie auf die Fähigkeit des Haustiers zugreifen, über natürliche und übernatürliche Kräfte zu gebieten (elftes Chakra / Kraftempathie).

Wenn das Haustier wirklich komplex ist oder Sie sein Wesen noch nicht verstehen, können Sie sich immer mit Beziehungsempathie (viertes Chakra) verständigen. Heißen Sie die Botschaften des Haustiers einfach mit Liebe willkommen und senden Sie Ihre Ideen und Vorstellungen mit Liebe zurück.

Eine andere Möglichkeit besteht darin, das neurologische System zu berücksichtigen, über das Ihr Haustier verfügt. Das neurologische System des Menschen besteht aus drei Hauptkomponenten: das limbische System mit den Überlebensinstinkten, das Säugetiersystem, das Bindung und Nähe ermöglicht, und das Bewusstseinssystem, das für das höhere Denken zuständig ist. Die Chakras können mit diesen drei Systemen in Verbindung gebracht werden, was in Kapitel 3 unter der Überschrift »Alles dreht sich um Licht und Klang« bereits angedeutet wurde. Dort habe ich die drei wichtigsten Chakra-Einteilungen – physisch, psychisch und spirituell – bereits angesprochen. In der Regel – und die gilt sowohl für Haustiere als auch für Menschen – sind das erste und das zehnte Chakra für das limbische System zuständig und physisch. Das zweite, das dritte und das vierte Chakra sind psychisch und beherrschen das Säugetiersystem. Die Chakras fünf, sechs, sieben, acht, neun und elf stehen mit dem Bewusstseinssystem in Verbindung und sind spirituell. Ziehen Sie in Erwägung, mit den Chakras zu arbeiten, die am besten zu den sieben Kategorien von Haustieren passen. Und damit sind wir bei meinem nächsten Thema.

Limbisches System: Reptilien sind immer limbisch, ebenso wie sehr unabhängige Nagetiere, Gliederfüßer und Amphibien.

Säugetiersystem: alle Säugetiere und Vögel sowie Angehörige der anderen fünf Kategorien, die im Rudel oder Schwarm leben.
Bewusstseinssystem: viele Säugetiere und jedes dharmisch entwickelte Haustier aus den anderen Kategorien. Eine Raupe beispielsweise, die schon weiß, dass sie ein Schmetterling ist, ist ein hochgradig bewusstes Wesen.

Ein letzter Hinweis: Wenn Sie schon mehrmals vergeblich versucht haben, mit Ihrem Haustier zu kommunizieren, versuchen Sie es immer wieder – aber mit Anleitung. Geistführer sind großartige Vermittler in der Kommunikation zwischen Haustier und Mensch. Sie sind nämlich in der Lage, sich mit Tieren und Menschen gleichermaßen zu identifizieren, und lassen sich nicht durch Form und Sprache einschränken.

Jeder Mensch hat mindestens zwei Geistführer, die ihm sein ganzes Leben lang dienen. Das Gleiche gilt für Haustiere. Üblicherweise ist der eine Geistführer des Haustiers ein ätherisches Wesen, vielleicht ein Engel oder ein anderes himmlisches Wesen. Der andere ist in der Regel ein Wesen, das einmal gelebt hat und das dem Haustier von der Gestalt her ähnlich ist. Es könnte sich um einen verstorbenen Vorfahren oder ein verstorbenes Mitglied seiner Spezies handeln. Es könnte auch ein anderes Haustier sein, das es in diesem Leben kannte und das jetzt nicht mehr unter den Lebenden ist. Geistführer sind von keiner Form abhängig und können Botschaften in jeder Sprache oder jedem intuitiven Stil übermitteln, die oder der für Haustiere oder Menschen erforderlich ist.

Wenn Sie mit Ihrem Haustier kommunizieren und vielleicht Kontakt zu einem seiner Geistführer aufnehmen möchten, sollten Sie mit der folgenden Einführung in eine wichtige Technik beginnen: Heilende Ströme der Gnade.

Übung
Heilende Ströme der Gnade in der Kommunikation mit Ihrem Haustier

Die Übung »Heilende Ströme der Gnade« kann zusammen mit »Geist-zu-Geist« eingesetzt werden, um nahezu jede Art von »Gespräch« mit einem Haustier zu führen. In diesem Buch erfahren Sie auch, wie Sie beide Übungen einsetzen können, um Probleme zu analysieren, Lösungen zu finden, Heilung zu schicken und kluge Entscheidungen für Ihr Haustier zu treffen. Die Grundannahme, die dieser Technik Kraft gibt, besteht darin, zu erkennen, dass der göttliche Geist endlose Wellen der Gnade hervorbringt, wobei Gnade als Liebe definiert wird, die positive Veränderungen in Gang setzt.

Die einfachste Möglichkeit, sich die heilenden Ströme der Gnade – die ich auch als die Ströme, Heilströme oder Gnadenströme bezeichne – vorzustellen, ist als Sonnenstrahlen. Die Sonne ist der göttliche Geist und die Sonnenstrahlen sind die Ströme der Gnade, die kontinuierlich verfügbar sind, um jedes Bedürfnis zu befriedigen. Wenn sie einbestellt werden, werden sie auch geliefert und bleiben da, bis sie nicht mehr gebraucht werden. Sobald diese Ströme mit der Seele, dem Geist, dem Körper oder der feinstofflichen Struktur eines Wesens verlinkt sind, bringen sie Heilung, Bildung oder was immer gebraucht wird, ein. In dieser Übung setzen Sie die Ströme ein, um Mitteilungen von Ihrem Haustier zu bekommen und an es zu senden. Atmen Sie ein paarmal tief durch und unternehmen Sie die folgenden Schritte, wenn Sie dazu bereit sind.

1. Die Kommunikation vorbereiten. Nehmen Sie sich Papier und einen Stift. Mithilfe der in diesem Kapitel enthaltenen Hinweise können Sie ein bestimmtes Chakra für den intuitiven Kommunikationsprozess auswählen. Machen Sie sich zunächst Gedanken über die Kategorie, die Spezies, die Persönlichkeit und die energetische

Signatur Ihres Haustiers. Schreiben Sie dann auf, welchen allgemeinen Stil (körperlich, spirituell, verbal, visuell oder mystisch) Sie verwenden sollten, welche Chakras im Rahmen dieser Kategorie am aufschlussreichsten sind und welche zusätzlichen Chakras und damit verbundenen Begabungen sich in Ihrem Haustier widerspiegeln. Schließlich wählen Sie ein einzelnes Chakra, mit dem Sie arbeiten möchten, und denken dann über die Elemente dieses Chakras nach. Sie sollten wissen, dass es zwar ideal ist, wenn Ihr Haustier anwesend ist, dass es aber nicht unbedingt anwesend sein muss.

Feinstoffliche Energien werden gestärkt, wenn Sie einen physischen Repräsentanten des Chakraelements einsetzen, während Sie sich mit Ihrem Haustier verbinden. Das kann Wasser, eine brennende Kerze, ein Stein oder ein jeweils passendes Werkzeug sein. Überlegen Sie dann, welche Umgebung sich am besten für die Weitergabe Ihrer Mitteilung eignet. Wenn Ihr Haustier Bäume mag, setzen Sie sich ins Freie. Wenn Ihr Haustier fliegt, machen Sie das Fenster auf (aber passen Sie auf, dass es nicht wegfliegt)!

2. Geist-zu-Geist. Bestätigen Sie Ihren persönlichen Geist, den Geist anderer und schließlich den göttlichen Geist. Konzentrieren Sie sich dann auf Ihr Haustier.

3. Eine Mitteilung empfangen. Bitten Sie den göttlichen Geist, Heilströme in das Chakra Ihres Haustiers zu senden, auf das Sie sich konzentrieren. Diese Ströme nehmen die übersinnliche Botschaft des Haustiers aus diesem Chakra auf und tragen sie in das gleiche Chakra in Ihnen. Bleiben Sie ganz ruhig, bis Sie die Mitteilung wahrnehmen. Wenn Sie verwirrt sind, wenden Sie sich Ihrem Herzchakra zu und bitten den göttlichen Geist, die Botschaft dorthin zu senden. Wenn immer noch nichts passiert, kehren Sie zu Ihren Notizen über die Kategorie des Haustiers zurück und wählen ein anderes Chakra aus, das damit assoziiert ist.

Schreiben Sie jetzt auf, was immer Ihnen in den Sinn kommt. Wenn Ihr Haustier sehr visuell ist, können Sie die Botschaft zeichnen. Bleiben Sie in diesem aufnahmebereiten Zustand und stellen Sie Fragen – laut ausgesprochen, im Kopf oder auf Papier aufgeschrieben. Bitten Sie gleichzeitig darum, dass der göttliche Geist Ihnen Antworten gibt. Wenn Sie dann immer noch nichts empfangen, bitten Sie den göttlichen Geist, einen Geistführer Ihres Haustiers als Überbringer der Botschaft auszuwählen.

Wenn Ihr Haustier anwesend ist, können Sie darauf achten, wie es sich verhält. Schickt es Ihnen ein konkretes Zeichen? Macht es bestimmte Geräusche? Setzt es eindrucksvolle Kräfte ein, um Sie zu stören? Achten Sie bei der Interpretation dieser Aktivitäten auf Ihr Bauchgefühl.

Manchmal verzögert sich eine Botschaft »auf dem Postweg«. Möglicherweise haben Sie zu einem späteren Zeitpunkt einen Traum, empfangen ein Zeichen oder bekommen eine andere Antwort. Wenn nicht gleich etwas kommt, gehen Sie einfach davon aus, dass Sie zu einem späteren Zeitpunkt eine Sonderlieferung erhalten, und machen mit dem abschließenden Schritt dieser Übung (Schritt 5) weiter. Sobald Sie die Botschaft Ihres Haustiers erhalten haben, können Sie zu dieser Übung zurückkehren und den nächsten Schritt machen: Eine Mitteilung senden. Ansonsten gilt, wenn Sie die Nachricht Ihres Haustiers klar verstanden haben, fahren Sie mit dem nächsten Schritt fort.

4. Eine Mitteilung senden. Sobald Sie die Botschaft oder das Bedürfnis Ihres Haustiers entschlüsselt haben, verfassen Sie eine Antwort in dem Chakra, auf das Sie sich konzentrieren. Bitten Sie dazu den göttlichen Geist, eine Blase aus Heilströmen in oder vor dem Chakra zu bilden. Befüllen Sie die Blase mit Ihrer Botschaft.

Wenn Sie beispielsweise Ihr erstes Chakra einsetzen, um eine Botschaft zu übermitteln, spüren Sie die körperliche Empfindung, die Ihr Haustier spüren soll. Lassen Sie diese Empfindungen von den Heilströmen in die Blase tragen. Wenn Sie eine verbale Botschaft verfassen, sprechen Sie diese Botschaft außersinnlich oder physisch hörbar in die Blase. Wenn Sie Hilfe brauchen, wenden Sie sich an den Geistführer des Haustiers. Er wird Ihre Botschaft für Sie in die Blase bringen.

Es kann sehr nützlich sein, sich die Blase vorzustellen, auch wenn Sie das sechste Chakra nicht offiziell einsetzen. Hilfreich ist immer, ein Bild oder eine Farbe in die Blase zu laden, bevor diese an das Haustier gesendet wird. Gestalten Sie das Bild oder wählen Sie die Farbe je nachdem, welchem intuitiven Typ Ihr Haustier angehört. Wenn Sie beispielsweise eine Nachricht an das neunte Chakra des Haustiers senden, füllen Sie die Blase mit Gold. Wenn Sie eine Reaktion im siebten Chakra des Haustiers hervorrufen möchten, füllen Sie die Blase mit der Farbe Weiß. Anschließend bitten Sie den göttlichen Geist oder den Geistführer des Tieres, die Blase bei diesem abzuliefern und in dessen feinstofflichem System zu öffnen. Achten Sie nun darauf, wie sich Ihr Haustier verhält oder intuitiv reagiert. Sie können so lange Botschaften hin- und herschicken, wie Sie möchten. Beachten Sie jedoch, dass Ihr Haustier die jeweilige Botschaft möglicherweise zu einem späteren Zeitpunkt erhält. Haben Sie also Geduld. Wann immer Sie das Gefühl haben, dass Ihr Teil des Prozesses abgeschlossen ist, gehen Sie zum nächsten Schritt über.

5. Abschluss. Seien Sie dankbar für diese Interaktion. Atmen Sie ein paarmal tief durch und kehren Sie in Ihren Alltag zurück.

Jetzt, wo Sie mit allem ausgestattet sind, was Sie brauchen, um mit Ihrem Haustier zu kommunizieren, sind Sie bereit, alles zusammenzubringen. Als Nächstes lernen Sie, die Probleme Ihres Haustiers zu analysieren, indem Sie chakrabezogene und andere feinstoffliche Informationen entsprechend interpretieren.

Kapitel 5

Energetische Probleme: Zustand, Verhalten und Erkrankungen

Kein Tier sollte jemals auf ein Esszimmermöbel springen, außer es ist absolut sicher, dass es beim Tischgespräch mithalten kann.

Fran Lebowitz

Es gibt Arten von Ärger, die wir alle mit unseren Haustieren haben. (Das obige Zitat ist nicht aus der Luft gegriffen. Meine Haustiere bestehen tatsächlich darauf, am Esstisch neben mir zu sitzen!) Das Verhalten eines Haustiers ist aber nur eines von vielen Themen, mit denen wir uns befassen müssen, um verantwortungsvolle Gefährten zu sein.

Dieses Kapitel dient als Richtlinie, um herauszufinden, was aus energetischer Sicht Probleme bei Haustieren verursachen könnte. In späteren Kapiteln werden Sie dann ausführlichere Analysen durchführen. Doch dafür brauchen Sie zuerst die Daten aus diesem Kapitel.

Zunächst werde ich deutlich machen, wie körperliche, seelische und geistige Probleme sowie Verhaltensauffälligkeiten bei Haustieren in den feinstofflichen Bereichen entstehen können. Als Nächstes gehen wir noch einmal auf ein Thema ein, das in diesem Buch bereits angesprochen wurde, nämlich dass feinstoffliche Energien von Ort zu Ort und Lebewesen zu Lebewesen übertragen werden können. Diese Grundannahme wird Ihnen helfen, viele feinstoffliche Probleme zu verstehen.

Dann gehen wir tiefer und reduzieren die Probleme eines Haustiers auf ihre gängigste Ursache, ein Trauma. Ein Trauma ist mit allopathischen Mitteln schwer zu behandeln. Es ist jedoch unglaublich wirkungsvoll, es aus dem Blickwinkel der feinstofflichen Energie zu betrachten. Daher konzentrieren wir uns im Rest dieses Buches weitgehend auf das Lösen von Traumata.

Außerdem befassen wir uns mit anderen ursächlichen Problemen, die alle aus dem Blickwinkel der feinstofflichen Energie untersucht werden. Dazu gehören Emotionen, Anhaftungen und Mikroben. Schließlich präsentiere ich eine ausführliche Tabelle, in der die Probleme von Haustieren, die körperliche, seelische und geistige Symptome oder Verhaltensauffälligkeiten zeigen, Chakra für Chakra analysiert werden. Ich denke, Sie werden diesen systematischen Ansatz zur Problembewältigung bei Haustieren sowohl faszinierend als auch genial finden. Sie werden von dem Bericht über Rettungstiere profitieren, der dann folgt, und von der Begegnung mit Rover, einem echten Rettungshund. Rover wird uns zeigen, wie alle Informationen aus diesem Kapitel kombiniert werden können, um Haustiere zu versorgen, die keinen Ort haben, den sie als Zuhause bezeichnen könnten.

Alles in allem ist dies das Kapitel, zu dem Sie wohl immer wieder zurückkehren werden. Heute hat Ihr Haustier vielleicht ein bestimmtes Bedürfnis und morgen ein anderes. So ist das Leben. Angehörige der menschlichen und der nicht menschlichen Völker verändern sich ständig.

Die energetischen Wurzeln der Probleme, die Ihr Haustier hat

Vier Haustiere, vier Beispiele:

Sittich: Die Federn Ihres Sittichs sind staubig und sehen schäbig aus, besonders an den Spitzen. Was könnte los sein?
Frettchen: Autsch! Das Frettchen, das Sie als Haustier halten, beißt Sie immer wieder. Sie wissen zwar, dass Frettchen sich gegenseitig beißen, aber dennoch ...
Pferd: Das Pferd Ihrer Freundin scheut, wenn es laute oder störende Geräusche hört. Was könnte Ihre Freundin im Umgang mit dem Pferd besser machen? Sie haben einen heimlichen Verdacht. Ihre Freundin hatte schon immer Angst vor ihrem eigenen Schatten. Könnte sie für das Scheuen ihres Pferdes verantwortlich sein?
Hund: Ihr Hund hat ständig bakterielle Augeninfektionen. Sie möchten ihn nicht mehr mit Tropfen behandeln, die Antibiotika enthalten. Gibt es eine andere Möglichkeit, das Problem zu lösen?

Es gibt eine Unmenge von Herausforderungen, denen sich Haustiere stellen müssen. Diese können grob als körperlich, seelisch, geistig und verhaltensbezogen definiert werden. Doch egal, wie sich das Problem darstellt, die Chancen, es zu lösen, stehen deutlich besser, wenn Sie die zugrunde liegenden energetischen Ursachen oder Faktoren untersuchen.

Ich habe den menschlichen Gefährten der oben erwähnten vier Haustiere geholfen. Was habe ich auf der energetischen Ebene herausgefunden?

Sittich: Die Flügelspitzen eines Vogels sind Knospenchakras und gehören zum zehnten Chakra. Dieses Energiezentrum ist kompliziert. Es spiegelt die dritte Entwicklungsstufe eines Haustiers wider, die Einprogrammierung von Karma und Dharma in die Gene und das Epigenom während der Empfängnis. Dieses Chakra ist auch für die Anpassung des Haustiers an seine Umgebung zuständig.

In diesem Fall hatte ein Tierarzt bereits Parasiten und andere testbare Krankheitsursachen ausgeschlossen. Dem Vogel war auch ein Vitaminpräparat verabreicht worden, jedoch ohne Erfolg. Meine Klientin fand heraus, dass das Problem mit den Federn des Vogels angefangen hatte, nachdem in einem nahe gelegenen Stadtteil eine Fabrik errichtet worden war. Dies bedeutete, dass der Vogel auf der feinstofflichen (und vielleicht sogar physischen) Ebene auf einen Anstieg an Umweltgiften reagierte. Nachdem ich Geist-zu-Geist eingesetzt hatte, sah ich auch, dass dieser Vogel in einem früheren Leben, in dem er ein Papagei gewesen war, gestorben war, als die Europäer Aufbereitungsanlagen in Südamerika errichteten. In Kapitel 2 haben Sie erfahren, dass Vögel unter anderem für Freiheit stehen. Es schien, als reagiere der Vogel auf das Karma aus einem früheren Leben, das durch die Umweltverschmutzung in diesem Leben erneut zutage getreten war. Damals war die Umweltverschmutzung so stark gewesen, dass er seine Fähigkeit zu fliegen – oder frei zu sein – verloren hatte. Wir setzten dann die Kommunikationsmethoden ein, die Sie in Kapitel 6 kennenlernen werden, sowie die Heilung mit einem Schwingungsstein aus Kapitel 7. Damit war das Problem gelöst und die Beschwerden verschwanden.

Frettchen: Hier haben wir es mit dem fünften Chakra zu tun, das sich auf Kommunikation bezieht. Die naheliegende Frage war, was das Frettchen mit seiner Bissigkeit kommunizieren wollte. Die Antwort war leicht zu finden. Ich bat meinen Klienten, sich auf die feinstoffliche Energie einzustimmen, die durch das Beißen übertragen wurde. Es war Spaß. Das Frettchen wollte mit ihm spielen. Sein menschlicher Gefährte überlegte sich verschiedene Arten, spielerisch mit dem Frettchen zu interagieren und gab ihm Futter, an dem es mehr und länger zu kauen hatte. Die Beißattacken hörten auf.

Pferd: Psychologisch gesehen haben Panikreaktionen etwas mit dem ersten Chakra zu tun, das sich auf das Überleben bezieht. Die Besitzerin des Pferdes wusste, dass dessen Züchter es in jungen Jahren immer angeschrien hatte. Daher reagierte das Pferd natürlich auf ein früh in diesem Leben erlittenes Trauma. Seine menschliche Gefährtin war in jungen Jahren ebenfalls misshandelt worden. Auch sie erschrak bei jedem lauten Geräusch und hielt es für wahrscheinlich, dass das Pferd zusätzlich zu seinen eigenen wahrscheinlich auch noch ihre persönlichen Probleme aufnahm und widerspiegelte.

Die energetische Signatur des Pferdes unterstrich diese Einschätzung. Wie in Kapitel 2 gezeigt, sind Pferde oft schussscheu und überempfindlich, aber auch in der Lage, feinstoffliche Ebenen des Lichts und der Dunkelheit gleichermaßen zu durchqueren. Die Dunkelheit in seiner Besitzerin war für das Pferd leicht zu erkennen. Erinnern Sie sich an meine kurze Einführung zum Thema Anhaftungen in Kapitel 1? Ich fand eine solche Anhaftung, eine energetische Schnur zwischen dem Pferd und seiner Besitzerin. Über sie nahm das Pferd immer wieder den Schrecken und den Schmerz auf, den seine Besitzerin in der Kindheit erlitten hatte. Das überreizte das ohnehin verwirrte Pferd. Schließlich arbeitete ich gemeinsam mit der Klientin daran, die Anhaftung zu lösen und das Trauma auf beiden Seiten zu klären. Dabei haben wir uns an die Abläufe gehalten, die ich Ihnen in diesem und den nächsten Kapiteln vorstellen werde. Allmählich hörten Pferd und Mensch auf überzureagieren.

Hund: Die Augen beziehen sich auf das sechste Chakra, das sowohl für das physische als auch für das übersinnliche Sehen zuständig ist. Wie Sie in diesem Kapitel erfahren werden, speichern Bakterien die unterdrückten Emotionen eines Lebewesens. In diesem Fall begannen die Augeninfektionen des Hundes, als dieser in seiner mittleren Reifezeit war, genau der Lebensphase, die mit dem sechsten

Chakra in Verbindung gebracht wird. In dieser Phase haben die vorherrschenden Probleme etwas mit dem Selbstbild zu tun.

Hunde sind vor allem loyal, wie Sie in Kapitel 2 erfahren haben. Die Augeninfektionen des Hundes hatten begonnen, als ein Kind aus seinem Haushalt in der Schule gemobbt wurde. Obwohl sich der Hund jede Nacht ganz eng an das Kind ankuschelte, verschwand das Mobbingproblem nicht. Aufgrund seiner Unfähigkeit, dem Jungen zu helfen, fühlte sich der Hund wie ein Versager. Die Scham und die Trauer des Hundes wurden von den Bakterien vereinnahmt. In diesem Fall war es an den Eltern des Jungen, ihn zu unterstützen, was sie auch taten. Ich setzte die in Kapitel 5 beschriebenen Kommunikationsmittel für Tiere ein, um dem Hund zu helfen, sich selbst als liebevoll und loyal zu sehen und nicht als Versager. Tatsächlich erzählte ich ihm, dass seine Mitteilungen die Mutter auf das Problem des Sohnes aufmerksam gemacht hatten. In den kommenden Wochen bekam der Hund keine Augeninfektionen mehr.

Wie überträgt sich Energie so einfach von einem Zeitraum und Lebewesen auf andere? Über das Wesen der Seele und andere Faktoren haben wir bereits gesprochen. Der nächste Abschnitt erzählt den Rest der energetischen Geschichte.

Energieübertragung
Wie die eigene Energie zur Energie eines anderen wird

Der entscheidende Schlüssel für die feinstoffliche Energiearbeit besteht darin, zu erkennen, wie leicht feinstoffliche Energie übertragen wird. Das gilt für die Übertragung aller feinstofflichen Energien, egal ob sie unverwechselbar physisch, psychisch oder spirituell sind.

Erinnern Sie sich an die Erörterungen von Licht und Klang in den Kapiteln 1 und 3. Dieses einleitende Material legt den Grundstein für ein tieferes Verständnis der Energieübertragung. Heiler, Schamanen, Intuitive, Philosophen und sogar Wissenschaftler wussten zu allen Zeiten, dass die physische Form eines Lebewesens nur eine stufenweise abgesenkte oder angehobene Version höherer und schnellerer oder niedrigerer und langsamerer Schwingungen von Licht und Klang ist. Probleme auf diesen feinstofflichen Energieebenen kristallisieren sich in der physischen Form heraus. Chakras und andere feinstoffliche Strukturen sind auf einzigartige Weise in der Lage, eine Energieschwingung in eine andere umzuwandeln. Auf diese Weise erzeugen diese Energietransformatoren Felder, die von der Körpermitte aus in alle Richtungen oszillieren und sogar andere Raum-Zeit-Kontinuen erreichen. Weil sie nachhallen, interagieren diese Felder mit den feinstofflichen Feldern anderer sowie mit den Biofeldern, die von deren Körperteilen produziert werden.

Über die feinstofflichen Felder wird Energie von einem Lebewesen oder Objekt auf ein anderes übertragen. Wie in diesem Buch bereits erwähnt wurde, neigt ein Haustier eher dazu, feinstoffliche Energie von außen aufzunehmen, wenn diese Energie mit den karmischen oder dharmischen Informationen in seiner Seele, seinem Geist oder seinem Körper in Resonanz ist oder übereinstimmt. Während der Energieaustausch sehr angenehm sein und dazu dienen kann, Liebe und Heilung zu teilen, kann er auch alles vom Ärgernis bis zur Katastrophe hervorbringen. Ein Haustier kann Energien aufnehmen, die körperlichen Krankheiten, emotionalen Störungen, dysfunktionalen Überzeugungen und vielem mehr zugrunde liegen. Es kann bei dem Versuch, ein anderes Haustier oder einen menschlichen Gefährten zu unterstützen, Lebensenergie verlieren. Energie kann auch durch ein Trauma in ein Haustier gezwungen werden. Dieses Thema wird im nächsten Abschnitt behandelt. Diese Energie ist für ein Haustier ziemlich schwer zu verarbeiten und richtet oft schwerwiegenden Schaden an. Weil wir in der Lage sind, mit einem Haustier sowohl auf feinstoffliche Weise als auch durch physisches Handeln und über entsprechende Medien zu interagieren, können wir dazu beitragen, es von ungesunden Energien und Gefahren zu befreien und gesunde Energien zu aktivieren. Dies ist die Grundlage sowohl für Heilung als auch für Manifestation. Heilung ist das Freisetzen von nicht hilfreichen oder schädlichen Energien. Manifestation wird als das Empfangen von nützlichen oder unterstützenden Energien definiert.

Es gibt viele Mittel, die uns helfen können, diese Manöver für unsere Haustiere durchzuführen. Grundsätzlich behauptet die Quantenphysik, dass das innere Selbst die physische Realität durch mentale und emotionale Projektionen formt. Diese Projektionen beeinflussen die unsichtbaren Felder außerhalb des Selbst. Wir wenden das gleiche Prinzip an, um unseren Haustieren zu helfen, indem wir Energie senden, und zwar mithilfe von Absicht, der bewussten Fähigkeit, eine Richtung und ein Ergebnis festzulegen, und Gebet, der Bitte um Hilfe von Geistwesen. Wir können energetische Veränderungen durch den Einsatz von Schwingungsmedikamenten bewirken, die feinstoffliche Energien verlagern, um eine körperliche Wirkung zu erzielen.

Bevor wir Energien von negativ nach positiv verlagern können, was wir in den folgenden Kapiteln lernen, müssen wir wissen, was falsch ist. Wir müssen nach der entscheidenden Ursache aller Probleme suchen, nach dem Trauma.

Mögliche Ursachen für die Probleme von Haustieren

Es geht um das Trauma

Allen Problemen, die Haustiere haben, sowie allen Problemen zwischen Menschen und Haustieren liegt ein Trauma zugrunde. In diesem Abschnitt werden wir das Wesen des Traumas ebenso untersuchen wie das eigentliche Problem, das es verursacht, nämlich feinstoffliche Kräfte. Außerdem schauen wir uns an, vor welche Herausforderungen uns das Lösen eines Traumas stellt.

Was ist ein Trauma?

Die gebräuchlichste Definition von Trauma ist »ein zutiefst verstörendes Ereignis oder Erlebnis«. Natürlich sind nicht alle Traumata gleichermaßen katastrophal. Ein Haustier könnte sich mehrmals am Tag als traumatisiert betrachten. Meine Hunde geben mir gern zu verstehen, dass ich sie traumatisiere, wenn ich ein Steak essen, es sei denn, ich gebe ihnen was ab, was ich normalerweise auch mache. Als ich Kind war, hatten wir einen Vogel namens Peppy, der seinen Käfig öffnen und nach Belieben im Haus herumfliegen konnte. Wenn meine Großmutter zu Besuch war, mussten wir den Vogelkäfig verschließen, denn sie hatte Angst vor Vögeln. Dann war Peppy stinksauer. Irgendwie traumatisiert, bestrafte er uns tagelang damit, dass er, als er endlich wieder freigelassen wurde, Vogelkot im ganzen Haus verteilte. Danach wurde er wieder normal.

Das Trauma wird zum Problem, wenn seine Auswirkungen unausweichlich oder unwiderruflich zu sein scheinen. Dies ist der Fall, wenn das Trauma wegen der Schwere oder der chronischen Natur der Verwundung oder wegen der persönlichen Verletzlichkeit nicht gelöscht werden kann. Ein schweres Trauma kann dadurch ausgelöst werden, dass ein Haustier von einem Auto angefahren wird und Wirbel brechen. Dann besteht nur eine geringe

Chance, dass sich das Tier vollständig erholt. Ein Beispiel für eine chronische Erkrankung ist die Depression eines Haustiers, das zu oft allein gelassen wurde. Welche Geschichte könnte die Auswirkungen persönlicher Verletzlichkeit veranschaulichen? Stellen Sie sich vor, Ihr Haustier hat bereits ein verletztes Bein und bekommt dann einen leichten Klaps. Dieser Klaps könnte alles sein, was nötig ist, um ein dauerhaftes Hinken zu verursachen.

Ein Trauma kann Einfluss auf jede Kreatur haben und sei sie noch so klein. Als Kind habe ich Raupen und Frösche gesammelt. Ich hielt sie ein paar Wochen lang in schön verzierten Kisten und Terrarien und ließ sie dann wieder frei. Einmal hatten wir meine Großmutter zu Besuch und sie übernachtete in meinem Zimmer. Leider hatte ich vergessen, die Schachteln aus dem Zimmer zu entfernen. So kam es, dass sie in einem Raum voller Raupen und Frösche aufwachte und schrie. Laut! Und ziemlich lange. Obwohl ich jedes einzelne meiner Haustiere in seinen sicheren Hafen zurückbrachte, starben sie alle innerhalb von ein oder zwei Tagen. Sie erholten sich nicht von diesem traumatisierenden Erlebnis.

Ja, auch negative Geräusche können ein Trauma verursachen. In der Tat gehören zu den Traumaursachen auch das Erleben oder Miterleben von körperlichem, sexuellem, emotionalem und verbalem Missbrauch oder jeder Kombination dieser Faktoren sowie Vernachlässigung. Ein Trauma entsteht auch durch unregelmäßigen oder periodischen Missbrauch, der vorliegt, wenn sich positive und negative Ereignisse fortlaufend wiederholen, wie es etwa der Fall ist, wenn ein Haustier freundlich behandelt wird, wenn sein menschlicher Gefährte nüchtern ist, und misshandelt wird, wenn er getrunken hat.

Wenn ein Trauma zu akuten oder langfristigen Problemen führt, spricht man von einer posttraumatischen Belastungsstörung (PTBS). Bei einem Haustier können Verhaltensauffälligkeiten, psychische Probleme, körperliche Krankheiten oder Leiden oder sogar besondere geistige Befindlichkeiten wie übermäßige oder zu geringe außersinnliche Fähigkeiten oder eine Mischung all dieser Probleme Symptome einer PTBS sein. Wenn ein Haustier beispielsweise weggegeben wurde, wird es bei seinem neuen Besitzer wahrscheinlich eine Zeit lang Symptome aus jeder dieser Kategorien zeigen. Es springt vielleicht an ihm hoch, gibt sich bedürftig, ist ständig krank oder übernimmt die Gefühle seines neuen menschlichen Gefährten. Letzteres kann passieren, wenn das Haustier unbewusst versucht, sich seinen Platz »zu verdienen«. Die gängigen Behandlungen wie tierärztliche Versorgung und gutes Futter, eine körperliche Analyse und eine Reihe von Lösungen können zwar hilfreich sein, reichen aber möglicherweise nicht aus. Um wirklich etwas zu bewirken, vor allem wenn gängige Lösungen nicht funktionieren, ist es unerlässlich, eine Situation auf der feinstofflichen Ebene zu entschlüsseln, und dafür ist ein Verständnis der feinstofflichen Dynamik von Traumata erforderlich.

Grundsätzlich kann ein Haustier in zwei Szenarien einen feinstofflichen Energieschaden oder eine Verletzung erleiden. Im ersten stimmen die hereinkommenden Energien nicht mit der energetischen Signatur des Haustiers überein. Im zweiten passen die kausalen Energien zu gut zu dieser Signatur.

Wenn unpassende feinstoffliche Frequenzen in das System eines Haustiers eindringen, sorgen diese inkompatiblen Energien für Unordnung und Ungleichgewicht. Stellen Sie sich ein Haustier vor, das von Natur aus ruhig und gelassen ist. Setzen Sie dieses Tier jetzt mitten in eine Kindertagesstätte. Die Energien, die dort auf es prallen, gehen unweigerlich in seine feinstoffliche Anatomie über und gelangen schließlich in sein physisches System. Dadurch wird das Tier erschüttert, fühlt sich überwältigt und verhält sich entsprechend.

Wenn man die negativen Auswirkungen der Energien anderer wirklich verstehen will, muss man anerkennen, dass ein Lebewesen, keine Energie verarbeiten kann, die nicht seine eigene ist. Nicht übereinstimmende Energien werden von den physischen oder feinstofflichen Systemen einfach nicht erkannt und können daher nicht leicht bearbeitet oder in den Körper integriert werden. Das gilt für alle Arten von feinstofflichen Energien, einschließlich der Emotionen anderer. Energien, die als psychische Energien eindringen, können psychisch bleiben und sich in Herausforderungen wie problematische Gedanken, außer Kontrolle geratene Gefühle oder geistige Negativität verwandeln. Sie können aber auch zu physischen Herausforderungen werden, etwa zu Krankheiten, Schmerzen und Verhaltensauffälligkeiten.

Zerstörerische feinstoffliche Energien könnten natürlich auch zum Karma, zu den familiären Mustern oder einer anderen ursprünglichen Programmierung eines Haustiers passen. Stellen Sie sich vor, der Besitzer einer Katze hat sie in einem früheren Leben verhungern lassen. Dieses Trauma, das in ihrer Seele fortbesteht, kann dazu führen, dass Ihre Katze jedes Mal faucht, wenn sie ihren aktuellen Katzensitter sieht. Sie werden diese Reaktion der Katze erst verstehen, wenn Sie deren katastrophales früheres Leben aufgedeckt haben.

Vielleicht war der Katzensitter vor langer Zeit ebendieser Besitzer. Oder vielleicht wird diese Reaktion bei der Katze ausgelöst, weil der aktuelle Katzensitter ihr nur ganz wenig Futter gibt, während Sie auf Reisen sind. Wie auch immer, die Situation ruft das Echo des Hungers wach. Feinstoffliche Energien finden ihren Weg in die physische Realität und die Symptome zeigen sich so, dass man sie wahrnehmen kann.

Wenn eine Störung nur kurzfristig oder minimal ist, zuckt das feinstoffliche System kaum mit der Wimper. Vielmehr nimmt es die Schwierigkeit in sich auf und passt sich ihr an. Der Reizerreger könnte es in die physische Anatomie schaffen oder auch nicht. Ein feinstofflicher Schaden macht sich nur dann in der physischen Anatomie bemerkbar, wenn die traumatisierenden feinstofflichen Energien nicht geklärt oder assimiliert werden können.

Wie kann es überhaupt passieren, dass negative feinstoffliche Energien in ein Haustier eingeschlossen werden? Die Antwort lautet: durch Kräfte.

Wie Kräfte ein Trauma verursachen

Eine Kraft ist eine Welle oder ein sich bewegendes Feld, das geladene Energien enthält. Wenn die von einem sich bewegenden Feld übertragenen geladenen Energien schädlich sind, verursachen sie ein problematisches Trauma. Es gibt Dutzende von Kräften, die verwunden oder traumatisieren und feinstoffliche Energien transportieren können, die nicht mit denen eines Haustiers übereinstimmen oder seine Programmierung beeinflussen.

Die Grundidee hinter diesen schädlichen Kräften ist jedoch, dass sie negative Energien transportieren, die Blockaden, Verletzungen und negative Eindrücke auf der feinstofflichen Ebene hinterlassen.

Natürlich kann eine physische Kraft ein Haustier verletzen und einen bleibenden Schaden hinterlassen. Das haben wir bereits festgestellt. Die körperliche Erholung geht langsamer vonstatten und ist vielleicht sogar unmöglich, wenn diese physische Kraft auch feinstoffliche oder negativ geladene Energien enthält, die für das jeweilige Haustier abträglich sind.

Nach dem gängigen Verständnis von Trauma kann eine traumatische Kraft direkt auf ein Haustier gerichtet sein oder auch nicht. Ein Schaden entsteht sogar dann, wenn sich das Tier auch nur in der Nähe einer negativen Kraft aufhält. Es gibt verschiedene Arten von Kräften, die potenziell destruktive feinstoffliche Energien in sich tragen. Hier eine kurze Auflistung:

- eine natürliche Kraft, die von Elementen aus der Umwelt wie Feuer oder Wasser hervorgebracht wird
- eine physische Kraft, also ein Feld, das eine körperliche Wirkung hat

- eine emotionale Kraft, die sich aus Gefühlen, Gedanken oder einer Mischung aus beiden zusammensetzt
- eine verbale Kraft, die Gedanken oder eine hörbare Botschaft übermittelt
- eine geistige Kraft, welche die Energien einer Entität (einer körperlosen Seele), Botschaften aus früheren Leben und im Epigenom gespeicherte Daten von Vorfahren enthält
- eine leere Kraft, also ein Feld, das nicht die Ladungen enthält, von denen ein Haustier weiß, dass es sie haben sollte. Denken Sie beispielsweise an die Mutter eines Welpen, die diesen nicht liebt, aber dennoch säugt. Weil die Milch nicht die feinstoffliche Energie der bedingungslosen Liebe enthält, von der der Welpe weiß, dass er sie bekommen sollte, fühlt er sich letztendlich ungeliebt. Unabhängig davon, wie viel Milch – oder Futter oder Wasser – dieser Welpe während seines Wachstums in sich aufnimmt, ist er vielleicht niemals wirklich satt und zufrieden.

Fazit: Solange die von der Kraft übertragenen negativen (oder leeren) Energien nicht gelöscht oder durch gesunde Ladungen ersetzt werden, stecken die Energien (oder Schlussfolgerungen auf fehlende Energien) in dem Haustier fest. Diese Probleme können von einem Leben auf ein anderes übertragen werden und permanente Störungen verursachen, bis das Trauma gelöst ist.

Es ist nicht immer einfach, feinstoffliche Aufladungen zu beseitigen. In der Tat gibt es viele Faktoren, die dies schwierig machen können. Da ist zunächst die Tatsache, dass diese Energien unsichtbar sind, auch wenn dies für die daraus resultierenden Symptome vielleicht nicht zutrifft. Das macht es schwer, sie auf den Punkt zu bringen. Stellen Sie sich vor, Ihr Salamander wurde von einem Händler angeschrien und als schmutzige Kreatur bezeichnet. Die hässlichen verbalen Energien dieses Händlers stecken jetzt in Ihrem Salamander fest. Wenn Sie keine feinstofflichen Energiewerkzeuge einsetzen, wissen Sie nicht, warum Ihr Salamander vor Ihnen zurückschreckt.

Die zweite Tatsache, die es kompliziert macht, ist, dass jedes Haustier auf ganz eigene Weise auf eine traumatisierende Kraft reagiert. Stellen Sie sich vor, eine Schildkröte wurde von einem wütenden Kind misshandelt. Jetzt ist die Wut in Ihrer Schildkröte eingeschlossen, die vielleicht bissig wird, um die Gefühle zu verarbeiten.

Eine dritte Hürde erklärt sich aus der Natur der energetischen Übertragung. Eine Kraft bahnt sich ihren Weg. Wenn eine Kraft auf ein Haustier trifft, reißt sie eine Eintrittswunde. Wenn sich die Kraft auf geradem Weg durch das System bewegt, bildet sie auch eine Austrittswunde sowie einen Pfad zwischen diesen beiden Punkten. Üblicherweise liegt die Austrittswunde der Eintrittswunde direkt gegenüber. Wenn beispielsweise ein aufgebrachtes Kind eine Rennmaus zwickt, die auf seinem Arm sitzt, wird die physische Kraft, die auch die Verletzung und den Schmerz des Kindes in sich trägt, vermutlich durch die gegenüberliegende Schulter entweichen und auf dem Weg dorthin subtile Gefühle hinterlassen. Wenn jedoch eine Blockade im System vorhanden ist, kann die Kraft daran abprallen und vielleicht durch die Hüfte oder die Schulter der Rennmaus austreten.

Diese inneren Blockaden sind vielleicht hauptsächlich physischer Natur, hervorgerufen durch eine Entzündung oder eine Zyste; emotional, bestehend aus gespeicherten oder verdrängten Emotionen; mental, zusammengesetzt aus falschen Überzeugungen oder Wahrnehmungen, oder geistig, gebildet aus karmischen Programmen oder den seelischen Energien anderer. Manchmal ist der ohnehin vorhandene Stau so dicht, dass die traumatisierende Kraft vollständig behindert wird und sich um die Blockierung herum verkeilt. Dieser Bereich, in dem sich alles staut, kann sich in nahezu alles verwandeln, etwa in einen Tumor, ein psychisches Ungleichgewicht oder ein extremes Verhalten.

Wie bereits erwähnt, kann eine Kraft den Körper durchdringen, aber auch ein Aurafeld, die Seele, den Geist oder ein Chakra. Was auch immer geschieht, das Echo der Kraft wird in dem Chakra aufgezeichnet, das zu den ankommenden Frequenzen passt. Wenn die zerstörerische Kraft beispielsweise eine Bedrohung für das Überleben darstellt, lassen sich die Energien dieser Kraft im ersten Chakra nieder, das für Sicherheit zuständig ist. Wenn ein Haustier angeschrien wird, erinnert sich das fünfte Chakra, das sich auf Kommunikation bezieht, an diese verbale Kraft. Verletzungen spiegeln sich im passenden Chakra und dem zugehörigen Feld wider, egal wo die Kraft eintritt, austritt oder stecken bleibt. Wie in Kapitel 1 bereits angedeutet, gibt es nur eine einzige Ausnahme, nämlich wenn eine Kraft ein Aurafeld durchdringt, aber nicht stark genug ist, um sofort im entsprechenden Chakra zu landen. Doch früher oder später lagert sie sich an, es sei denn, sie wird vorher gelöscht. Zu diesem Zweck empfehle ich Ihnen, ein Trauma unmittelbar nach dessen Auftreten mit der in Kapitel 7 unter der Überschrift »Zusätzlicher Tipp: Der Akupressurpunkt zum Lösen von Schocks« vorgestellten Technik zu löschen.

Eine Kraft ist besonders zerstörerisch, wenn sie im Entwicklungsstadium eines Chakras ins Spiel kommt. Wenn dies geschieht, bildet sich das Chakra um die Negativität herum aus. Wenn einem Haustier, das im sechsten Entwicklungsstadium (und im sechsten Chakra-Zeitraum) ist, beispielsweise gesagt wird, es sei ekelhaft, besteht eine erhöhte Wahrscheinlichkeit, dass es eine körperliche Krankheit bekommt, die es tatsächlich ekelhaft aussehen lässt, oder eine bakterielle Infektion, die zu Sehstörungen führen kann.

Das vierte Hindernis, das es schwer macht, das Trauma eines Haustiers zu lösen, besteht darin, dass die physischen und feinstofflichen Körpersysteme unter starkem Stress das Selbst in einen

Schockzustand versetzen. Im Körper blockiert der Thalamus, ein Teil des Gehirns, zusammen mit anderen Mechanismen das Selbst und hindert es daran, die Qual emotional zu verarbeiten. Wir dürfen nicht zulassen, dass Gefühle oder körperliche Schmerzen eine angemessene Reaktion auf eine Herausforderung verhindern! Sobald der Stress vorüber ist, soll der Körper das innere Selbst von dem Schock befreien, damit die Gefühle des Haustiers aufholen können und es sich an die neue Situation anpassen kann. Die anschließende Entladung emotionaler, mentaler und anderer Energien sollte dann die Kräfte klären und zur Genesung einladen.

Ein Schock ist etwas Biomechanisches, aber auch etwas Feinstoffliches. Nach einer traumatischen Erfahrung bilden die Chakras, vor allem das von dem Trauma am meisten betroffene Chakra, eine Blase aus feinstofflicher Energie um das verletzte oder traumatisierte Selbst und frieren es sozusagen in Zeit und Raum ein. Das restliche Selbst kann sich nun (hoffentlich) auf die Situation einstellen und damit umgehen. Mit der Zeit kann das traumatisierte Selbst besser mit seinen Reaktionen umgehen und die Blase verlassen. Wenn die traumatischen Kräfte zu stark, überwältigend oder unveränderlich sind und sich die anderen Aspekte des Selbst nicht mit dem Problem befassen können, kann es auch das traumatisierte Selbst nicht. Dann bleibt das verwundete Selbst in seinen ersten Eindrücken des katastrophalen Ereignisses gefangen.

Energie zieht Energie an. Das traumatisierte Selbst in der feinstofflichen Blase hat jetzt ein karmisches Problem. Es wird Situationen anziehen, die denen ähnlich sind, die es in die Blase gebracht haben. Das ist seine unbewusste Art, sich zu befreien. Das Trauma wiederholt sich so lange immer wieder, bis das Selbst von dem feinstofflichen Schock befreit ist.

Jedes traumatisierte Selbst, das in einer Schockblase eingeschlossen ist, wird beim Tod auf die Seele übertragen und in der Zeit vor der Empfängnis und während der Empfängnis als Karma in den neuen Körper abgegeben, besonders in die äußeren Räder der entsprechenden Chakras. Ein Haustier könnte also im nächsten Leben unbewusst ähnliche Traumata anziehen in der Hoffnung, dass das unter Schock stehende Selbst zum Spielen rauskommt.

Es gibt einen Trick zur Auflösung eines feinstofflichen Energietraumas. Da traumatische Energien von außen nach innen übertragen werden, werden sie am besten auf die gleiche Art und Weise aufgelöst. Damit Sie Ihr Haustier beim Lösen von Traumata umfassend unterstützen können, brauchen Sie jedoch ein besseres Verständnis von Emotionen, denn sie gehören einerseits zu den wichtigsten Energien, die in einem Haustier stecken bleiben, aber auch zu denen, die alles zum Besseren wenden können.

Emotionen

Von Chaos und Heilung

Emotionen liegen vielen Problemen von Haustieren zugrunde, vor allem wenn sie Karma auslösen. Auch feinstoffliche, von Kräften übermittelte Emotionen fördern die Bildung feinstofflicher Schockblasen und rufen problematische Reaktionen hervor. Sie können Ihrem Haustier am besten helfen, indem Sie die in Kapitel 6 beschriebenen Verfahren anwenden. Doch zunächst müssen Sie zwischen Gefühlen, Überzeugungen und Emotionen unterscheiden.

Einfach ausgedrückt, werden Gefühle im enterischen Nervensystem erzeugt und dienen als Botenstoffe für den Körper. Überzeugungen stammen hauptsächlich aus dem Gehirn und dem Zentralnervensystem. Emotionen werden aus Gefühlen und Überzeugungen gebildet. Werfen wir einen Blick auf diese drei Energien, sowohl aus physischer als auch aus feinstofflicher Sicht, weil sie sich auf Menschen ebenso beziehen wie auf Haustiere. Der emotionale Prozess eines Haustiers unterscheidet sich kaum von dem eines Menschen.

Im Körper werden Gefühle größtenteils im enterischen Nervensystem erzeugt, das auch als »zweites Gehirn« oder »Bauchgehirn« bezeichnet wird. Beim Menschen bildet dieses Nervensystem ein Geflecht oder eine dünne Schicht aus etwa 100 Millionen Nervenzellen im Magen-Darm-Trakt. Dieses Nervensystem steuert die Verdauung, aber auch Stimmungen und Gefühle. In der Tat sind Stimmungen und Verdauungsprozesse ziemlich stark voneinander abhängig. Beispielsweise werden die vom enterischen Nervensystem erzeugten Gefühle von der Verdauung beeinflusst. Die Verdauung wiederum wird von den Billionen Bakterien in diesem Körperbereich beeinflusst. Beim Menschen brauen sich im enterischen Kessel auch die Voraussetzungen für diverse Probleme zusammen. Osteoporose und Autismus sind nur zwei davon.

Das enterische System arbeitet zwar unabhängig vom Gehirn, tauscht aber Informationen mit diesem aus. In der Tat senden etwa 90 Prozent der Fasern im Vagusnerv, der Hauptverbindung zwischen dem Gehirn und anderen Körperteilen, Informationen vom Bauch- zum Kopfhirn und nicht umgekehrt (Hadhazy 2010). Basierend auf dieser Tatsache haben Wissenschaftler herausgefunden, dass Mikroben entlang des Vagusnervs vom Bauch- zum Kopfhirn aufsteigen und damit die Voraussetzungen für Krankheiten wie Parkinson und Alzheimer sowie für psychische Ungleichgewichte, Depressionen und Ängste schaffen (Sanders 2016, Haupt 2017).

Gefühle sind nicht an sich gefährlich oder schlecht. In der Tat beherbergt jedes Chakra seine eigenen Gefühle, die es ihm möglich machen, auf innere Bedürfnisse und die äußere Umgebung zu reagieren. Wie Sie sehen, überbringt jedes Gefühl auf der feinstofflichen Ebene eine Botschaft, die, wenn sie ernst genommen wird, zu einem positiven Ergebnis führt. In der folgenden Tabelle sind die fünf Grundgefühle aufgeführt, zusammen mit ihrer Bedeutung und dem, was wir erreichen können, wenn wir das jeweilige Gefühl bei unseren Haustieren ernst nehmen.

Gefühle und deren Bedeutung

Gefühl	Bedeutung	Positives Ergebnis
Angst	Gefahr ist im Verzug. Ich muss meinen Kurs ändern.	Sicherheit
Traurigkeit	Die Form der Liebe hat sich verändert. Ich muss nach einer anderen Form von Liebe suchen.	Bindung
Wut	Meine Grenzen sind unzureichend. Ich muss andere ziehen.	Stärkung
Ekel, Abscheu	Etwas oder jemand ist giftig/schädlich.	Befreiung vom und Vermeidung des Giftigen/ Schädlichen
Freude	Mehr vom Selben ist erwünscht.	mehr Freude

Auch das Gehirn erzeugt Gefühle, aber hauptsächlich als Reaktion auf Schlussfolgerungen zu bestimmten Lebensereignissen. Die meisten der im Gehirn entstandenen Überzeugungen sind Reaktionen des limbischen Systems auf Bedrohungen des Überlebens. Dieses System, zu dem auch die Amygdala gehört, bestimmt darüber, wie auf Stress reagiert wird. Die möglichen Reaktionen sind Kampf, Flucht, Erstarren und Schöntun (Schwanzwedeln, etc.). Indem man sich für Kampf entscheidet, zieht man Grenzen zum Selbstschutz. Flucht ist eine Möglichkeit, sich dem Stress zu entziehen und Zeit zu gewinnen, um sich in Sicherheit zu bringen. Erstarren macht die Erkenntnis deutlich, dass Widerstand zwecklos ist. Schöntun ist eine Reaktion, die zu Kompromissen und Verhandlungen auffordert (Walker, o. J.). Traumainduzierte Annahmen beeinflussen die Körperchemie, die Neurotransmitter, biochemischen Stoffe und Hormone, die Gefühle tatsächlich hervorrufen.

Solche Gefühle werden hauptsächlich von den Überzeugungen geprägt, die das Gehirn hinsichtlich der Erfahrungen eines Lebewesens hervorgebracht hat. Wir haben unzählige Überzeugungen, aber sie lassen sich alle auf zwei einfache Kategorien reduzieren: »Ich bin getrennt« und »Ich bin verbunden«. Die wesentlichen Unterschiede zwischen diesen beiden Grundüberzeugungen haben wir in Kapitel 2 erörtert.

Gefühle (enterisches Nervensystem) und Überzeugungen (Gehirn) können einigermaßen getrennt voneinander wirken, aber die Kraft aus beiden multipliziert sich, wenn Gefühle und Überzeugungen sich zusammentun und Emotionen bilden. Eine Emotion entsteht, wenn ein oder mehrere Gefühle und Überzeugungen verschmelzen.

Emotionen sind nicht schlecht. Sie motivieren. Sie erzwingen Bewegung. Problematisch sind sie nur dann, wenn ein Gefühl dauerhaft mit einer auf Trennung basierenden Überzeugung verbunden wird.

Stellen Sie sich beispielsweise vor, dass ein Welpe in der Entwicklungsphase des dritten Chakras, in der es darum geht, etwas über persönliche Macht und Struktur zu lernen, von einem Menschen angeschrien wird, weil er im Haus gepinkelt hat. »Du bist ein dummer Nichtsnutz!«, schreit der Mensch und richtet damit eine traumatisierende Kraft auf den Welpen. Der schämt sich, hat Angst und kommt zu dem Schluss, dass er zu dumm ist, um trainiert zu werden. Der Welpe wird immer wieder Angst haben und sich schämen, wenn er pinkeln muss. Er wird einfach nicht glauben, dass er den Urin einhalten kann, bis er nach draußen kommt, und so ist es dann auch.

Wie Sie sich vorstellen können, müssen wir Emotionen abbauen, damit wir unseren Haustieren helfen und sie aus der Bindung an destruktive Emotionen befreien können. Wie das geht, erfahren Sie in Kapitel 6.

Es gibt noch eine andere Art von Bindung, die man beachten muss, nämlich die energetische Anhaftung. Ich habe schon mehrmals auf feinstoffliche Anhaftungen angespielt. Jetzt ist es Zeit, sie ausführlicher zu behandeln.

Energetische Anhaftungen

Verbindungen, die schaden

Wir haben die Rolle des Traumas bei der Schaffung katastrophaler Herausforderungen für unsere Haustiere ausgemacht und wissen, dass ein Haustier die gleiche Art von Trauma, die genau das Trauma verursacht hat, und sogar die gleichen Wesen oder Arten von Wesen anzieht, bis die entsprechenden feinstofflichen Energien gelöst sind. Zu den Mechanismen, die ein Trauma auslösen und verstärken, aber auch für eine Retraumatisierung sorgen, gehören feinstoffliche energetische Anhaftungen, auch Anbindungen genannt.

Anhaftungen sind feinstoffliche Energiebande, die sich in der Seele, im Geist, in einem Chakra, einem Aurafeld oder einem Körperteil festklammern. Sie können auch im Epigenom oder in fast allem anderen verankert sein. Es gibt zwei Grundtypen von Anhaftungen. Die ersten sind Schnüre. Sie funktionieren wie Stromleitungen, durch die Energie fließt, und wirken wie ein Vertrag, der festlegt, wer gewinnt und wer verliert. Die einfachste Möglichkeit, die so ausgetauschten Energien zu beschreiben, ist in Bezug auf die Chakras.

Wo immer im System eines Lebewesens eine Schnur auch verankert sein mag, sie ist auch im zugehörigen Chakra befestigt. Die Energie fließt entweder nur in eine Richtung, also von mindestens einem Vertragspartner zu einem anderen, oder hin und zurück. Im letztgenannten Fall findet ein echter Austausch statt. Stellen Sie sich beispielsweise eine Schnur zwischen sich und Ihrem Haustier vor, die im ersten und im zweiten Chakra Ihres Haustiers verankert ist. Wie könnte ein Einbahn-Energiefluss aussehen? Vielleicht sind Sie sehr traurig, und die Schnur überträgt die Lebensenergie Ihres Haustiers auf Sie, um Sie zu unterstützen, aber Ihr Haustier ist anschließend erschöpft. In einem wechselseitigen Austausch könnten Ihre Emotionen auch auf das Haustier übergehen, während dessen Lebensenergie an Sie gesendet wird. Im Gegenzug könnte Ihr Haustier anschließend sowohl völlig erschöpft als auch emotional instabil sein.

Wie dieses Beispiel zeigt, ist das Haustier in einer Tier-Mensch-Beziehung normalerweise energetisch im Nachteil. Wie sich aus ihren energetischen Signaturen ergibt, sind Haustiere in der Regel bereit zu dienen. Am häufigsten geben sie einem geliebten Menschen ihre gesunde Energie und nehmen dessen nicht bewältigte Emotionen, Probleme und sogar Krankheiten in sich auf. (Wir werden uns in einem nächsten Abschnitt mit den Energien beschäftigen, die bei der Übertragung von energetischen Mikroben eine Rolle spielen.) Wenn dies geschieht, bringt das Haustier zum Ausdruck, was es aufgenommen hat, bis hin zu einer schweren Krankheit. An diesem Punkt wird die einschränkende Seite der Signatur seiner Art aktiviert. Mehr über diese Einschränkungen finden Sie im Abschnitt »Artencodes. So viele Angebote« in Kapitel 2. Der Mensch ist jetzt möglicherweise ziemlich sauer auf das Haustier, obwohl dieses lediglich sein Problem widerspiegelt. Natürlich passiert manchmal auch das Gegenteil. Als Besitzer eines Haustiers können Sie dessen Probleme aufnehmen und ihm unterstützende Energie geben. In diesem Fall haben Sie keine Möglichkeit herauszufinden, was mit Ihnen nicht stimmt – und warum Ihr Haustier offenbar so glücklich darüber ist.

Schnüre können ein Haustier mit einer Person oder einem anderen Lebewesen verbinden, aber auch mit unsichtbaren Kräften und

Entitäten. Eine Entität ist eine körperlose Seele. Kräfte sind mächtige Entitäten, die keine irgendwie geartete Form mehr besitzen. Worten wie Entität, Seele oder Kraft füge ich den Begriff »dunkel« hinzu, um ihre Natur zu beschreiben, die verstohlen, grausam und manipulativ ist. Das Wort »dunkel« hinzuzufügen hilft mir auch, traumatische von bewussten Kräften zu unterscheiden. Weil eine dunkle Kraft oder Entität das Wachstum und die Gesundheit eines Haustiers behindert, verwende ich noch einen anderen Begriff für diese Energien, nämlich »Beeinflussung«.

Denken Sie unabhängig von der Bezeichnung daran, dass eine Schnur an mindestens zwei Stellen befestigt ist. Wie in Zusammenhang mit den Schnüren bereits erläutert wurde, bestimmen diese Befestigungsstellen die Art der Energie, die über die jeweilige Schnur ausgetauscht wird. Stellen Sie sich vor, dass eine Schnur zwischen einem Haustier und einer dunklen Entität besteht und dass diese Schnur im siebten Chakra des Haustiers und im zweiten Chakra der dunklen Entität verankert ist. Der Austausch könnte dann darin bestehen, dass unerwünschte Emotionen der Entität in das Gehirn des Haustiers gelangen und das emotionale Selbst der Entität dann dafür sorgt, dass das geistige Licht des Haustiers immer schwächer wird. Schließlich wirkt Ihr Haustier vielleicht überemotional und ist sich nicht mehr bewusst, welche Auswirkungen das, was es tut, auf andere hat.

Ein Haustier kann mit einem es beeinflussenden Wesen verbunden sein. Das Gleiche gilt aber auch für das Haustier und seinen Besitzer. Je nach seiner energetischen Signatur denkt das Tier vielleicht, es sollte die Beeinflussung seines Besitzers bekämpfen. Es spielt edler Ritter und wird dabei verletzt.

Beispielsweise habe ich einmal mit einem Hamster gearbeitet, der einen riesigen Tumor in der »Achselhöhle« hatte. Wenn Sie sich die Tabelle »Die 21 Sekundärchakras eines Haustiers« anschauen, werden Sie feststellen, dass die Achselhöhlen ein Sekundärchakra sind, das die Akzeptanz durch den Clan repräsentiert. Kurz bevor der Tumor angefangen hatte zu wachsen, war der Besitzer des Hamsters von der katholischen Kirche exkommuniziert worden. Dem Menschen haftete die dunkle Entität an, die dieses für ihn beschämende Ereignis hervorgebracht hatte. Der Hamster hatte sich in die Mensch-Entität-Anhaftung verstrickt, um sein menschliches Clanmitglied zu retten, das derweil ironischerweise mit einem seinen Kirchenclan betreffenden Problem beschäftigt war. Mithilfe von Prozessen, die Sie in Kapitel 6 kennenlernen werden, konnten wir alle drei an der Anhaftung Beteiligten freisetzen. Innerhalb weniger Wochen schrumpfte der Tumor dann erheblich, und es wurde festgestellt, dass das, was von ihm übrig blieb, gutartig war.

Es gibt noch eine andere Art von Anhaftungen. Ich nenne sie »Holds« (dt. »Griff«, etwa im Judo, beim Ringen, o. ä. Sportarten; Anm. d. Übers.) Sie wirken wir Implantate, die das Opfer einschränken. Manche Holds sagen anderen, wie sie das Opfer misshandeln sollen. Wieder andere schränken das Wohlergehen, den Appetit oder den emotionalen Ausdruck des Opfers ein. Die Auswirkungen auf das Haustier hängen davon ab, in welchem Chakra der Hold, der bewusst oder unbewusst von einem externen Wesen oder einer entsprechenden Kraft ausgeübt wird, verankert ist.

Welche Anhaftungen oder negativen energetischen Einflüsse könnten Ihr Haustier beeinflussen? Im Folgenden finden Sie eine zusammenfassende Darstellung dieser beiden Arten von Anhaftungen sowie eine Diskussion über Anhaftungen und Verantwortung. Es passiert leicht, dass Sie sich übermäßig für das Problem oder sogar den Tod eines Haustiers verantwortlich fühlen, wenn eine Anhaftung im Spiel ist. Daher ist es gleichermaßen wichtig, die Realität der persönlichen Verantwortung zu verstehen wie die Rolle, welche die Seele beim Vorhandensein von Anhaftungen spielt. Dieses Wissen wird Ihnen helfen, Ihrem Haustier beizustehen und verhindern, dass Sie sich selbst für dessen Probleme verantwortlich machen.

Schnüre

Anhaftungen, die binden

Schnüre sind Anhaftungen, die zwischen Vertragspartnern bestehen. Die beiden Arten von Schnüren und Möglichkeiten, ihr Vorhandensein zu erkennen, sind:

Gewöhnliche Schnüre: Die gewöhnliche Schnur ist ein Energierohr, das wie ein Gartenschlauch aussieht und zwei oder mehr Wesen miteinander verbindet. Über diese Schnur findet ein einseitiger oder wechselseitiger Energietransport statt. Der Austausch ist oft unausgeglichen, was normalerweise das Eindringen toxischer Energie und den Verlust gesunder Energie seitens der einen und den Verlust ungesunder Energie sowie den Gewinn gesunder Energie seitens der anderen Partei mit sich bringt.

Lebensenergieschnüre: Diese speziellen Schnüre bringen seitens eines Vertragspartners immer den Verlust von Lebensenergie oder Energie des ersten Chakras mit sich. Es kann sich dabei um eine Einbahnschnur handeln, in der die Lebensenergie von einem Partner zum anderen fließt. Es kann aber auch ein wechselseitiger Austausch stattfinden, bei dem die negativen Energien der einen Partei in der Partei deponiert werden, die Lebensenergie verliert.

Symptome von Schnüren

Woher wissen Sie, ob ein Haustier eine Schnur hat und um welchen Typ es sich dabei handeln könnte? Ich werde die Symptome beschreiben, die auf Schnüre hinweisen, und zwar zwischen Haustier und Haustier, zwischen Haustier und Mensch und zwischen Haustier und Entität. Außerdem helfe ich Ihnen, zwischen einer gewöhnlichen und einer Lebensenergieschnur zu unterscheiden.

In der Regel brauchen Haustiere mit einer gewöhnlichen Schnur zu einem anderen Haustier dieses andere Haustier sehr, sind aber das genaue Gegenteil von ihm. Wenn das eine Tier ruhig ist, ist das andere unruhig. Wenn es dem einen gut geht, ist das andere krank. Wenn zwei Haustiere mit einer Lebensenergieschnur verbunden sind, profitiert nur eines von der Beziehung. Das Tier, das sich die Energie nimmt, ist gesünder, fröhlicher und liebenswerter als das andere.

Wenn eine gewöhnliche Schnur zwischen einem Haustier und einem Menschen gespannt ist, kann es zu den gleichen Symptomen kommen wie bei einer Schnur von Haustier zu Haustier. Das Haustier gewinnt Energie, wenn der Mensch Energie verliert, und so weiter.

Wenn eine Lebensenergieschnur zwischen Haustier und Mensch vorhanden ist, verliert immer ein Vertragspartner Lebensenergie, die dann in dem anderen auftaucht. In der Regel ist es das Haustier, das erschöpft, krank und müde wirkt. Doch wie bei einer gewöhnlichen Schnur können auch Energien in der Partei gespeichert werden, die Lebensenergie verliert. In dem gerade gegebenen Beispiel spiegelt das erschöpfte Haustier vielleicht auch die Energie wider, die von ihm aufgenommen wurde.

Wenn Sie und Ihr Haustier mit einer dieser beiden Schnüre verbunden sind, spüren Sie eine physische Enge in einem Körperteil oder einem mit einem Chakra verbundenen Körperbereich, in dem Ihre Seite der Schnur verankert ist. Wenn sie in einem Ihrer Aurafelder verankert ist, spüren Sie einen Ruck in diesem Bereich um den Körper. Und wenn Ihr Haustier an eine Entität gebunden ist, starrt es manchmal in die Gegend, reagiert auf »nichts«, hat verstörende Träume oder beißt, pickt oder juckt sich ständig an einer Körperstelle, die nicht problematisch zu sein scheint.

Holds

Anhaftungen, die einschränken

Es gibt verschiedene Arten von Holds. Ich werde jede einzeln beschreiben und zeigen, wie man ihrer Existenz auf die Spur kommt.

Flüche: Diese Anhaftungen bestehen aus mehreren Energiesträngen und sehen außersinnlich betrachtet wie ein Spaghetti-Durcheinander aus. Flüche gelten einem Lebewesen oder einer ganzen Gruppe und halten die Opfer in Knechtschaft, ähnlich wie ein Bann oder ein Zauber.

Wenn ein Haustier mit einem Fluch belegt wurde, ist es in dem Lebensbereich, der dem betroffenen Chakra und Aurafeld entspricht, sehr unglücklich. Vielleicht zieht es ständig missbräuchliche Menschen und/oder andere Haustiere an, die sich in seiner Gegenwart schlecht benehmen oder eine Reihe von Problemen und Krankheiten auf sich ziehen. Beispielsweise habe ich einmal mit einem Klienten gearbeitet, der eine Ameisenfarm hatte. Eine Ameise blieb immer in den Ecken stecken. Mehr oder weniger aus Spaß setzte ich Geist-zu-Geist ein und bat den göttlichen Geist, diese Ameise von allen Flüchen zu befreien. Ich nehme an, die Ameise ist zu ihrer Kolonie zurückgekehrt, weil sie nie wieder in einer Ecke auftauchte. Ich habe keine Ahnung, wie eine Ameise mit einem Fluch belegt werden konnte, aber trotzdem.

Marker: Diese energetischen Verträge sehen außersinnlich betrachtet wie ein X aus, das in eine bestimmte Auraschicht, ein Chakra oder ein Körperteil eingraviert ist. Sie wirken wie ein Fluch, der anderen sagt, wie sie mit den Betroffenen umgehen sollen.

Zu den Symptomen eines Markers gehören wiederkehrende Probleme, die auf ein Chakra zurückgeführt werden können. Wenn ein Haustier ständig in beängstigende Konflikte gerät, trägt es möglicherweise ein X auf dem ersten Chakra. Wenn andere Haustiere oder Menschen ständig wütend auf das Haustier sind, könnte es einen Energiemarker auf dem zweiten Chakra tragen, etc.

Besessenheit: Wenn eine Besessenheit vorliegt, hat eine Entität die Kontrolle über ein Teil des Haustiers oder das ganze Haustier übernommen, auch über seinen Körper. Der Hold erscheint außersinnlich betrachtet wie eine Türklinke, welche die Entität drücken kann, oder ein Schleier, den sie lüften kann, um in das Haustier einzudringen.

Wenn eine beeinflussende Entität das Kommando übernimmt, verhält sich das Haustier vielleicht seltsam untypisch. Vielleicht zittert es oder schüttelt sich, als wolle es sich von etwas befreien. Möglicherweise spüren oder sehen Sie auch, wie ein Wesen aus den Augen Ihres Haustiers zutage tritt, das Ihnen Schauer über den Rücken jagt. Oder vielleicht wirkt ein Körperteil des Tieres irgendwie unkoordiniert. Beispielsweise habe ich einmal mit einem Hund gearbeitet, der von seinem vor Kurzem verstorbenen Besitzer besessen war. Der war ein gemeiner und missbräuchlicher älterer Mann gewesen. Immer wenn der Hund in der Nähe des Sohnes des Verstorbenen war, den sein Besitzer gehasst hatte, zuckte seine Schnauze. Ich spürte, dass der Hund von dem Toten besessen war. Wir lösten den Hold mit Techniken aus Kapitel 6 und der Hund kehrte dauerhaft zu seinem sanften und duldsamen Wesen zurück.

Auslenkung: Eine Auslenkung tritt auf, wenn eine Anhaftung, die wie ein Spiegel aussieht, ein Aurafeld ganz oder teilweise abdeckt. Diese Anhaftung wirkt wie eine Rüstung gegen jegliche positive Energie, die vom entsprechenden Chakra angezogen werden könnte. Wenn der auslenkende Film beispielsweise über dem Herzen liegt, wird das Haustier alle Liebe zurückweisen. Wenn er über den Knospenchakras oder dem zehnten Chakra liegt, ist das Tier möglicherweise gegen fast alles aus der Umwelt allergisch.

Anhaftungen und Verantwortung

Die Ethik hinter einer Bindung

Wie wir gesehen haben, können Anhaftungen zwischen allen Arten von Lebewesen existieren oder von ihnen erzeugt werden. Ihre Folgen sind milde bis verheerend. Aus diesem Grund sollten wir unseren Haustieren helfen, Anhaftungen zu lösen, die sie beeinträchtigen.

Nicht selten stellt sich heraus, dass wir einer der Teilhaber an einer Haustier-Anhaftung sind. Diese Erkenntnis kann ein schreckliches Schuldgefühl hervorrufen, vor allem wenn die Folgen einer solchen Anhaftung sehr akut und negativ sind. Andererseits könnten wir auch herausfinden, dass eine Anhaftung zwischen Haustier und uns selbst für eine Störung im eigenen Leben verantwortlich ist. Das kann uns wütend machen. Wie gehen wir in diesem Fall mit der Vielzahl an Reaktionen, die in uns aufsteigen, um?

Ich unterstütze meine menschlichen Klienten häufig bei der Beantwortung dieser Frage, bei der es letztlich um Verantwortung für Anhaftungen und Probleme im Allgemeinen geht. Meistens sage ich so etwas wie: *Wir sind nicht für die Probleme anderer verantwortlich und auch nicht für die Gründe, aus denen ein Haustier unbewusst an einer Anhaftung an uns festhält.*

Auf der Kehrseite der Medaille ist eine weitere Wahrheit eingeprägt: Wir sind zwar nicht für die Probleme anderer verantwortlich, aber *sehr wohl* für unsere eigenen und unsere Art, auf die Probleme anderer zu reagieren. Dies bedeutet, dass wir eigenverantwortlich und integer handeln müssen, wenn wir an einer Anhaftung an unser Haustier beteiligt sind. Indem wir bei uns selbst aufräumen und dann noch einen Schritt weitergehen, indem wir unseren Haustieren bei der Lösung ihrer Probleme helfen, erfüllen wir unsere karmischen und dharmischen Pflichten. Darüber hinaus können wir auch den in Kapitel 1 erörterten Vertrag zwischen menschlichen und nicht menschlichen Völkern einhalten.

Auf keinen Fall sage ich, dass Sie – oder Ihre Haustiere – für die Ursachen von Traumata verantwortlich sind, die von anderen herbeigeführt wurden. Selbst wenn Ihr Haustier ein karmisches Problem in dieses Leben mitbringt, trägt es keine Verantwortung dafür, dass es in diesem Leben geschlagen, vernachlässigt oder auf andere Weise misshandelt wird. Das gilt auch für Sie. Realistisch betrachtet, sind schwerwiegende Probleme, wie etwa die von Anhaftungen verursachten oder festgehaltenen, nur sehr schwer zu lösen. Dies ist einer der Gründe, warum Menschen und Haustiere Geistführer haben, die bereit sind, auf jeder Ebene zu helfen. Es ist aber auch einer der Gründe, warum Ihr Haustier beim Aufdecken und Lösen seiner Probleme möglicherweise Ihre Hilfe braucht, sogar dann, wenn eine anhaftende Bindung zwischen Ihnen für einige dieser Probleme verantwortlich ist. Wir können eine echte Quelle der Liebe und Heilung für unsere Haustiere sein, und wenn uns eine Haustier-Mensch-Anhaftung schadet, können wir uns an den göttlichen Geist, unsere Geistführer und andere Menschen wenden, um Hilfe zu bekommen.

In Bezug auf Anhaftungen stelle ich in der Regel fest, dass der Schlüssel zur Genesung im Aufdecken des unbewussten Grundes oder der Ursache für eine Anhaftung besteht. Dieses Wissen liefert die Unterströmung, die gebraucht wird, um die Energien zu verlagern, die eine Anhaftung bei einem Haustier oder bei Ihnen an Ort und Stelle halten.

Denken Sie an ein Haustier, das über sein erstes Chakra mit Ihnen verbunden ist. Durch diese Schnur absorbiert es Ihre körperliche Krankheit und schickt Ihnen seine eigene Lebensenergie. Infolgedessen ist Ihr Haustier körperlich krank und ständig müde. Wenn Sie feststellen, dass Sie der Ursprung dieser Anhaftung sind, haben Sie möglicherweise große Schuldgefühle. Sie sind der Grund dafür, dass Ihr Haustier krank und müde ist! Die Wahrheit ist, dass die Seele Ihres Haustiers diese Schnur unbewusst haben will. Sie hat also einen Grund, sich an dem Energievertrag zum Spannen der Schnur zu beteiligen. Dies bedeutet, dass Sie nicht für die Beteiligung des Haustieres an dieser Anhaftung verantwortlich sind, obwohl Sie ihm helfen können, seine unbewusste Entscheidung zu überdenken, damit es dann beschließen kann, die Schnur freizugeben. Dies setzt voraus, dass Sie tief in sich gehen müssen, um die Gründe zu ermitteln, aus denen Sie sich ebenfalls am Erhalt dieser Schnur beteiligen.

Es gibt zwei Hauptgründe, warum Wesen wie Haustiere, Menschen und Entitäten anhaftende Bindungen eingehen. Der erste ist Liebe. Unsere Seelen sehnen sich danach, einander zu helfen, sogar bis zu dem Punkt, wo sie sich selbst schaden. Der zweite ist Überleben. Wenn das unbewusste Selbst erkennt, dass die einzige Möglichkeit, zu überleben und seine lebenswichtigen Bedürfnisse zu befriedigen, darin besteht, einem Austausch von Energie zuzustimmen, wird es sich an einer Anhaftung beteiligen, auch wenn es damit sich selbst oder anderen Schaden zufügt. Diese Überlegung könnte durchaus eine Reaktion auf Manipulationen von außen sein. Daher ist es wichtig, dem Vertragspartner, dem es um sein Überleben geht, bei der Suche nach einem besseren und gesünderen Weg zu mehr Sicherheit zu helfen.

Der Schlüssel zum Lösen sämtlicher Anhaftungen ist Vergebung. Wenn unsere Beteiligung an einer Anhaftung unserem Haustier geschadet hat, müssen wir uns selbst vergeben. Dies tun wir, indem wir herausfinden, ob unsere innere oder aus der Seele kommende Motivation mit Liebe oder Überleben oder beidem zu tun hat. Unsere Selbstbewusstheit macht es uns möglich, eine andere Möglichkeit zu finden, um eine Bindung zu unserem Haustier herzustellen. Wir können auch die in diesem Buch bereitgestellten Mittel und Wege einsetzen, etwa die Kommunikation mit Haustieren, um einem Haustier zu helfen, die Gründe für seine Teilnahme an einer Anhaftung aufzudecken, damit es ebenfalls eine wirklich gesunde Verbindung aufbauen kann, die beispielsweise im einfachen Geben und Annehmen von Liebe besteht. Wenn wir wegen der Energie, die wir von einem Haustier aufnehmen oder an ein Haustier verlieren, Schaden nehmen, müssen wir uns selbst die unbewussten Gründe vergeben, aus denen wir uns an unser Haustier angeheftet haben. Alle an einer Anhaftung Beteiligten können nur gewinnen, wenn sie sich selbst ebenso vergeben wie den anderen Beteiligten.

In den folgenden Kapiteln werden wir uns damit beschäftigen, wie man durch Anhaftungen verursachte Probleme lösen kann. Doch werfen wir zunächst einen Blick auf die Energetik von Mikroben, ein anderes großes Problem, von dem alle Haustiere betroffen sind.

Die feinstofflichen Energien von Mikroben

Was Ihr Haustier wirklich krank macht – und warum

Mikroben sind physische, aber auch feinstoffliche Organismen. Weil feinstoffliche Energien allen grobstofflichen oder physischen Energien zugrunde liegen, könnten wir behaupten, dass sich Ihr Haustier keine Mikroben »einfängt«. Vielmehr »fängt es sich« zuerst die feinstofflich-energetischen Beschwerden ein, die den Mikroben entsprechen. Die eigentliche Infektion folgt dann. Deshalb ist es wichtig, die feinstoffliche Energetik der lästigsten Haustiermikroben zu verstehen.

Mikroben sind Lebewesen. Deshalb hat jede Sorte ihre eigene energetische Signatur. Die Signatur einer Mikrobe führt dazu, dass sie sich auf eine bestimmte Weise mit einem Wirt verbindet, und zwar immer auf dessen Kosten. Der Wirt ist jedoch Teil dieser Transaktion. Indem Sie Ihrem Haustier helfen, die Ursachen seiner Anfälligkeit für eine bestimmte Sorte von Mikroben zu beseitigen, können Sie das Freisetzen dieser Mikroben unterstützen.

Bei meiner eigenen Arbeit habe ich festgestellt, dass die folgenden Mikroben in der angegebenen Weise mit Haustieren zu tun haben:

Bakterien

Bakterien speichern die verdrängten oder nicht gefühlten Gefühle eines Haustiers. Normalerweise handelt es sich dabei um Gefühle, die das Haustier nicht haben möchte, oder um Gefühle, die im traumatisierten Selbst feststecken, das, wie Sie sich erinnern, in einer Schockblase gefangen ist. Ich habe einmal einem meiner Hunde, als er noch jung war, geholfen, eine bakterielle Infektion zu überwinden, indem ich ihn ermutigte, eine Fülle von »negativen« Gefühlen zum Ausdruck zu bringen.

Die Adoption meines Golden Retrievers Honey brachte mit sich, dass er vom Züchter zu uns nach Hause geflogen wurde. Als ich ihn vom Flughafen abholte, bellte er ohne Pause. Nach zwei Tagen in Flughäfen und Flugzeugen war Honey offensichtlich traumatisiert. Er entwickelte sofort eine bakterielle Infektion. Ich lud ihn mit den oben beschriebenen Kommunikationsmethoden ein, seinen Gefühlen freien Lauf zu lassen, und die Infektion verschwand.

Parasiten

Parasiten ernähren sich von der physischen und der feinstofflichen Energie eines Haustiers. Nicht nur stehlen sie die gesunde physische Energie des Haustiers wie Nährstoffe und Flüssigkeiten, sondern auch positive feinstoffliche Energien wie Glücksgefühle. Solange sie leben, geben sie ihre Abfallstoffe an den Wirt ab, und wenn sie sterben, setzen sie toxische Gase frei, die den Wirt noch weiter vergiften.

Wenn ein Haustier einen Parasiten bekommt, liegt das daran, dass sich etwas oder jemand bereits von ihm ernährt. Das kann ein anderes Haustier sein, eine Entität oder ein Mensch. Oft ist auch eine Anhaftung im Spiel. Die Heilung beinhaltet die Suche nach den Schnüren, die das Haustier oder einen Teil von ihm in diesem aufzehrenden Muster gefangen halten. Mehr darüber, wie man Schnüre lösen kann, erfahren Sie in Kapitel 6.

Verschiedene Parasiten verhalten sich unterschiedlich:

Protozoen: Diese einzelligen Organismen können nur in einem Wirt leben und sich vermehren. Im Wesentlichen verteilen sie die negativen Energien des externen Parasiten (Mensch, anderes Haustier, Entität) im Körper des Wirts. Das bedeutet, dass Sie die parasitäre Energie über alle Chakras und nicht nur eines beseitigen müssen.

Helminthen: Diese Wurmparasiten wie Plattwürmer und Madenwürmer beeinträchtigen den befallenen Körper- und Chakrabereich. Eingeweidewürmer beispielsweise ernähren sich von den Emotionen ihres Wirts und hinterlassen ihre eigenen unerwünschten Emotionen. Daher gehören diese Würmer von Natur aus zum zweiten Chakra.

Ektoparasiten: Diese Parasiten leben auf ihrem Wirt und stehlen Energie aus dem entsprechenden äußeren Aurafeld. Auf der Haut lebende Organismen beispielsweise ernähren sich aus dem ersten Aurafeld. Ektoparasiten, die im Haar – oder in Federn, Kiemen oder verwandten Körperteilen – leben, beeinflussen indes das zehnte Chakra.

Pilze

Pilze ähneln den Parasiten auf einer Ebene. Sie stehlen Energie und deponieren Abfall. Der Hauptunterschied zu den Parasiten besteht darin, dass diese Organismen auch von den Emotionen anderer zehren. Beispielsweise steht *Candida albicans*, ein Hefepilz, wenn er im Darm auftritt, in Verbindung mit dem zweiten Chakra. Die Candida-Organismen leben von den physischen Nährstoffen, aber auch von Emotionen, die das Haustier von Lebewesen außerhalb seiner selbst aufgenommen hat. Um Candida loszuwerden, müssen die aufgenommenen Emotionen an ihren ursprünglichen Besitzer zurückgesendet werden. Befreien Sie die Gefühle, und tragen Sie so zur Befreiung von Pilzen bei.

Viren

Ein Virus ist ein Mikroorganismus, der sich im Körper erstaunlich schnell vermehrt. Viren können jedes Lebewesen infizieren und sogar Bakterien befallen. Viren können sich ohne Wirt nicht vermehren, was sie genau genommen zu Parasiten macht.

Lesen Sie sich die Beschreibung der Parasiten noch einmal durch, um ein Virus zu verstehen. Fügen Sie diesen Informationen ein zusätzliches Qualifikationsmerkmal hinzu. Üblicherweise sind Viren an ein »Mutterhirn« außerhalb des Körpers gebunden. Diese beherrschende Kraft kann eine Entität, eine Gruppe von Entitäten, ein menschlicher Gefährte oder sogar ein »Miasma« sein, eine Matrix aus Programmen, die Erinnerungen und Programme der Vorfahren eines Haustiers enthalten und somit als Familienkarma fungieren. Wenn Sie die Viren aus der Schnur entfernen, kann der Körper die Infektion besser abwehren.

In den folgenden Kapiteln lernen Sie feinstoffliche Energietechniken kennen, die Ihnen bei der Arbeit mit Mikroben helfen können. Die meisten Heilungsarbeiten erfordern aber auch eine Chakra-für-Chakra-Analyse. Deshalb stelle ich Ihnen diese im nächsten Abschnitt vor. Um Ihnen dann ein hervorragendes Beispiel dafür zu geben, wie man alle Informationen aus diesem Kapitel zusammenbringen kann, verfolge ich die Analyse anhand der Geschichte eines geretteten Hundes. Wenn wir diese besonderen Hunde adoptieren – wenn wir *irgendein* Haustier aus einem Tierheim oder einer schwierigen Situation retten –, stehen wir vor immensen Problemen, haben aber auch die Möglichkeit, ein Leben zu retten und einen Freund zu gewinnen. Einem dieser Tiere einen Ort zu geben, an dem es zu Hause ist, bedeutet, unser Herz noch mehr zu öffnen.

Chakra-für-Chakra-Analyse schwieriger Probleme

Um Lösungen für Probleme Ihrer Haustiere sowie für Probleme zwischen Mensch und Haustier zu finden, verknüpfen Sie das jeweilige Symptom am besten mit einem Chakra. Das Lösen von Problemen über die Chakras ist ein eleganter und kraftvoller Prozess. In der folgenden Tabelle sind Symptome nach Chakras sowie nach körperlichen, seelischen, verhaltensbezogenen und geistigen Anzeichen von Disharmonie geordnet.

Chakrabasierte körperliche, seelische, verhaltensbezogene und geistige Probleme

Chakra/ Lebensphase	Körperliche Symptome	Seelische Symptome
Erstes/ Überleben	Schlechter allgemeiner Gesundheitszustand oder Probleme, bei denen es um Leben und Tod geht; Hautprobleme; Probleme mit dem Steißbein und der unteren Hüfte; lebensbedrohliche Abhängigkeiten; Entzündungen irgendwo im Körper; lebensbedrohliche mikrobielle Probleme; Reproduktions- oder Eliminationsprobleme; Erkrankungen der Nebennieren und Nieren; einige Zuchtprobleme; häufige Unfälle, Krankheiten oder Missgeschick	Probleme, die auf Verlassensein, Unerwünschtsein sowie auf Scham, Wut und Terror zurückzuführen sind; Probleme, die sich aus früher Ablehnung oder Misshandlung ergeben. Auch Panikattacken
Zweites/ Sozialisierung	Probleme im Bauchbereich, etwa im Dünndarm, den Eierstöcken, Hoden und im Kreuzbein. Einige Zuchtprobleme wie Unfruchtbarkeit oder zu häufiges Schwangerwerden	Probleme im Zusammenhang mit Bindung, Kreativität und Genuss über die fünf Sinne
Drittes/ Lernen	Schlechte Verdauung, Essstörungen und Diabetes; Störungen der Gallenblase, der Leber, des Magens, der Bauchspeicheldrüse, eines Teils der Speiseröhre, der Milz, der Nieren und der Lendenwirbel. (Für Nierenerkrankungen ist auch das erste Chakra zuständig.)	Probleme, die mit dysfunktionalen Überzeugungen in Bezug auf Selbstachtung und Selbstvertrauen zu tun haben; Voreingenommenheit, Selbstherrlichkeit; zu viele Ängste und Sorgen

Verhaltensbezogene Symptome	**Geistige Symptome**
Hyperaktivität, Aufdringlichkeit, große Angst oder Wut, Schreckreflex, bedenkliche Bedürftigkeit (braucht immer Körperkontakt zu seinem Besitzer) oder das Gegenteil: Lethargie, Zurückziehen, Verstecken, Unsicherheit	Das Haustier kann die körperlichen Krankheiten, Leiden und Empfindungen anderer aufnehmen und zum Ausdruck bringen.
Gefühlsausbrüche, Rückzug oder offensichtliche Eifersucht; extreme Nervosität, wenn es nicht gelingt, einem anderen zu gefallen; auch mangelnde Innovationsbereitschaft oder das Gegenteil, probiert zu viele neue Dinge aus	Das Haustier kann die Gefühle, die emotionalen Probleme und die mit dem zweiten Chakra assoziierten körperlichen Beschwerden anderer aufnehmen und zum Ausdruck bringen.
Verhält sich offensichtlich besorgt, gereizt und nervös; Hinweise auf Zwangsstörungen oder Aufmerksamkeitsdefizitstörungen (ADS); Mangel an Selbstachtung und Selbstvertrauen oder das Gegenteil, Stolz und Egoismus. Kann auch Wutanfälle bekommen oder sich weigern, Regeln einzuhalten.	Das Haustier kann die Gedanken, Überzeugungen, Sorgen, Ängste, Lernprobleme (ADS, Zwangsstörungen etc. eines Menschen) und mit dem dritten Chakra assoziierten körperlichen Beschwerden anderer aufnehmen und zum Ausdruck bringen.

Chakra/ Lebensphase	Körperliche Symptome	Seelische Symptome
Viertes/ Beziehungen eingehen	Probleme mit Herz, Brust, Rippen, Herzbeutel, Brust, oberem Rücken und Blut. Auch Herz-Kreislauf-Störungen. Schulter- und Armprobleme können Ausläufer des vierten Chakras sein.	Probleme mit Liebe; damit, sich für liebenswert zu halten; mit Selbstwert und dem Gefühl, etwas verdient zu haben, insbesondere im Zusammenhang mit Heilung
Fünftes/ Kommunizieren	Reaktionen auf Lärm; Probleme mit Kiefer, Zähnen, Gehör, Schilddrüse, Hals, Halswirbeln, Nacken und Teilen der Speiseröhre	Probleme in Zusammenhang mit Selbstausdruck und dem Reagieren auf verbale Befehle und Bedürfnisse anderer
Sechstes/ Selbsterkenntnis	Probleme mit den Hormonen, der Hypophyse, dem Kleinhirn, dem oberen Bereich der Wirbelsäule, dem Hypothalamus, den Augen und dem Sehvermögen	Probleme im Zusammenhang mit dem Selbstbild; mangelndes Selbstbewusstsein und ständiges Vergleichen mit anderen
Siebtes/ Vergeistigung	Probleme mit Schlaf und Stimmung, auch mit der Zirbeldrüse, dem höheren Denken, dem Scheitelbereich des Kopfes, den Schädelknochen, der Zerebralhöhle und dem Plexus cervicalis	Probleme mit der Beziehung zum göttlichen Geist, mit der persönlichen Spiritualität und höheren Konzepten wie Wahrheit, Hoffnung und Liebe

Verhaltensbezogene Symptome	Geistige Symptome
Bindungsstörungen, wie zu feste oder zu lockere Bindungen, Klammern oder Missgunst. Schenkt Menschen oder anderen Haustieren, die krank oder traurig sind, zu viel Aufmerksamkeit.	Das Haustier kann höhere spirituelle Emotionen wie Wertschätzung, Wahrheit und Dankbarkeit aufnehmen oder ausstrahlen, aber auch die Überzeugung, getrennt oder der Liebe nicht wert zu sein, und mehr. Das Haustier verliert möglicherweise auch seine eigene Energie, um andere zu heilen, insbesondere wenn es an der Heilung von Leiden beteiligt ist, die mit dem vierten Chakra in Verbindung stehen.
Übermäßige oder zu geringe Ausdrucksfähigkeit; Streitlust; Unfähigkeit, Marschbefehle zu befolgen; Überfressen oder Nahrungsverweigerung. (Zu viel »Kauen« weist oft auf Ängste oder Probleme mit den unteren Chakras hin.)	Das Haustier kann die außersinnlich verbal geäußerten Gedanken oder Wünsche anderer aufnehmen oder widerspiegeln. Vielleicht ist es auch zu offen für außersinnliche Botschaften von anderen, einschließlich Entitäten. Oder vielleicht blockt es sie ganz ab.
Verhaltensexzesse, Ichbezogenheit; verhält sich verlegen oder protzt; auch Gleichgewichts- und Koordinationsprobleme	Das Haustier kann die außersinnlich empfangenen Eindrücke oder das Selbstbild anderer aufnehmen und sie abwenden oder spiegeln.
Verhalten, das mit Gemütsstörungen wie Ängsten, Depressionen und Schlafstörungen in Verbindung steht; scheinbare Unfähigkeit, höhere Konzepte zu begreifen. Das Tier kann auch einen starken Sinn für Recht und Unrecht an den Tag legen, der auch das einschließt, was es selbst oder ein menschlicher Gefährte tun oder nicht tun sollte.	Das Haustier kann den Sinn anderer für ihre spirituelle Berufung und ihre Beziehung zum göttlichen Geist aufnehmen oder widerspiegeln.

Chakra/ Lebensphase	Körperliche Symptome	Seelische Symptome
Achtes/ Wahl des Karma	Probleme im Schulterblattbereich, mit der Thymusdrüse oder mit chronischen Erkrankungen; Autoimmunerkrankungen; Vorherrschen von durch Entitäten verursachten Anhaftungen, die zu körperlichen Problemen führen. Dieses Chakra ist involviert, wenn das Haustier von Geburt an multiple Abhängigkeiten, Störungen und extreme Probleme hat.	Alle karmischen Probleme entstehen in diesem Chakra, auch die seelischen. An den meisten psychischen Störungen sind zumindest einige Einflüsse des achten oder karmischen Chakras beteiligt.
Neuntes/ Wahl des Dharma	Probleme mit der Atmung/ dem Zwerchfell	Themen, die mit Harmonie und Idealisierung zu tun haben. Probleme, in denen sich ein Gefühl der Unwürdigkeit oder Überlegenheit gegenüber anderen widerspiegelt
Zehntes/ Programmierung	Probleme mit den Knochen, mit Stammzellen, normalen Zellen, Genen, dem Epigenom, dem unteren Teil des Ohrs und den Körperteilen des Haustiers, die den Boden berühren, etwa Pfoten oder Klauen; auch mit Kiemen bei Fischen oder Flügeln bei Vögeln. Andere Anzeichen sind Allergien auf Energien aus der Umwelt und nicht biologisches Futter.	Probleme, in denen sich die Wahrnehmung eines Haustiers von sich selbst in der Umwelt widerspiegelt. Vielleicht hält sich das Haustier von der Natur oder anderen Lebewesen fern, versteckt sich bei Sturm oder schlechtem Wetter oder verhält sich anderen Tieren gegenüber aggressiv.

Verhaltensbezogene Symptome	Geistige Symptome
Legt Verhaltensweisen aus früheren Leben an den Tag; tut genau das Gegenteil von dem, was andere tun; »handelt voreilig«, wird also bezüglich eines Ereignisses aktiv, bevor dieses eintritt. Die Seele des Haustieres kann sich in Visionen, Träumen oder in der Intuition eines Menschen zeigen.	Die Gaben des achten Chakras ziehen sich durch Vergangenheit, Gegenwart und Zukunft. Das Haustier kann geistige und intuitive Fähigkeiten aus verschiedenen Bereichen demonstrieren, etwa Bilokation oder Geistreisen. Sehr häufig nimmt das Haustier fast alle Probleme eines menschlichen Gefährten auf, um sie zu heilen.
Zu sehr um Harmonie bemüht und darum, dass alle anderen gut klarkommen; Unfähigkeit, sich niederzulassen oder still zu sein	Das Haustier könnte die Ideale und Wünsche anderer sowie ihre spirituellen Ziele übernehmen, um ihnen zu gefallen. Es kann aber auch Energie verlieren, wenn es andere beim Erreichen ihrer spirituellen Ziele unterstützt.
Überempfänglich für Wesen oder Ereignisse in der Umwelt oder der unmittelbaren Umgebung; Verhalten, das vorhersagt, was in der Umwelt passieren wird, etwa Unruhe vor einem Erdbeben oder Sturm	Haustiere sind möglicherweise überempfindlich gegenüber Elementen oder sind gern draußen. Sie könnten auch Angst davor haben, ins Freie zu gehen, und viele Überempfindlichkeiten gegenüber Umwelteinflüssen haben, was zeigt, dass sie zu viele Energien aus ihrem Lebensraum aufnehmen.

Chakra/ Lebensphase	Körperliche Symptome	Seelische Symptome
Elftes/ Übernatürliche Kräfte	Probleme mit den Muskeln, dem Bindegwebe oder dem Lymphsystem; Schwierigkeiten mit Bewegung, Fortbewegung und Koordination	Probleme spiegeln wider, wie wohl sich der Betreffende damit fühlt, Macht über natürliche und übernatürliche Kräfte auszuüben. Das Haustier kann übermäßig herrisch, gemein und strafend wirken oder umgekehrt unterwürfig und sanftmütig.
Zwölftes/ Transformation	Probleme in irgendeinem Bereich, der einem Sekundär- oder Nebenchakra zugeordnet ist (siehe Kapitel 3)	Mangelnde Fähigkeit, authentisch zu sein und das Recht, verborgene Kräfte zu aktivieren, in Anspruch zu nehmen. Das Tier wirkt vielleicht übermäßig sanftmütig und mild oder aber zu ehrgeizig und ängstlich, wenn es im Mittelpunkt der Aufmerksamkeit steht.

Bringen wir nun alle Informationen aus diesem Kapitel, einschließlich der Daten aus der Chakra-für-Chakra-Analyse zur Anwendung, indem wir den energetischen Zustand rettungsbedürftiger Haustiere erörtern und Rover, den geretteten Hund, kennenlernen.

Verhaltensbezogene Symptome	Geistige Symptome
Minderleistung oder Hochleistung. Kleine Bewegungen eines Haustiers führen vielleicht zu gewaltigen Störungen bei Objekten oder in der unmittelbaren Umgebung. Das Wetter wird plötzlich schlecht oder klart auf, wenn das Haustier in der Nähe ist.	Haustiere können versehentlich starke Naturgewalten anziehen oder auf andere richten. Gleiches gilt für übernatürliche Kräfte. Damit verursachen sie ernste paranormale Störungen in ihrer Umgebung.
Im Verhalten spiegelt sich die individuelle Begabung eines Haustiers wider.	Dieses Chakra enthält die individuelle und einzigartige geistige Gabe eines Haustieres. Die meiste Zeit besteht das spirituelle Problem in einer mangelhaften Aktivierung des Geschenks oder in seiner unangemessenen Verwendung nach dem Tod des Haustiers. Das heißt, der menschliche Gefährte könnte erschrecken, wenn die Seele des Haustieres ihn mithilfe dieser Gabe aus dem Jenseits erreichen will, diese aber nicht unter Kontrolle hat.

Das rettungsbedürftige Haustier verstehen

Die Misere der verlassenen und unerwünschten Tiere auf der ganzen Welt ist traurig und verstörend. Wenn ein Tier in ein Tierheim kommt, ist die Wahrscheinlichkeit hoch, dass es eingeschläfert werden muss. Und es gibt Millionen und Abermillionen bedürftiger Tiere, die gerettet werden müssen und ein Zuhause brauchen. Dieses Thema ist von besonderer Dringlichkeit, wenn wir uns fragen, ob wir uns eine dieser Seelen zur Pflege oder ganz ins Haus holen sollen. Vielleicht haben wir auch schon Erfahrungen mit einem geretteten Tier gemacht und uns ist vollkommen klar, welche Herausforderungen auf uns warten.

Bevor ich Ihnen Rover vorstelle, unsere Fallstudie für die an der Rettung von Haustieren beteiligten Energien, möchte ich die Grundlagen für die Arbeit mit diesen Energien legen. Alle neuen Haustiere brauchen energetische Unterstützung, aber das gerettete Haustier hat ganz besondere energetische Probleme, die in dem Moment beginnen, in dem es verloren geht, weggegeben wird, in ein Tierheim gebracht oder in die Herrenlosigkeit geboren wird. Wenn ein solches Tier in Pflege kommt, braucht es eine besondere Behandlung, ebenso wie der menschliche Elternteil, der das Tier pflegt und schließlich in andere Hände gibt.

In allen vier kausalen Situationen – verloren, weggegeben, ins Tierheim gebracht, in die Herrenlosigkeit geboren – stehen die zu Opfern gewordenen Haustiere unter dem Einfluss traumatisierender Kräfte, von denen viele Kräfte von etwas sind, das fehlt. Eine fehlende Kraft sorgt für eine schwer fassbare traumatische Verletzung bei dem Haustier, weil es schwierig ist, etwas auszugleichen, was immer gefehlt hat, nämlich Sicherheit und Unterstützung. Wie zu erwarten ist, muss das Haustier auch bei allen Themen des ersten und des vierten Chakras, die sich auf Sicherheit und Liebe beziehen, unterstützt werden.

Fast jeder, der ein Haustier gerettet hat, ist schockiert über die Vielzahl an emotionalen Verwerfungen und Verhaltensauffälligkeiten. Diese können abschrecken, sind aber deutlich einfacher zu handhaben, wenn sie auf die damit verbundenen Chakras und negativen Kräfte zurückgeführt werden. Wenn beispielsweise ein zurückgewiesenes Tier auf der Straße getreten wurde, wirkt sich eine physische Kraft auf es aus, die höchstwahrscheinlich eine Reihe von mikrobiellen Infektionen nach sich zieht. Wenn das Tier angeschrien wurde, hat es Schwierigkeiten mit dem fünften Chakra.

Vielleicht wimmert es immer oder zeigt die Zähne, wenn es in Gefahr ist. Auch Anhaftungen können im Spiel sein. Wenn ein ursprünglicher Besitzer freundlich oder liebevoll war, möchte das verloren gegangene Tier die Bindung zu ihm vielleicht nicht aufgeben. Themen aus der frühen Kindheit oder früheren Leben können einige der Situationen als karmisch und daher tief verwurzelt offenbaren.

Um dieses wichtige Thema der geretteten Haustiere – in der Regel Hunde und Katzen – genauer unter die Lupe zu nehmen, schauen wir uns kurz die vier Situationen an, in denen die Bedürftigkeit entsteht, und prüfen, wie sie sich energetisch auf die betroffenen Tiere auswirken.

Verloren gegangene Tiere

Mindestens einmal pro Woche sehe ich eine Vermisstenanzeige für einen Hund. Bis eine solche Anzeige veröffentlicht ist, wird das Haustier bereits von fehlenden Kräften geplagt, weil es sich verlassen fühlt. Es spielt keine Rolle, ob das Haustier selbst weggelaufen ist, vielleicht um einem Hasen nachzujagen oder einfach aus einer Laune heraus. Wenn ein Tier seinen menschlichen Gefährten nicht mehr spüren kann, geht es davon aus, dass es verlassen wurde. Abhängig von den Umständen kann sich das Haustier nun weitere traumatisierende Kräfte einhandeln. Klimatische Härten übermitteln Kräfte aus der Umwelt und verletzen das zehnte Chakra. Wenn der vermisste Hund von einem Kojoten, einem Angehörigen seiner eigenen Spezies, angegriffen wird, fängt er möglicherweise an, die Eigenschaften des Wildtiers zu kopieren, und verliert später, wenn er gefunden wird, etwas von seiner Fähigkeit, loyal und freundlich zu sein, also die normalen energetischen Merkmale eines Hundes an den Tag zu legen. Es können auch Infektionen auftreten und alle Schnüre, die Tiere mit Menschen verbinden, können sich gespannt und gestresst anfühlen, was dazu führt, dass der Mensch die Umstände, denen das vermisste Tier ausgesetzt ist, körperlich und emotional erlebt.

Ironischerweise kann eine Anhaftung einem Haustier tatsächlich helfen, seinen Besitzer zu finden, wenn einer von beiden die entsprechende Schnur intuitiv verfolgen kann. Für Sie als Mensch bedeutet dies, dass Sie Ihrer Intuition vertrauen und ihr folgen müssen, wenn Sie nach einem verloren gegangenen Haustier suchen.

Wenn ein versehentlich verloren gegangenes Haustier wieder nach Hause kommt, werden Sie erleben, dass es sich ein paar Tage lang sehr nervös verhält. Sie werden vor allem einen Ausgleich für die fehlende Kraft herstellen wollen, indem Sie Ihr Haustier geradezu mit Liebe und Verständnis überschütten und die anderen Hilfsmittel einsetzen, die im Rest dieses Buches behandelt werden. Manche Haustiere verschwinden jedoch nicht zufällig.

Ich habe eine Klientin, deren Vater ihren Hund am Stadtrand zurückließ, um ihn loszuwerden. Ihr gegenüber tat der Vater so, als sei der Hund weggelaufen. Doch irgendwie schaffte es der Boxer voller Kratzer und Kletten zurück nach Hause. Obwohl meine Klientin, damals noch ein junges Mädchen, die fehlende Kraft immer wieder ersetzte, indem sie sich auf die bestmögliche Weise um den Boxer kümmerte, war sein Vertrauen dahin. Er zitterte monatelang, weil er das Gefühl, in Sicherheit zu sein, verloren hatte. Die Techniken aus diesem Buch hätten ihn beruhigen und schließlich wiederherstellen können. Doch leider war meine Klientin damals ein junges Mädchen und wusste nicht, wie man Boxer richtig pflegt. Bei dem Versuch, die Folgen der Tragödie abzuschütteln, wurde er aggressiv und musste eingeschläfert werden.

Haustiere, die weggegeben wurden

Manchmal klappt es nicht mit einem Haustier oder die Umstände ändern sich und das Tier wird in einen anderen Haushalt gegeben. Ein zweites Baby, unerwarteter Stress, ein Todesfall – alle möglichen Situationen können die Suche nach einem neuen Besitzer erforderlich machen. Normalerweise ist dieses Vorgehen für das Tier einfacher zu verkraften, als wenn es ins Tierheim gebracht wird, worauf wir als Nächstes eingehen, aber es trägt dennoch schwere energetische Verletzungen davon. Dazu gehören notgedrungen diejenigen, die in einer Rettungssituation immer involviert sind, einschließlich einer fehlenden Kraft.

In der Tat nimmt das Haustier schon in dem Moment energetisch Schaden, in dem sein Besitzer darüber nachdenkt, es wegzugeben. Wie bereits erläutert, sind Haustiere äußerst intuitiv. Das erste Chakra des Tieres spürt sofort, dass sein häusliches Leben instabil wird oder verschwindet. Die fehlende Kraft, ja sogar der leiseste Hinweis darauf, bringt das erste Chakra durcheinander. Dies kann dazu führen, dass das Haustier in Unfälle verwickelt oder krank wird. Das erste Chakra ist ursprünglich, und weil die primitive Sicherheit des Haustieres bedroht ist, reagiert sein Körper mit physischer Unbill. Aufgrund des emotionalen Bruchs spannt das Haustier vielleicht eine Schnur von seinem vierten Chakra zu seinem jetzigen Besitzer, was den Wechsel in einen anderen Haushalt umso schwieriger macht, wenn er erfolgt. Auch der bevorstehende Verlust von Struktur, der über das dritte Chakra des Haustiers wahrgenommen wird, macht ihm Angst. Leider kann die daraus resultierende Verhaltensänderung des Tieres die Wahrscheinlichkeit, dass sein Besitzer es schnell loswerden möchte, noch erhöhen.

Nachdem das Haustier weggegeben wurde, kann eine Schnur aktiv bleiben. Ironischerweise kann diese Schnur dazu führen, dass das Haustier nach seinem Vorbesitzer sucht und dafür sogar wegläuft. Zu diesem Thema habe ich eine großartige Geschichte. Der erste Honey, der Golden Retriever, der meinem Ex-Mann gehörte, als dieser jünger war, wurde nach dem Collegeabschluss aller Jungen in ein anderes Zuhause gegeben. Es lag etwa 32 Kilometer entfernt. Nachdem er fast eine Nacht bei seinen neuen Besitzern verbracht hatte, büchste Honey I aus und rannte zu seinem früheren Zuhause, wo er am späten Vormittag ankam. Er wedelte mit dem Schwanz, fraß etwas und wurde zurückgefahren. Danach verließ er sein neues Zuhause nie wieder. Ich glaube, er hat seine Schnur tatsächlich selbst gelöst, indem er seine Vorbesitzer noch einmal besuchte. Nachdem er sich vergewissert hatte, dass es allen gut ging, kam er nicht wieder.

Mit den im Rest dieses Buches vorgestellten Techniken können Sie ein weggegebenes Haustier unterstützen. Dabei spielt es keine Rolle, ob Sie das Tier in ein anderes Zuhause geben oder ob es bei Ihnen einzieht. Denken Sie daran, wie sensibel Haustiere sind. Sie werden immer merken, was los ist. Daher kann der gesunde Menschenverstand sehr hilfreich sein. Bringen Sie, wenn möglich, den neuen Besitzer mit dem Haustier zusammen, bevor die eigentliche Übergabe erfolgt. Sorgen Sie dafür, dass sich alle kennenlernen, und die Übergabe wird viel reibungsloser verlaufen. Ich konnte dies für einen Hund tun, den ich aus der Humane Society (weltgrößte Tierschutzorganisation; Anm. d. Übers.) geholt hatte. Molly war eine Farmhündin gewesen und hatte sich nie an das Leben in der Vorstadt gewöhnt. Sie konnte sämtliche Zäune in der Nachbarschaft überspringen und tat das auch ziemlich oft. Mein Anstreicher lernte sie kennen – und liebte sie. Er nahm sie mit auf die Jagd und auf seinen Bauernhof. Für ihn war es das Selbstverständlichste der Welt, Molly zu adoptieren. Und zu mir konnte sie immer kommen, wenn sie mal einen Hundesitter brauchte.

Ins Tierheim gegeben

Am häufigsten führt der Weg eines geretteten Tieres in ein neues Zuhause über ein Tierheim. Dort ergeben sich die gleichen energetischen Probleme für das Tier, wie wenn es weggegeben wird, aber auch noch zusätzliche und einzigartige. Grundsätzlich bringt ein Tierheim seine eigenen energetischen Probleme hervor.

Was die fehlende Kräfte betrifft, so verschärfen sich die Auswirkungen. Zunächst einmal war das Haustier nicht erwünscht und vielleicht wird es nie erwünscht sein. Folglich versucht das Tier vielleicht, eine Bindung zu jemandem im Tierheim aufzubauen, doch dafür stehen die meisten Mitglieder des Tierheimpersonals nicht zur Verfügung, wodurch das Haustier noch mehr emotional verletzt wird.

Hinzu kommt leider die Tatsache, dass viele Tiere das Tierheim nicht mehr lebend verlassen. Das erschreckt das Tier natürlich auf einer unbewussten Ebene. Zumindest bringt die Energie des möglichen Todes das siebte Chakra des betreffenden Haustiers gewaltig ins Trudeln. Auch sämtliche früheren Traumata und Kräfte werden plötzlich ausgelöst, wenn sich ein Haustier in einer Situation befindet, in der es um Leben und Tod geht. Diese könnten allerdings auch unterdrückt werden, wenn sich das Tier angemessen verhalten möchte, um auf diese Art einen neuen Besitzer für sich zu gewinnen.

Wenn Sie sich ein Haustier aus dem Tierheim holen, wissen Sie, dass höchstwahrscheinlich alle seine Chakras angeschlagen sind. Grundsätzlich können Sie davon ausgehen, dass alle körperlichen oder emotionalen Probleme, die vorhanden waren oder unterdrückt wurden, während das Tier im Tierheim war, erneut ausgelöst werden, wenn es bei Ihnen zu Hause ist. Sie werden viel zu tun haben! Ihr neues Haustier könnte auch versuchen, eine Schnur zwischen sich und Ihnen zu spannen, um sich sicher fühlen zu können. Sie sollten auch wissen, dass das Tier im Tierheim möglicherweise die Energien anderer Tiere oder ein paar dunkle Kräfte aufgenommen hat, die Sie ausräumen müssen. In diesem Buch erfahren Sie, wie Sie diese Ziele erreichen.

Hinweis: Wenn Sie in einem Tierheim arbeiten, empfehle ich Ihnen, die in Kapitel 8 beschriebenen Prozesse und Techniken zu erlernen, um die Seelen der eingeschläferten Tiere auf die andere

Seite zu begleiten. Eine einzelne Person, die sich mit Energien auskennt, kann viel für die Seele eines sterbenden Tieres bewirken.

Von Geburt an herrenlos

Auf vielen Reisen, oft nach Übersee, war ich überwältigt von der Not herrenloser Tiere. Es ist leicht zu erkennen, dass sie noch nie ein Zuhause hatten. Diese Tiere, in der Regel Hunde und Katzen, sind dünn, ungepflegt und oft verwildert. Es handelt sich jedoch nicht wirklich um wilde Tiere, denn diejenigen, mit denen ich es zu tun hatte, interagieren mit Menschen und sind zum Überleben oft von ihnen abhängig.

Beispielsweise war ich kürzlich in Marrakesch und sah dort Dutzende herrenloser Tiere, hauptsächlich Katzen, auf dem Straßenmarkt. Jede hing in ihrem eigenen Bereich herum, und offenbar wurden sie manchmal von Bewohnern oder Standbesitzern gefüttert. Ich als Touristin kaufte mir Essen an den Ständen, damit ich meinen Lieblingskätzchen ein paar Leckerbissen geben konnte.

Es darf bezweifelt werden, ob eine in die Herrenlosigkeit geborene Katze zum normalen Haustier werden kann – zu einem Hund namens Fido oder einer Katze namens Spot. Die fehlende Kraft des ersten Chakras könnte zu schwer zu kompensieren sein. Probleme könnte auch das zehnte Chakra machen, das von der Umwelt beeinflusst wird. Wenn Sie sich um ein herrenloses Tier kümmern, sollten Sie die »Chakra-für-Chakra-Analyse« in Kapitel 6 nutzen, um herauszufinden, was zu tun ist. Grundsätzlich geht es vorrangig um Anhaltspunkte für das erste und das zehnte Chakra. Ich habe eine Schwester, die genau das mit einer verwilderten Katze gemacht hat. Sie wusste, dass sie keine tiefe emotionale Bindung herstellen konnte, weil das entsprechende Muster bei der Katze, die sie und ihre Mädchen »Garagenkitty« nannten, nicht vorhanden war. Die Katze war überhaupt nicht daran interessiert, ins Haus zu kommen, aber sie nutzte die Garage bei schlechtem Wetter (zehntes Chakra) und fraß das Essen, das sie übrig gelassen hatten (erstes Chakra).

Wenn Sie von Geburt an herrenlosen Tieren helfen möchten und keine Möglichkeit haben, dies persönlich zu tun, rate ich Ihnen, sich freiwillig in einer entsprechenden Hilfsorganisation zu engagieren oder diese zu unterstützen. Da ich in Marokko lebe, unterstütze ich *Comme Chiens et Chats* und folge ihnen auf Facebook. Die Welt ist vernetzt und digitalisiert und unsere Möglichkeiten, uns um Tiere zu kümmern, haben sich dem angepasst.

Die Kurzzeitbetreuung

In dieser temporären Situation entstehen für die Pflegeeltern und das Haustier besondere Gewinne und Verluste, die auf den ersten Blick mit denen in einem Tierheim vergleichbar sind. Doch eine Tierpension ist alles andere als ein Tierheim.

Zunächst einmal wird erwartet, dass zwischen dem Menschen und dem Tier, bei dem es sich in der Regel um einen Hund handelt, eine Bindung entsteht. In der Tat besteht eine der Hauptaufgaben der Pflegeherrchens darin, sich mit dem traumatisierten Tier zu verbinden, damit es für eine tiefere und dauerhaftere Bindung bereit ist. Die andere Aufgabe ist, beim artgemäßen Training zu helfen und sich beispielsweise um Verhaltensweisen des ersten Chakras zu kümmern oder um Lärm (Bellen etc.), der zum fünften Chakra gehört. So etwas wird bei Tieren im Tierheim nicht angestrebt. Dadurch, dass sich der Mensch so persönlich für ein Pflegetier einsetzt, läuft er Gefahr, sein Herz an es zu verlieren, obwohl er weiß, dass er sich irgendwann wieder von ihm trennen muss.

Dieser Job kann einfacher werden, wenn sich die Pflegeeltern als Energieheiler verstehen. Aus energetischer Sicht transformieren sie tatsächlich jedes einzelne Chakra eines Pflegetiers. Vielleicht helfen sie dem fünften Chakra eines Hundes, indem sie ihm beibringen, wie hund seine Stimme auf Zimmerlautstärke drosselt. Probleme mit dem Selbstbild, die zum sechsten Chakra gehören, lösen sie vielleicht, indem sie dem betreffenden Tier klarmachen, dass es Aufmerksamkeit verdient hat. Und natürlich werden sich die Pflegeeltern um körperliche Wunden und mikrobielle Infektionen kümmern, die dem ersten Chakra zugeordnet werden. Der Lohn der Mühen ist ein Tier, das gut auf sein endgültiges Zuhause vorbereitet ist – wie Rover, der von uns gerettete Hund, der zwar nicht in einer Tierpension war, aber auf jeden Fall Liebe und Fürsorge brauchte.

Rover, der Hund, den wir gerettet haben

Rovers neues Frauchen lernte ich kennen, kurz nachdem sie Rover aus einem Tierheim geholt hatte. Rover war eine Promenadenmischung aus so vielen Erblinien, dass es schwierig war herauszufinden, wie man ihn nennen sollte. Ich überlasse es Ihrer Fantasie, sich eine Mischung aus Chihuahua und Schokoladenlabrador vorzustellen.

Rover war schon zweimal im selben Humane-Society-Heim abgegeben worden, und aus allen Aufzeichnungen ging hervor, dass er nicht zu bändigen war. Als Callie, meine Klientin, ihn adoptierte, war sie sich sicher, dass sie das Zeug dazu hatte, den Fünfjährigen zu beruhigen.

Ich besuchte Rover in seinem neuen Zuhause. Callie sah aus wie die Mutter eines Kindes, das nicht schlafen wollte. Ihre Haare waren zerzaust, ihre Kleidung war schmutzig und sie war kurz vor dem Umfallen. Offenbar war Rover ständig in Bewegung und machte nie Pause. Niemals.

Wie Sie in den nächsten Kapiteln erfahren werden, habe ich verschiedene Techniken eingesetzt, um den unterschiedlichen Problemen von Rover auf die Spur zu kommen. Ich wusste, dass seine Energiesignatur Hundemerkmale wie Freundlichkeit und Treue einschließt, aber auch, dass Hunde einen Anker für ihre Treue brauchen. Rover war offensichtlich noch nie mit jemandem verbunden gewesen. Daher wusste er nicht, wie er dieses Ziel erreichen sollte. Meine Intuition sagte mir, dass er seit seiner Empfängnis immer nur abgelehnt worden war, vielleicht wegen seiner gemischten Erblinie. Seine Mätzchen legten jedenfalls nahe, dass er nie eine Bindung aus dem ersten Chakra zu irgendeinem Menschen gehabt hatte.

Aus Chakra-Sicht legte Rover noch ein paar andere interessante Eigenschaften an den Tag. Sein Mangel an innerer Harmonie deutete auf ein gestörtes neuntes Chakra hin, das sich auf Seelenthemen bezieht. Mithilfe der in Kapitel 4 vorgestellten Techniken für die Kommunikation mit Tieren habe ich erkannt, dass er in mehreren früheren Leben abgelehnt oder ungeliebt gewesen war. Diese karmischen Unternehmungen zeigten viele Störungen im achten und zehnten Chakra an. Rovers mangelnde Selbsterkenntnis deutete auch auf ein Problem im zwölften Chakra hin. Rover kannte sich schlicht und einfach selbst nicht und daran würde sich auch nichts ändern, bis er sich geliebt und gewollt fühlte.

Wie habe ich Callie geholfen? Ich werde das kurz vorwegnehmen und Ihnen einen Hinweis geben. Die fehlende Kraft ist immer das Hauptanliegen eines geretteten Hundes. Ich habe mich einfach mit heilenden Strömen durch Rovers viertes Chakra gearbeitet und ihn auf liebevolle Weise mit Callie in Verbindung gebracht. Anschließend konnte sie seine vielen körperlichen und emotionalen Bedürfnisse befriedigen, weil er wusste, dass er geliebt wurde.

Letztendlich beginnen und enden Rettungssituationen immer mit Liebe. In gewisser Weise könnten wir sagen, dass ein Buch wie dieses genau für solche Situationen geschrieben wurde, denn hier geht es vor allem darum, wie man sein Haustier liebt und sich von ihm lieben lässt.

Wie Sie sehen, ist es von entscheidender Bedeutung, die Probleme von Haustieren aus energetischer Sicht zu betrachten, um dem jeweiligen Tier bei der Bewältigung seiner Verhaltensstörungen sowie seiner körperlichen, seelischen und geistigen Schwierigkeiten zu helfen. Dieses Kapitel bildet die Grundlage für die folgenden. Nachdem Sie gelesen haben, wie leicht es ist, feinstoffliche Energien zu übertragen, haben Sie das Wesen des Traumas untersucht, das der Hauptgrund für alle Widrigkeiten ist, die ein Haustier oder die Beziehung zwischen einem Haustier und einem Menschen betreffen können. Sie haben sich auch mit den feinstofflichen Energien von Emotionen, Anhaftungen und Mikroben befasst und eine Tabelle gesehen, welche die Symptome von Problemen, mit denen es Haustiere zu tun bekommen, Chakra für Chakra auflistet. Und am Beispiel von Rover haben Sie etwas über die vielen Probleme erfahren, die ein gerettetes Haustier haben kann.

Jetzt sind Sie bereit, mit den mit den bisher bereitgestellten Informationen zu arbeiten. Gleich erfahren Sie etwas über energetische Lösungen für die verschiedenen Probleme Ihres Haustiers.

Kapitel 6

Energetische Lösung für mehr Wohlbefinden

Niemand könnte verzweifelter sein als der Besitzer eines kranken Goldfischs.

Kin Hubbard

Die Probleme unserer Haustiere können uns an den Rand der Verzweiflung bringen. Natürlich bringen Sie Ihr Haustier gegebenenfalls zum Tierarzt und folgen seinen Anweisungen. Die gute Nachricht ist jedoch, dass feinstoffliche Energielösungen Ihr Repertoire an Heilmethoden deutlich erweitern und Ihnen neue Hoffnung geben können.

In gewisser Weise waren alle bisherigen Kapitel die Vorbereitung für dieses. Hier führen Sie Ihr ganzes Wissen über feinstoffliche Energie, Chakras, Signaturen und Kommunikation mit Haustieren zusammen, um Verhaltensstörungen sowie seelische, geistige und krankheitsbedingte Probleme Ihres Haustiers anzugehen. Sollten Sie selbst an den Problemen Ihres Haustieres beteiligt sein, werden diese Lösungsansätze auch Ihnen helfen, zu wachsen und sich zu verändern.

Zunächst lernen Sie, zum Ursprung des Problems vorzudringen, das ein Haustier hat, indem Sie eine energetische Einschätzung vornehmen. Diese Einschätzung können Sie immer wieder verwenden. Sie ist in der Tat so konzipiert, dass sie eingesetzt werden kann, wann immer Ihr Haustier ein Problem hat. Anschließend lernen Sie verschiedene themenspezifische Übungen kennen, in denen Sie die Einschätzung zurate ziehen, um karmische Probleme zu lösen, dharmische Energien zu aktivieren, Schnüre und Holds zu lösen, den Traumapfad zu fegen, Emotionen zu heilen und Mikroben unschädlich zu machen. In einem Abschnitt werde ich Tipps für jedes einzelne Chakra geben, um Sie bei der Erforschung der tieferen Probleme zu unterstützen, die in jedem Chakra verankert sind. Als abschließenden Bonus schlage ich Ihnen verschiedene Möglichkeiten vor, mit Ihrer eigenen Beteiligung an den Erkrankungen Ihres Haustiers umzugehen. Insgesamt stärkt dieses Kapitel Ihre Fähigkeit, Ihrem Haustier zu helfen und es zu lieben, ganz unabhängig davon, was es gerade durchmacht.

Doch bevor wir in medias res gehen, möchte ich Ihnen Selma vorstellen, ein großartiges Schwein, das einmal feinstoffliche Hilfe brauchte.

Der Fall Selma

Vor ein paar Jahren stellte mir mein Klient Fred sein vietnamesisches Hängebauchschwein Selma vor. Selma hatte das Durchschnittsgewicht eines Miniaturschweins erreicht, etwa 45 Kilogramm, und trug seinen kleinen Dickbauch und sein rundliches Gesicht mit Stolz. Etwa ein Jahr nach unserem ersten Treffen rief Fred bei mir an, weil er wegen Selma besorgt war. In den letzten Monaten hatte sie stetig Gewicht verloren. Meine Assistentin machte einen Termin mit den beiden und bat Fred, Laborberichte mitzubringen.

Während sich Selma in meinem Büro umschaute, schaute ich mir die Testergebnisse an, die zeigten, dass die Eiweißwerte in Selmas Nieren etwas zu niedrig waren. Mit Selma sollten noch andere Tests für weitere Untersuchungen durchgeführt werden. In der Zwischenzeit war Fred sehr daran interessiert zu erfahren, was wir vielleicht zu bieten hätten.

Wie Sie in den Kapiteln 3 und 4 erfahren haben, stehen die Nieren in Verbindung mit dem ersten und dem dritten Chakra. Das erste Chakra, das physischer Natur und für das Überleben zuständig ist, bedient sich des Feuerelements. Das dritte Chakra regiert Mentalität und Willenskraft, zeigt Probleme mit dem Lernen und arbeitet mit dem Element Luft. Diese wenigen Fakten halfen mir, die richtigen Fragen zu stellen, um in Selmas Geschichte und Freds Leben einzutauchen.

Ich begann mit den ersten Chakra-Belangen. Hatte Fred kürzlich etwas an Selmas Ernährung geändert oder an seiner eigenen oder beides? Hatte einer von ihnen oder hatten beide eine körperliche Verletzung oder einen die eigene Sicherheit bedrohenden Verlust erlitten? Bingo! Kurz bevor Selma anfing abzunehmen, war Fred an seinem Arbeitsplatz herabgestuft worden. Alles, was Sicherheitsthemen betrifft, einschließlich der Finanzen und der Karriere einer Person, bezieht sich auf das erste Chakra. Der niedrige Eiweißwert? Wie Sie im Abschnitt »Methoden für jedes einzelne Chakra« erfahren werden, steht Eiweiß für Kraft. Selma schickte Fred Kraft aus ihrem ersten Chakra, höchstwahrscheinlich über eine Schnur, wodurch ihr dann fehlte, was sie zu ihrer eigenen Ernährung brauchte.

Mithilfe meiner Intuition – und der Prozesse in diesem Kapitel – kommunizierte ich mit Selmas Seele und fand heraus, dass sie sich aus zwei wichtigen Gründen an Fred gebunden hatte. Erstens bereitete sie ihre energetische Signatur aus dharmischer Sicht darauf vor, fürsorglich und freigiebig zu sein. Zweitens hatte sie als Ferkel erlebt, was es bedeutet, verlassen zu werden. Wir hatten es hier in der Tat mit einem leeren Pfad zu tun, einer Art Trauma, das entsteht, wenn ein Haustier in einer bestimmten Lebensphase nicht das bekommt, was es braucht. Mit diesem Wissen sandte ich heilende Ströme aus, um die Schnur zwischen Fred und Selma zu lösen, Selmas traumatisiertes Ich zu heilen und das innere Rad ihres ersten Chakras zu aktivieren, damit die Kraft dieser spirituellen Energie ihre Heilung vervollständigen konnte. Innerhalb eines Monats normalisierte sich Selmas Gewicht ebenso wie ihr Eiweißwert.

Fred schenkte Selma jetzt auch mehr Aufmerksamkeit. Ihm wurde eine neue – und bessere – Stelle in einem anderen Unternehmen angeboten. Wie in Kapitel 2 erläutert, gehört ein Bewusstsein für Wohlstand zur energetischen Signatur von Schweinen. *Gute Arbeit, Selma!*, dachte ich mir. Wenn wir unserem Haustier helfen, ziehen wir häufig einen ganz persönlichen Vorteil daraus. Letztendlich hat die feinstoffliche Energiearbeit Selma ebenso gedient wie Fred.

Bevor Sie nun lernen, die gleiche Prozedur mit Ihrem Haustier durchzuführen, müssen Sie eine energetische Einschätzung vornehmen.

Übung

Dem Problem eines Haustiers auf den Grund gehen

Die Lösung eines Problems beginnt damit, dass Sie das Chakra/die Chakras ausfindig machen, das/die die Ursache des Problems am besten widerspiegelt/n. Das ist nicht so schwierig, wie es scheint. Chakras arbeiten logisch, genau wie die ihnen zugeordneten Aurafelder. Da die Erinnerung an jede traumatische Erfahrung in dem Chakra gespeichert ist, das zu der entsprechenden Frequenz passt, können Sie die Informationen aus den Kapiteln 3 und 4 – und Ihre Intuition – einsetzen, um das einem Problem zugrunde liegende Chakra zu identifizieren.

In dieser zweiteiligen Übung führe ich Sie durch eine energetische Analyse mit dem Ziel, das Hauptkausalchakra zu isolieren. Sie können sich auch auf zwei Chakras konzentrieren, aber die Arbeit mit mehr als zwei Chakras ist eine echte Herausforderung. Dies bedeutet, dass Sie mit jedem der beiden Kausalchakras einzeln und nacheinander arbeiten. Wenn mehrere Chakras an einem Problem beteiligt sind und Sie sich nicht entscheiden können, auf welches Sie sich konzentrieren wollen, wählen Sie entweder das vierte oder das achte Chakra. Diese beiden Chakras interagieren mit allen anderen, so dass Energien, die in einem dieser beiden Chakras verändert wurden, auch allen anderen Chakras verändern können.

Das vierte Chakra liegt im Zentrum des Chakrasystems und sammelt Energien aus den darüber- und darunterliegenden Chakras. Das achte Chakra enthält das intuitive Wissen aller anderen Chakras und kann zum Zweck der außersinnlichen Kommunikation darauf zugreifen. Wählen Sie das vierte Chakra, wenn Sie glauben, dass Beziehungsprobleme hinter einer Herausforderung stecken, und das achte Chakra, wenn mystische oder seelische Probleme im Vordergrund stehen.

Im ersten unten vorgestellten Schritt bedienen Sie sich Ihrer Logik, im zweiten Ihrer Intuition. Im dritten setzen Sie Geist-zu-Geist ein, um das/die Kausalchakra/s ausfindig zu machen. Die daraus resultierende Einschätzung ist der Schlüssel für die Entscheidung, welche der vielen in diesem Kapitel vorgestellten Techniken Sie anwenden möchten. Ich empfehle Ihnen, diese Einschätzung heranzuziehen, wann immer Ihr Haustier ein Problem hat, und vor jeder Heilungsarbeit, die Sie durchführen.

1. ***Vorbereitung:*** Nehmen Sie sich Papier und einen Stift, damit Sie den Überblick über Ihren Prozess behalten können. Schreiben Sie die Symptome Ihres Haustiers sowie Ihre aktuellen Vorstellungen zur möglichen Ursache auf das Blatt. Nehmen Sie anschließend eine Einschätzung in drei Schritten vor.
2. ***Geist-zu-Geist:*** Bestätigen Sie Ihren Geist und den Geist Ihres Haustiers. Erkennen Sie auch die Unterstützung der unsichtbaren Geister und des göttlichen Geistes an.

3. ***Schritt eins, logische Einschätzung:*** Setzen Sie Verstand ein, um Fragen nach den folgenden Faktoren zu stellen. Notieren Sie Ihre Beobachtungen.

- **Körperliche Symptome:** Gibt es eine Körperregion, die am stärksten vom Problem Ihres Haustiers betroffen ist? Wenn ja, welche/s Chakra/s bedient/en diesen Bereich? Wenn Ihr Haustier ein Augenproblem hat, wählen Sie das sechste Chakra. Wenn es Verdauungsbeschwerden hat, wählen Sie das dritte Chakra.
- **Verhaltensauffälligkeiten:** Wenn das Haustier eindeutige Verhaltensprobleme hat, lokalisieren Sie die entsprechenden Chakras. Bringt das Haustier sein Unbehagen beispielsweise mündlich zum Ausdruck, wählen Sie das fünfte Chakra. Wenn sich die Möbel auf magische Weise bewegen, sobald Ihr Haustier verstimmt ist, isolieren Sie das elfte Chakra.
- **Psychische Probleme:** Wenn Gefühle und Überzeugungen zu den Symptomen gehören, verfolgen Sie sie bis zu den ursprünglichen Chakras zurück. Berücksichtigen Sie dabei folgende Faktoren:
  Offensichtliche psychische Probleme. Wenn das Haustier beispielsweise Angst hat, wann immer Sie es allein lassen, haben Sie es vermutlich mit einem Verlassenheitsthema zu tun, das sich auf das erste Chakra bezieht. Wenn es immer vor anderen Haustieren kuscht, geht es um persönliche Macht, ein Thema des dritten Chakras.
  In Ihnen ausgelöste Reaktionen. Spüren Sie in Gegenwart Ihres Haustiers eine bestimmte emotionale Reaktion, insbesondere in Bezug auf sein aktuelles Problem? Dies könnte auf das Vorhandensein einer Anhaftung oder auf eine Beziehung zwischen Ihnen beiden in einem früheren Leben hinweisen. Nehmen Sie die Chakras unter die Lupe, die zu Ihrer Reaktion passen. Wenn Sie beispielsweise schreien, wenn

Ihr Haustier sich auffällig verhält, wählen Sie das fünfte Chakra.

Umgebungen, die das Haustier aufregen. Gibt es bestimmte Umfelder oder Ereignisse, die Ihr Haustier aufregen? Finden Sie heraus, welche Chakras damit zu tun haben könnten. Wenn Ihr Haustier beispielsweise besonders stark auf Wasser reagiert, konzentrieren Sie sich auf das zweite Chakra, das mit dem Wasserelement in Verbindung steht.

Hintergrundinformationen: Ziehen Sie die Geschichten in Betracht, die Sie über Ihr Haustier kennen. Wurde es in jungen Jahren missbraucht? Wurde es in seinem letzten Zuhause nicht angemessen gefüttert? War es in seiner Familie das zurückgebliebene Jungtier? Wissen Sie etwas über irgendeines seiner früheren Leben? Alle diese Informationen können Ihnen helfen, ein kausales Chakra zu lokalisieren, vor allem wenn die Symptome mit dem Entwicklungsstadium des betreffenden Chakras übereinstimmen.

- **Geistige Interaktionen:** Gibt es geistige Energien oder Interaktionen, die auf ein bestimmtes Chakra verweisen? Wenn Ihr Haustier beispielsweise nur Schmerzen hat, wenn Sie auch Schmerzen haben, konzentrieren Sie sich auf das erste Chakra, die Heimat der physischen Empathie. Wenn seine Augen unter Stress hin und her wandern, schauen Sie sich das sechste Chakra an. Wenn es aussieht, als gehe es um Probleme aus früheren Leben, wählen Sie das achte Chakra.

Nehmen Sie sich ein paar Minuten Zeit, um Ihre Ergebnisse zusammenzufassen. Führen alle Wege zu einem bestimmten Chakra oder zu ein paar Chakras? Im nächsten Schritt werden Sie Ihre Entdeckungen noch weiter verfeinern.

4. ***Schritt zwei, intuitive Einschätzung.*** Stimmen Sie sch mit Geist-zu-Geist auf Ihre Intuition ein, und beachten Sie Folgendes:

- **Überprüfen Sie Ihre Logik:** Denken Sie über die Chakras nach, die Sie im ersten Schritt als kompliziert empfunden haben. Bitten Sie den göttlichen Geist, Ihre Schlussfolgerungen als richtig oder falsch zu bestätigen. Sie werden eine Antwort ahnen, hören, sehen oder spüren. Wenn Ihre ursprünglichen Vorstellungen nicht korrekt waren, möchten Sie vielleicht, dass der göttliche Geist das Chakra oder die Chakras, mit dem/denen Sie interagieren sollen, hervorhebt. Die Antwort des göttlichen Geistes können Sie sich außersinnlich vorstellen. Oder Sie hören oder spüren sie oder sind sich ihrer bewusst. Wenn es einen Unterschied gibt zwischen dem, was Ihre Logik meint, und dem, was Ihre Intuition sagt, dann vertrauen Sie Ihrer Intuition.
- **Fragen Sie Ihr Haustier:** Setzen Sie die Kommunikationsfähigkeiten ein, die Sie im letzten Kapitel erworben haben. Fragen Sie Ihr Haustier, ob es glaubt, dass seine Probleme mit diesem Chakra zu tun haben. Wenn es Nein sagt, fragen Sie es nach seiner Meinung. Seien Sie offen für eine einfühlsame, visuelle oder verbale Botschaft und vertrauen Sie ihr. Sie können immer mit Ihrem dritten Chakra überprüfen, ob Sie die Informationen richtig verstehen. Wenn nicht, bitten Sie den göttlichen Geist um weitere Informationen.
- **Ziehen Sie Ihre Schlussfolgerung:** Verbinden Sie sich schließlich mit dem göttlichen Geist und treffen Sie eine finale Entscheidung darüber, auf welches Chakra Sie sich konzentrieren möchten. Schreiben Sie Ihre Antwort auf. Wenn mehrere Chakras beteiligt sind, nehmen Sie entweder das vierte oder das achte Chakra Ihres Haustiers als Kausalchakra.

5. ***Schritt drei, das kausale Trauma definieren.*** Konzentrieren Sie sich jetzt auf das Kausalchakra. Wenn Sie zwei Chakras ausgewählt haben, bewerten Sie diese nacheinander. In diesem Schritt stellen Sie Fragen an den göttlichen Geist, den Geist Ihres Haustiers oder einen Geistführer. In der Regel sind die Information am klarsten, wenn sie vom göttlichen Geist oder einem Geistführer kommen. Sie können das Trauma mithilfe folgender Fragen definieren:
   - Gibt es ein karmisches Muster für dieses Problem?
   - Wie ist das Trauma beschaffen, das die ursprüngliche Wunde verursacht hat?
   - Welche Arten von Kräften waren beteiligt (natürlich, physisch, emotional, verbal, geistig oder leer)?
   - Welchen Weg nimmt die Kraft (Eintrittsstelle, Depot, Austrittsstellen)?
   - Welches Ereignis oder welche Interaktion hat das Trauma verursacht? Wann ist das passiert (in einem früheren Leben, in einem Zwischenleben, in diesem Leben, in einem Entwicklungsstadium in diesem Leben)?
   - Welche Art von Energie steckt noch in dem Haustier fest oder fehlt ihm?
   - Was muss das verwundete Selbst (das in der Schockblase festsitzt) über die verursachende Situation oder das kausale Ereignis mitteilen?
   - Sind Anhaftungen (Schnüre, Holds) im Spiel? Wen oder was verbinden sie?
   - Gibt es dunkle Wesen oder Kräfte? Welcher Art?
   - Hat eine Introjektion von Energien anderer (physisch, gefühlsbasiert, mental, beziehungsbezogen, verbal, visuell, umweltbezogen, etc.) stattgefunden?
   - Sitzen bei dem Haustier irgendwelche Emotionen (Gefühle, Überzeugungen) fest? Welche Gefühle und Überzeugungen sind mitschuldig an dem Problem?

- Ist es wichtig zu wissen, was im entsprechenden Aurafeld vor sich geht? Wenn ja, was passiert dort? Wäre es hilfreich, eher an dem Aurafeld zu arbeiten als an dem Chakra, wenn es Zeit ist, Dinge zu verbessern? (Wenn Sie an dem Aurafeld arbeiten müssen, folgen Sie einfach allen Anweisungen für die Chakraarbeit, konzentrieren sich dabei jedoch auf das jeweils entsprechende Aurafeld.)
- Fazit: Was ist der Hauptgrund dafür, dass sich das Haustier vom göttlichen Geist getrennt und daher unwürdig fühlt?
- Welche karmischen Lektionen möchte die Seele des Haustiers in dieser Situation lernen?
- Welche dharmischen oder höheren Ergebnisse können dadurch erzielt werden, dass es sich dieser Situation stellt?
- Habe ich, der menschliche Gefährte des Tiers, ein ähnliches oder vergleichbares Problem?

6. ***Zusammenfassung.*** Fassen Sie alle Informationen, die Sie bisher erhalten haben, zusammen, um das Chakra oder die Chakras auszuwählen, die das Problem verursachen. Im weiteren Verlauf dieses Kapitels treffen Sie eine Wahl zwischen verschiedenen Problembewältigungsmöglichkeiten.

7. ***Abschluss.*** Danken Sie dem göttlichen Geist, den Geistführern und den Geistern Ihres Haustiers für ihre Hilfe. Sie gehen jetzt zum Heilen über.

Heilen durch die Chakras

Sobald Sie ein oder zwei Chakras ausgewählt haben, die Sie ansprechen wollen, können Sie mithilfe der folgenden Prozesse eine Veränderung ermöglichen. Sie haben verschiedene Techniken zur

Auswahl. Je nachdem, welche Probleme bei der Einschätzung aufgetreten sind, setzen Sie nur eine oder möglicherweise auch alle dieser Techniken ein. Behalten Sie Ihre Einschätzung im Hinterkopf und wählen Sie zwischen folgenden Aktivitäten, um Ihre Ziele zu erreichen.

Karmische Muster loslassen: Reinigt das äußere Rad eines Chakras, das die negativen Programme enthält.
Dharmische Wahrheiten aktivieren: Fördert die Verbreitung der geistigen Eigenschaften aus dem inneren Rad eines Chakras.
Schnüre und Holds entfernen: Befreit Ihr Haustier und andere von Anhaftungen.
Den Traumapfad reinigen: Verfolgt den Weg eines Traumas zum Zweck der Reinigung und Erneuerung. Befreit das Haustier auch aus der Schockblase. Dieser Prozess macht möglicherweise auch den nächsten Schritt erforderlich, in dem Emotionen voneinander getrennt werden.
Emotionen trennen: Scheidet Gefühle und Überzeugungen voneinander, sodass das Haustier auf die festgefahrenen Gefühle reagieren und die Grundüberzeugung des Getrenntseins in eine der Verbundenheit verwandeln kann.
Mikroben transformieren: Entschlüsselt die feinstofflichen Energien hinter einer mikrobiellen Infektion.
Chakra-für-Chakra-Übungen: In diesem Abschnitt bespreche ich jedes Chakra einzeln und gebe jeweils einen Tipp für die Arbeit damit. Ich sage auch etwas über die Energetik, die mit den jedem Chakra zugeordneten wichtigsten Organen und Körperteilen zusammenhängt.

Alle Punkte dieser Liste bis auf den letzten werden in Form von Übungen erläutert.

Übung
Karmische Muster loslassen

Das äußere Rad eines jeden Chakras enthält die karmischen Muster unserer Seele sowie epigenetische Themen, Probleme mit der Herkunftsfamilie und die destruktiven Emotionen und Überzeugungen, die ein Haustier im Laufe seines Lebens aufgenommen hat. Diese kurze Übung wird Ihnen helfen, die energetischen Schwierigkeiten in den problematischen Chakras besser zu verstehen und wegzuwaschen.

1. ***Vorbereitung.*** Lassen Sie sich an einem ruhigen Ort nieder. Ihr Haustier kann anwesend sein oder nicht.

2. ***Geist-zu-Geist.*** Bestätigen Sie Ihren Geist, den Geist Ihres Haustiers und den göttlichen Geist. Konzentrieren Sie sich nun auf das Chakra, das Sie bei Ihrer Einschätzung als kausal erkannt haben. Wenn Sie zwei Chakras ausgewählt haben, kümmern Sie sich zuerst um das eine und gehen die Schritte auf dieser Seite dann ein zweites Mal durch – für das andere Chakra.

3. ***Die eigene Intuition aktivieren.*** Bitten Sie den göttlichen Geist, Ihre empathische, verbale oder visuelle Intuition zu aktivieren, damit Sie Informationen über das Problem Ihres Haustiers empfangen können. Erlauben Sie dann dem göttlichen Geist, das äußere Rad des betroffenen Chakras mit heilenden Strömen der Gnade auszuwaschen, wodurch es von Energien befreit wird, die dem Haustier nicht dienen und nicht zu ihm gehören. Die Ströme schwemmen auch ein noch so abstoßendes karmisches Muster in eine Blase aus Gnade.

4. ***Das Muster beobachten.*** Das Muster, jetzt in der Blase der Gnade, nimmt Gestalt an. Der zugehörige Handlungsstrang zeigt sich, sodass Sie außersinnlich sehen, spüren oder hören können, was die karmischen Schwierigkeiten des Haustiers verursacht hat. Die Animation zeigt genau, welche Ereignisse oder Umstände das Muster hervorgebracht haben.

5. ***Um Heilung bitten.*** Nehmen Sie auch weiterhin alle Ereignisse wahr, die das Muster Ihres Haustiers verursacht haben, auch wenn der göttliche Geist bereits heilende Ströme an den verwundeten Aspekt Ihres Haustiers sendet. Beobachten oder spüren Sie, wie sich Ihr Haustier aus einem gestörten Zustand in einen gesunden entwickelt. Dieselben Ströme dringen in die äußeren Ränder des Chakras ein, auf das Sie sich konzentrieren, und erneuern sie – so lange, bis die heilenden Energien im ganzen Körper, im Geist und in der Seele des Haustiers verteilt sind.

6. ***Abschluss.*** Bedanken Sie sich bei allen helfenden Parteien und kehren Sie in Ihren Alltag zurück, wenn Sie dazu bereit sind.

Übung
Dharmische Wahrheiten aktivieren

Eine der schnellsten Möglichkeiten, alte Traumata zu lösen und Heilung einzuladen, besteht darin, die geistigen Eigenschaften im inneren Rad eines infizierten Chakras zu aktivieren. Die folgende Übung ermöglicht diese Heilung. Ihr Haustier kann dabei anwesend sein oder nicht. Wenn es mehr als ein Kausalchakra gibt, gehen Sie die folgenden Schritte ein zweites Mal für das andere Chakra durch.

1. *Geist-zu-Geist.* Bestätigen Sie Ihren Geist, den Geist Ihres Haustiers und den göttlichen Geist. Sie können auch die Anwesenheit der teilnehmenden Geistführer bestätigen.

2. *Auf das innere Rad konzentrieren.* Richten Sie Ihre Aufmerksamkeit auf das innere Rad des Kausalchakras. Dort liegen die spirituellen Eigenschaften, die gebraucht werden, um alle Erkrankungen zu heilen, die dieses Chakra betreffen.

Es gibt viele Möglichkeiten, die Energie im Innern eines Chakras zu stimulieren. Wenn Ihr Haustier anwesend ist, halten Sie beide Hände über die Körperregion, in der das Chakra liegt. Bitten Sie dann den göttlichen Geist, die spirituelle Energie aus dem Zentrum des Chakras im ganzen Chakra, der betroffenen Körperregion und dem gesamten zugehörgen Aurafeld zu verteilen. Sie können sich das innere Rad auch außersinnlich vorstellen und darum bitten, die für die Heilung zur Verfügung stehenden Eigenschaften wahrnehmen zu können. Beobachten Sie, wie sich diese Energien im gesamten System des Haustiers ausbreiten. Vielleicht hören Sie auch, wie der göttliche Geist Ihnen die Namen der spirituellen Eigenschaften nennt, die in dem inneren Rad schlummern. Vielleicht werden Sie aufgefordert, diese Eigenschaften zu summen, zu singen, auszusprechen oder auf andere Weise hörbar zu machen, sodass sie sich über das ganze Haustier ausbreiten können. Sie können auch alle diese Maßnahmen ergreifen. Fahren Sie mit diesem Teil der Übung fort, bis Sie spüren, dass er abgeschlossen ist.

3. *Abschluss.* Danken Sie dem göttlichen Geist für die Unterstützung und beobachten Sie Ihr Haustier in den nächsten Tagen genau. Hat sich etwas verändert?

Übung
Schnüre und Holds entfernen

Es ist relativ einfach, Anhaftungen zu lösen. Sie leiten heilende Ströme in und durch die Schnüre und Holds. Diese Ströme heilen die an der Anhaftung beteiligten Wesen auf liebevolle Weise und ermutigen alle Beteiligten, ihre unbewussten Sorgen auf die für sie gesündeste Weise anzugehen.

Beim Lösen von Anhaftungen gibt es jedoch zwei Vorbehalte. Es kann notwendig sein, den Grund zu kennen, aus dem sich eine Anhaftung ursprünglich entwickelt hat. Wenn dies der Fall ist, gibt es eine dharmische Lehre, die Ihr Haustier für immer von der Anhaftung befreit. Der zweite Vorbehalt greift, wenn die Anhaftung zwischen Ihnen und Ihrem Haustier besteht. Es könnte sein, dass es eine höhere Lehre für Sie gibt, die durch diese Heilung offensichtlich wird.

Die folgenden Schritte helfen Ihnen, eine Anhaftung zu lösen und gegebenenfalls auch mit den beiden oben erwähnten Einschränkungen umzugehen.

1. Vorbereitung. Entscheiden Sie, ob Sie möchten, dass Ihr Haustier anwesend ist oder nicht. Atmen Sie tief durch. Untersuchen Sie Ihre Gedanken basierend auf der Einschätzung, die Sie weiter oben in diesem Kapitel vorgenommen haben. Denken Sie, dass Sie es mit einer Schnur, einem Hold oder beidem zu tun haben? Welche Art? In dieser Übung fasse ich die verschiedenen Schnüre und Holds zusammen.

2. Geist-zu-Geist. Bestätigen Sie Ihren Geist, den Geist Ihres Haustiers und alle helfenden Geister. Bestätigen Sie dann den göttlichen Geist. Machen Sie vorerst einen ersten Rundumschlag in Richtung Diagnose.

3. ***Die Anhaftung analysieren.*** Bitten Sie den göttlichen Geist, Ihnen beim Analysieren der Anhaftung des Haustiers zu helfen. In diesem Schritt überprüfen Sie die Arten von Anhaftungen und bitten den göttlichen Geist, Ihnen eine Empfindung, eine emotionale Reaktion, einen Gedanken, eine Erkenntnis, eine Vision oder eine verbale Einsicht zu schicken, die deutlich macht, womit Sie es zu tun haben. Das Haustier kann von mehr als einer Anhaftung betroffen sein. Bitten Sie darum, etwas über jede einzelne zu erfahren.

- Welche der folgenden Anhaftungen sind bei meinem Haustier vorhanden?

  Schnur. Verursacht einen ungesunden Energiefluss zwischen zwei oder mehreren Parteien.

  Lebensenergieschnur. Erzwingt den Verlust von Lebensenergie beim Haustier. Diese Energie wird von einer oder mehreren externen Parteien aufgenommen.

  Fluch. Ansammlung verwickelter Energien, die negative Reaktionen hervorrufen oder die Unfähigkeit, positive Situationen anzuziehen.

  Marker. Ein X, das die Außenwelt anweist, wie sie das Haustier misshandeln soll.

  Besessenheit. Eine energetische Schwachstelle, die es einer besitzergreifenden Entität ermöglicht, die Macht zu übernehmen.

  Auslenkung. Ein dünner Film, der positive Energien abweist.

- Was sind die Feinheiten der Anhaftung?

  Wo setzt die Anhaftung bei meinem Haustier an (Körperregion, Geist, Seele, Chakra/s, Aurafeld/er) und wie wirkt sie sich auf es aus?

  An was oder wen ist das Haustier gebunden?

  In welchem Zeitraum wurde die Anhaftung etabliert?

  Unter welchen Umständen ist diese Anhaftung entstanden?

Welchen negativen Einfluss hat diese Anhaftung auf mein Haustier?
Was muss mein Haustier lernen, um von dieser Anhaftung befreit zu werden?
Wenn ich persönlich involviert bin, beantworte ich folgende Fragen:
Welche Rolle habe ich bei der Entstehung dieser Anhaftung gespielt?
Welche Rolle spiele ich bei ihrer Aufrechterhaltung?
Wie schade ich meinem Haustier durch die Anhaftung oder wie versuche ich ihm damit zu helfen?
Wie scheint mir die Anhaftung zu nützen oder zu schaden?
Was muss ich über Liebe lernen, um mich und mein Haustier davon zu befreien?

4. Die Suche nach Entitäten. Bitten Sie den göttlichen Geist, das eventuelle Vorhandensein einer dunklen Kraft, Entität oder eines entsprechenden Einflusses zu offenbaren. Wenn nichts dergleichen vorhanden ist, überspringen Sie diesen Schritt. Wenn doch, bitten Sie den göttlichen Geist offenzulegen, ob Sie für Ihr Haustier mit der Entität oder den Entitäten kommunizieren sollten oder nicht. Wenn der göttliche Geist deutlich macht, dass Sie kommunizieren sollten, umgibt er die Entität mit heilenden Strömen, die eine Blase der Gnade bilden. Gefangen in dieser Blase kann die Entität Sie oder das Haustier nicht weiter beeinflussen oder schädigen. Sie muss jedoch auf Fragen antworten. Diese Fragen, die sich auf den störenden Einfluss beziehen, können wie folgt lauten:

- Aus welchem Grund hast du dich mit dem Tier verbunden?
- Was willst du dem Tier nehmen oder geben?
- Wie hältst du dich an dem Tier schadlos?
- Was ist der Handlungsstrang, die die Verbindung hervorgebracht hat?

- Bist du bereit, von dem Tier getrennt zu werden? Was brauchst du, damit dies geschehen kann?

5. ***Heilende Ströme der Gnade einsetzen.*** Jetzt ist es Zeit, die heilenden Ströme anzufordern. Bitten Sie den göttlichen Geist, diese Ströme zu senden, um alle Schnüre und Holds aufzulösen, auszufüllen und loszulassen. Diese Ströme bringen tief greifende Heilung für alle Vertragspartner, einschließlich irgendwelcher Entitäten. Wenn sich ein Vertragspartner, auch wenn er eine Entität ist, weigert loszulassen, wird er vom göttlichen Geist liebevoll mitgenommen. Beobachten, spüren oder hören Sie, wie diese Ströme ihre Arbeit tun, bis sie getan ist.

6. ***Abschluss.*** Bedanken Sie sich bei allen Kräften, die Einsicht und Heilung gebracht haben, und kehren Sie, wenn Sie dazu bereit sind, in Ihren Alltag zurück. Achten Sie auf die Reaktionen Ihres Haustiers.

Übung
Den Traumapfad reinigen

Für die Erholung von einem energetischen Trauma sind viele Schritte erforderlich, und zwar unabhängig davon, welche Kraft die destruktiven Energien eingebracht hat. Einfach ausgedrückt handelt es sich um folgende Schritte:

- Ein- und Austrittsstellen finden und reparieren und festsitzende Kräfte lösen
- Pfade reinigen und neu füllen
- den Thalamus beruhigen
- das unter Schock stehende Selbst befreien und wieder integrieren.

Sie setzen heilende Ströme ein, um diese Ziele zu erreichen. Im nächsten Kapitel erfahren Sie etwas über Schwingungsmedizin, die unterstützend eingesetzt werden kann, damit eine umfassende Erholung möglich wird. Möglicherweise müssen Sie auch dem traumatisierten Selbst weitergehende Heilung anbieten. In dem Zusammenhang gebe ich an, wo die Übung »Emotionen trennen« eingesetzt werden soll.

Diese Übung zielt zwar darauf ab, ein altes Trauma zu heilen, aber Sie können ein Trauma auch unmittelbar vor, während oder nach seinem Auftreten löschen. Der Tipp, den ich Ihnen direkt nach dieser Übung gebe, kann für das sofortige Löschen eines Traumas verwendet werden.

1. Vorbereitung. Ihr Haustier kann anwesend sein oder nicht. Wenn es anwesend ist, wählen Sie eine Umgebung aus, in der Sie sich beide wohlfühlen. Wenn Sie allein sind, suchen Sie sich ein ruhiges Plätzchen, an dem Sie diese Übung machen möchten.

2. Geist-zu-Geist. Bestätigen Sie Ihren Geist, den Geist Ihres Haustiers, die Geistführer und alle Geister, die am ursprünglichen Trauma Ihres Haustiers beteiligt waren. Bestätigen Sie dann den göttlichen Geist.

3. Das Trauma abklären. Konzentrieren Sie sich, basierend auf der Einschätzung, die Sie in diesem Kapitel vorgenommen haben, auf das Chakra, das dem Trauma entspricht. Wenn Sie zwei Chakras ausgewählt haben, machen Sie diese Übung zweimal. Bitten Sie nun den göttlichen Geist, Ihnen zu helfen, das eigentliche Trauma besser zu verstehen. Kommunizieren Sie gegebenenfalls gleichzeitig mit Ihrem Haustier und lassen Sie sich direkt von ihm informieren. Welches Ereignis hat Ihr Haustier verletzt? Welche Art von Kraft hat den Schaden verursacht – eine Naturgewalt, eine physische, emotionale, verbale, geistige oder leere Kraft? Welche Art von feinstofflichen Energien wurden in den Körper, den Geist oder die Seele des Haustiers geladen, physische, psychische oder spirituelle?

Vielleicht nehmen Sie die Schockblase, in der das zappelnde Selbst des Haustiers festsitzt, tatsächlich wahr. Schauen Sie außersinnlich in diese Blase, und erlauben Sie sich, direkt mit dem verletzten Tier zu kommunizieren und Informationen zu sammeln. Sammeln Sie selbst dann noch Informationen, wenn Sie dem verängstigten Tier Liebe schicken.

4. ***Die Eintrittsstelle finden.*** Bitten Sie, immer noch in einem meditativen Zustand, den göttlichen Geist, Ihnen zu zeigen, wo die Eintrittsstelle des Traumas ist. Sie können sie außersinnlich visualisieren, eine entsprechende Botschaft hören, eine körperliche Empfindung, eine Emotion oder eine Erkenntnis spüren oder den richtigen Körperteil, das richtige Chakra oder das Aurafeld des Haustiers einfach kennen. Bitten Sie den göttlichen Geist, Ihnen zu enthüllen, wie sich diese Eintrittsstelle auf Ihr Haustier ausgewirkt hat.

5. ***Dem Pfad folgen.*** Folgen Sie energetisch dem Pfad, den sich die eindringende Kraft gebahnt hat, und nehmen Sie ihn bewusst wahr. Ist er frei oder verstopft mit feinstofflichen Energien? Könnte es ein leerer Pfad sein, der auf ein Trauma hinweist, das von fehlender Energie verursacht wurde? Bitten Sie den göttlichen Geist auch, Ihnen eine Austrittsstelle zu offenbaren. Bitten Sie dann darum, zu verstehen, wie sich der Pfad und die Austrittsstelle, falls eine solche vorhanden ist, auf das Haustier ausgewirkt haben.

6. ***Heilende Ströme erbitten.*** Jetzt ist es an der Zeit, dass der göttliche Geist Heilströme durch die Eintrittsstelle, den Pfad entlang und durch jede Austrittsstelle sendet. Diese Ströme reinigen und erfüllen den Pfad.

7. Das verwundete Selbst heilen. Wenn Sie den verwundeten Aspekt Ihres Haustiers zuvor identifiziert haben, bitten Sie den göttlichen Geist, heilende Ströme in die Schockblase zu senden, um das Haustier zu heilen. Der göttliche Geist wird sich um alle Bedürfnisse Ihres Haustiers kümmern.

8. Den Thalamus klären. Bitten Sie den göttlichen Geist, die Schockblase durch Heilströme zu ersetzen und den Thalamus zu klären, während das traumatisierte Selbst aus der Blase befreit wird. Dieses neu geschaffene Gehäuse der Gnade sorgt dafür, dass das verwundete Selbst auf eine gesunde Weise trauert, und bietet Schutz. An dieser Stelle können Sie die Übung »Emotionen trennen« machen. Sie bietet weitergehende emotionale Unterstützung.

9. Abschluss. Fragen Sie den göttlichen Geist, ob Ihr Haustier noch weitere Aufgaben zu erledigen hat. Kehren Sie in Ihren Alltag zurück, wenn Sie dazu bereit sind.

Zusätzlicher Tipp

Löschen eines Traumas kurz vor, unmittelbar nach und während seiner Entstehung

Was können Sie tun, wenn Sie anwesend sind, während Ihr Haustier eine traumatische Erfahrung macht, oder sogar kurz davor oder danach? Die Antwort lautet: schnell Geist-zu-Geist durchführen und den göttlichen Geist bitten, sofort heilende Ströme zu senden. Ich bin immer wieder überrascht, wie effektiv diese Aktion ist.

Beispielsweise habe ich einmal beobachtet, wie ein großer Vogel mein zahmes Kaninchen hochgehoben hat, als wir draußen waren. Während ich den Vogel verscheuchte, schickte ich schon aus einiger Entfernung Heilströme zu meinem zitternden Kaninchen. Wenige Augenblicke später atmete es wieder gleichmäßig, aber das arme Ding wies Spuren von den Vogelkrallen auf. Ich streichelte den Bereich um die Wundspuren, bat weiterhin um die Hilfe des göttlichen Geistes und gleichzeitig um das Senden von Heilströmen in die Eintrittswunden. Ich konnte tatsächlich spüren, wie sich die Ströme in die Eintrittswunden und den Pfad entlang bis über die energetische Austrittsstelle hinaus bewegten. Die Wunde heilte innerhalb eines Tages ab, aber dort, wo sie gewesen war, war jetzt eine winzige Beule, die vorher nicht da gewesen war.

Sie können auch Gnadenströme einsetzen, um ein Haustier auf ein bevorstehendes Trauma vorzubereiten. Welches Haustier geht schließlich gern zum Tierarzt, bekommt gern Spritzen, nimmt gern Medikamente ein, wird gern operiert, reist gern oder wird gern gezwungen, andere unangenehme Dinge über sich ergehen zu lassen? Bevor ich meine Hunde zur Zahnreinigung bringe, die unter Narkose durchgeführt wird, schicke ich beispielsweise heilende Ströme durch ihr gesamtes System und auch an das chirurgische Personal. Die Heilströme ermöglichen eine sichere Reaktion auf die Narkose und entgiften die Hunde, nachdem alles vorbei ist. Sie sorgen auch dafür, dass das medizinische Personal bei der Sache bleibt. Ein einziges Mal habe ich vergessen, die Heilströme zu senden, und prompt dauerte es drei Tage statt einem einzigen, bis sich die Hunde nach der Zahnreinigung wieder gefangen hatten.

Übung
Emotionen trennen

Wir in Kapitel 4 erwähnt, setzen sich Emotionen aus einem/einer oder mehreren Gefühlen und Überzeugungen zusammen, die eng miteinander verflochten sind. In dieser Übung erfahren Sie, wie Sie Ihre Fähigkeiten in Tierkommunikation einsetzen können, um Ihrem Haustier zu helfen, verflochtene Gefühle und Überzeugungen loszulassen, die in den Gefühlen enthaltenen Botschaften zu beherzigen und eine negative Überzeugung in eine positive zu verwandeln. Sie interagieren sowohl mit dem Geist des Haustiers als auch mit dem göttlichen Geist.

1. ***Vorbereitung.*** Nehmen Sie sich ein Blatt Papier und einen Stift, damit Sie den Überblick über die gewonnenen Erkenntnisse behalten. Ihr Haustier kann anwesend sein oder nicht. Gehen Sie die Einschätzung, die Sie in diesem Kapitel vorgenommen haben, noch einmal durch und konzentrieren Sie sich auf das gewählte Chakra Sie können die Schritte dieser Übung mehrmals wiederholen, wenn Sie mehrere Chakras gewählt haben, weil verschiedene Emotionen in verschiedenen Chakras zu Hause sein können.

2. ***Geist-zu-Geist.*** Bestätigen Sie Ihren Geist und den Geist Ihres Haustiers. Bestätigen Sie dann die helfenden Geister und die Geister aller Wesen, die an der emotionalen Verwirrung beteiligt sind. Übergeben Sie den ganzen Prozess schließlich dem göttlichen Geist.

3. ***Kontakt zu Ihrem Haustier aufnehmen.*** Sie kommunizieren gleichzeitig mit dem göttlichen Geist und dem Geist Ihres Haustiers. Nehmen Sie Kontakt auf und konzentrieren Sie sich auf das Chakra, in dem das emotionale Problem enthalten ist.

4. ***Mit Ihrem Haustier kommunizieren.*** Bitten Sie Ihr Haustier, Ihnen zu helfen, die festsitzenden Emotionen, die Probleme verursachen, besser zu ahnen, zu fühlen oder etwas darüber zu hören. Es ist sehr wahrscheinlich, dass der Aspekt Ihres Haustiers, der am meisten von dieser Emotion betroffen ist, in einer Schockblase steckt. Bitten Sie darum, diese Blase wahrnehmen zu können, in dem Wissen, dass der göttliche Geist sie durchscheinend macht,

damit Sie mit dem traumatisierten Aspekt des Haustiers interagieren können. Lassen Sie das Haustier alles mitteilen, was es über das kausale Ereignis mitteilen muss, über die Situation, die Umstände, die beteiligten Parteien und dergleichen. Sorgen Sie dafür, dass sich Ihr Haustier auf allen Ebenen verstanden fühlt.

5. ***Die Emotion unterteilen.*** Bitten Sie den göttlichen Geist, die Emotionen in drei Teile zu unterteilen, und nutzen Sie Bilder, Ihre Sinne oder Klänge, um die prozentualen Anteile an Energie in folgenden Kategorien auszumachen:

- Gefühle
- Überzeugungen
- die Energien anderer

Bitten Sie dann den göttlichen Geist, das Haustier von den Energien zu befreien, die nicht zu ihm gehören. Das entstehende Vakuum wird durch Heilströme ersetzt.

6. ***Die Gefühle analysieren.*** Bitten Sie das Haustier und den göttlichen Geist, Ihnen alle Gefühle des Haustiers, die Probleme und Blockaden verursachen, zu übermitteln. Schreiben Sie dann auf, wie das Tier das jeweilige Gefühl würdigen muss. Entsprechende Hinweise finden Sie im Abschnitt »Emotionen« in Kapitel 5 sowie in der folgenden Auflistung, in der jedem Gefühl eine spezielle Frage zugeordnet ist.
Angst: Was muss getan werden, um sich in Sicherheit zu bringen?
Wut: Welche Grenzen müssen gesetzt werden und wie?
Traurigkeit: Was muss man wissen, um echte Liebe zurückzugewinnen?
Ekel, Abscheu: Welche toxische/schädliche Energie muss weggenommen oder vermieden werden?
Freude: Wie bekommt das Haustier mehr Glück und Freude?
Konzentrieren Sie sich auf jedes infrage kommende Gefühl, bis Sie

spüren, dass Ihr Haustier, insbesondere sein verwundetes Selbst, sich wieder als stark empfindet.

7. ***Die Überzeugungen verändern.*** Egal, welche Überzeugungen das Haustier betreffen, wenn eine negative Überzeugung an ein Gefühl gebunden ist, konzentriert sie sich eher auf Trennung als auf Verbundenheit. Bitten Sie einfach den göttlichen Geist, dem Haustier einen auf Liebe basierenden Glauben zu schenken, der alle trennenden Überzeugungen ersetzt. Sie werden diesen neuen, korrekten Glauben auch in sich selbst ahnen, hören, fühlen oder anders wahrnehmen. Nehmen Sie die Verwandlung Ihres Haustiers genauso wahr wie Ihre eigene.

8. ***Zur Vollendung bringen.*** Es ist Zeit, dass der göttliche Geist Ströme der Gnade durch das betroffene Chakra des Haustiers und darüber hinaus fließen lässt, um die Heilung abzuschließen. Diese Ströme helfen dem Haustier, seine Gefühle zu respektieren, der Liebe zu vertrauen und jedes verbleibende Trauma zu lösen. Bitten Sie auch um Unterstützung für alle Ihre damit einhergehenden Emotionen, vor allem wenn sie von Ihrem Haustier an Sie zurückgegeben wurden.

9. ***Abschluss.*** Danken Sie dem göttlichen Geist für die Hilfe und kehren Sie in Ihren Alltag zurück, wenn Sie dazu bereit sind.

Übung
Mikroben transformieren

Diese lästigen Mikroben – sie verursachen alles von nervigem Husten bis zu lebensbedrohlichen Krankheiten. Stärken Sie das Immunsystem Ihres Haustiers sowie die Wirkung aller vom Tierarzt verordneten Medikamente dadurch, dass Sie die an mikrobiellen Infektionen beteiligten feinstofflichen Energien reinigen und umwandeln. Weitere Informationen zu Mikroben finden Sie im Abschnitt »Die feinstofflichen Energien von Mikroben«.

*1. **Vorbereitung.*** Schauen Sie sich die Einschätzung von weiter oben in diesem Kapitel noch einmal an und konzentrieren Sie sich auf den Erreger, der das Problem Ihres Haustiers verursacht hat. Sie können auch Wissen aus medizinischen Untersuchungen einsetzen, beispielsweise über Testergebnisse. Ihr Haustier kann anwesend sein oder auch nicht.

*2. **Geist-zu-Geist.*** Bestätigen Sie Ihren Geist, den Geist Ihres Haustiers und den göttlichen Geist.

*3. **Ursache und Situation analysieren.*** Konzentrieren Sie sich auf das Chakra, das mit dem Erreger in Verbindung steht. Wenn zusätzliche mikrobielle Infektionen vorliegen, können Sie diese Übung mit einem anderen Erreger wiederholen. Überprüfen Sie nun die Probleme, die mit dem betreffenden Erreger in Verbindung gebracht werden. Zur Erinnerung hier ein paar Hinweise:

- **Bakterien:** Halten die unterdrückten Gefühle des Haustiers fest.
- **Parasiten:** Spiegeln Kräfte oder Wesen wider, die dem Haustier Energie rauben.
- **Pilze:** Wie Parasiten; speichern auch die Gefühle anderer.
- **Viren:** Parasitär, aber auch an eine externe Quelle gebunden, etwa eine Entität, ein Familiensystem oder ein anderes Lebewesen.

Bitten Sie den göttlichen Geist, Ihnen zusätzliche Einblicke in die Situation zu geben, die Ihr Haustier an den problematischen Erreger bindet. Vielleicht können Sie sie außersinnlich sehen, ahnen, fühlen, etwas über sie hören oder eine entsprechende Antwort anders wahrnehmen. Welche Umstände haben das Haustier veranlasst, eine Verbindung mit dem Erreger einzugehen? Welche verborgene Überzeugung oder Emotion bringt das Haustier dazu, den Erreger unbewusst festzuhalten? Ist ein Trauma im Spiel? Wenn ja, was muss bekannt sein, damit es gelöst werden kann? Stellen Sie weitere Fragen an den göttlichen Geist, damit sich die Verbindung zwischen dem Erreger und dem Haustier konkretisiert. Verfeinern Sie Ihre Fragen basierend auf dem Chakra, mit dem der Erreger am meisten zu tun hat, und lesen Sie die Chakrabeschreibungen in den Kapitel 3 und 4. Wenn der Erreger beispielsweise die Klauen eines Vogels infiziert, konzentrieren Sie sich auf das zehnte Chakra. Wenn die Schulterblätter eines Vogels von Flöhen befallen sind, untersuchen Sie das achte Chakra. Wenn der Erreger ein Problem mit der Atmung verursacht hat, wählen Sie das neunte Chakra.

4. ***Heilströme anfordern.*** Der göttliche Geist sendet nun heilende Ströme durch die Chakras und Körperteile, die von dem Erreger infiziert sind. Wenn Gefühle anderer aufgenommen wurden, werden sie nun liebevoll an den Geist zurückgegeben, zu dem sie gehören. Wenn das Haustier seine eigenen unterdrückten Gefühle speichert, werden diese auf sanfte Weise stimuliert. Wenn externe Wesen oder Kräfte Schindluder mit dem Haustier getrieben haben, wird diese Situation gemildert und alle Schnüre und Holds werden gelöst.

5. ***Abschluss.*** Bedanken Sie sich bei dem göttlichen Geist und allen Helfern für diese Unterstützung und kehren Sie in Ihr Leben zurück, wenn Sie dazu bereit sind.

Methoden für jedes einzelne Chakra

Damit Sie schnell auf ein Chakraproblem eingehen können, gebe ich Ihnen hier eine kurze Zusammenfassung jedes einzelnen Chakras. Ebenfalls beschrieben werden die feinstofflichen Energiebedeutungen der wichtigsten Organe und Körperteile, die mit jeweils einem Chakra in Verbindung stehen. Nehmen Sie statt des aufgelisteten Körperteils gegebenenfalls dasjenige, das ihm in der Anatomie Ihres Haustiers am nächsten kommt.

Erstes Chakra

Körperliche Bewegung und Anstrengung – oder umgekehrt Ruhe – lindern Probleme, die mit dem ersten Chakra zu tun haben. Unterstützen Sie das Haustier auch mit gesundem Futter. Im Grunde gibt es nur drei grundlegende Nährstoffe. Sie repräsentieren folgende Energien:

- Eiweiße geben Kraft, Stärke und Potenz.
- Kohlenhydrate sorgen für sofortige Energie, Geisteskraft, Behaglichkeit und Freude.
- Fette bieten Anreicherung und Stabilität und dienen auch als grundlegendes Bindungsmaterial.

Wie können Sie diese Informationen anwenden? Erinnern Sie sich an Selma, das Hängebauchschwein vom Anfang dieses Kapitels? Sie gab ihrem menschlichen Gefährten ihr Eiweiß oder ihre Kraft. Dieser Hinweis half uns, ihren Ursprungsproblemen auf die Spur zu kommen.

Berücksichtigen Sie bei der Zuordnung von Organen und Problemen, wofür die Organe und Körperteile stehen, die mit dem ersten Chakra verbunden sind.

- Dickdarm: Abfallbeseitigung und das rechtzeitige Freisetzen von Giftstoffen

- Anus und Rektum: Ausscheidung von physischen und feinstofflichen Giftstoffen
- Vagina: Wunsch nach Fortpflanzung und weibliche Sexualität
- Nebennieren: Die Fähigkeit, zu kämpfen, zu fliehen und einzufrieren (oder sich tot zu stellen), sowie alle stressbedingten Reaktionen
- Nieren: siehe drittes Chakra
- Blase: Speicherung zusätzlicher Energie
- Haut: Schutz und Reaktion auf die Außenwelt
- Becken: Entscheidung, sich fortzubewegen und Fortschritte zu machen

Zweites Chakra

Analysieren Sie die emotionale Gesundheit und den emotionalen Ausdruck des Haustiers. Erforschen Sie auch Ihre eigenen Gefühle, um sicherzugehen, dass das Tier Ihnen nicht Ihre emotionalen Probleme widerspiegelt. Die dem zweiten Chakra zugeordneten Organe und Körperteile repräsentieren folgende Probleme:

- Dünndarm: Trennt hilfreiche von nicht hilfreichen Ideen und Nährstoffen
- Eierstöcke und Hoden: die Fähigkeit, Partnerbeziehungen einzugehen; Weitergabe des Erbes
- Gebärmutter: das innere Universum, welches das Göttlich-Weibliche repräsentiert
- Prostata: Gefühl der Eignung

Drittes Chakra

Gehen Sie logisch vor, um Zugang zu Angelegenheiten zu bekommen, die mit dem dritten Chakra zu tun haben. Beschäftigen Sie sich auch mit dysfunktionalen Überzeugungen, festgefahrenen Emotionen und Ernährungsfragen. Die dem dritten Chakra zugeordneten Organe und Körperteile werden wie folgt repräsentiert:

- Bauchspeicheldrüse: »Zucker« oder Süße und die Freuden des Lebens
- Leber: Reaktionen auf männliche Energien und Kräfte
- Gallenblase: Hält Zukunftsvisionen und tobende (wütende und verletzte) Emotionen fest.
- Magen: Bricht Ideale und Nährstoffe so weit herunter, dass sie assimiliert werden können.
- Milz: Reaktionen auf weibliche Energien und Kräfte
- Nieren: ein auch dem ersten Chakra zugeordnetes Organ, in dem sich Kindheitsängste und die Beziehung zur Prägung durch die Ahnen widerspiegeln.
- Speiseröhre: Wird auch dem vierten und dem fünften Chakra zugeordnet und steht für das, was das Haustier »schluckt«, sei es gesund oder ungesund.

Viertes Chakra

Überprüfen Sie stets das Bedürfnis des Haustiers nach Liebe und seine Reaktionen darauf. Die folgenden Organe und Körperteile repräsentieren diese Ideen:

- Herz: Geben und Annehmen von Liebe
- Brüste: Beziehung zur mütterlichen Liebe
- Rippen: Vorstellungen davon, wie sicher die Liebe ist
- Lunge: Bereitschaft und Fähigkeit, etwas vom göttlichen Geist anzunehmen
- Herz-Kreislauf-System: die Fähigkeit des Haustiers, Liebe zu geben und großzügig zu verteilen
- Arme: Verlängerungen des Herzens; festhalten an und loslassen von Wünschen und Begierden

Berücksichtigen Sie bei bestimmten Herz-Kreislauf-Problemen auch die Symptome. Beispielsweise steht Bluthochdruck für Leistungsdruck. Niedriger Blutdruck zeigt an, dass das Haustier nicht wirklich das Gefühl hat, dass man ihm etwas zutraut. Probleme mit den Venen oder Arterien beziehen sich auf die Fähigkeit des Haustiers, sich selbst zu lieben.

Fünftes Chakra

Nehmen Sie Kommunikationsprobleme des Haustiers, den möglichen Einfluss einer Entität und den verbalen Umgang mit dem Tier unter die Lupe. Organe und Körperteile bedeuten unter anderem:

- Schilddrüse: Fähigkeit, Wünsche zum Ausdruck zu bringen
- Ohren: das Empfangen von Mitteilungen
- Nasenöffnungen: Steuerung der Vitalität
- Nacken: Würdigung persönlicher Ansichten
- Zähne: Fähigkeit, bestimmte Wahrheiten zum Ausdruck zu bringen
- Schultern: Lasten werden getragen
- Nasennebenhöhlen: Antworten auf die außersinnlichen Botschaften anderer
- Nase: spirituelle Ausrichtung

Sechstes Chakra

Schätzen Sie das Selbstbild und die Planungsfähigkeit insgesamt ein. Organe und Körperteile mit den entsprechenden Assoziationen sind:

- Hypophyse: Vision für die Manifestation
- Thalamus: Umgang mit Schock und Besessenheit
- Augen: Wahrnehmung von sich selbst und anderen
- Stirn: wie sich das Haustier der Welt stellt

Siebtes Chakra

Stimmen Sie sich auf Bewusstheit und Spiritualität ein. Die entsprechenden Organe und Körperteile haben folgende Bedeutung:

- Zirbeldrüse: Ausdruck der Lebensaufgabe
- Schädelknochen: Fähigkeit, flexible, aber ethische Maßstäbe zu setzen
- Großhirn: Zugang zu höherem Wissen
- Kristalle im Gehirn: Einstimmung auf die natürlichen Zyklen

Achtes Chakra

Durchsuchen Sie die mystischen Ebenen nach Ursachen und Lösungen für Probleme, und untersuchen Sie folgende Organe und Körperteile:

- Thymusdrüse: Immunfunktion; die Fähigkeit, mit inneren und äußeren Faktoren und Wesen Frieden zu schließen
- Schulterblätter: Reaktionen auf unsichtbare Wesen und Kräfte

Neuntes Chakra

Überprüfen Sie, für wie würdig sich die Seele gegenüber dem göttlichen Geist empfindet. Das neunte Chakra wird vom Zwerchfell repräsentiert. Dieses bezieht sich auf die Fähigkeit des Haustiers, die Einsicht und die Unterstützung des göttlichen Geistes anzunehmen.

Zehntes Chakra

Nehmen Sie genetische und epigenetische Faktoren sowie die Beziehung des Haustiers zur Natur unter die Lupe. Konzentrieren Sie sich auch auf folgende Organe und Körperteile und ihre Bedeutung:

- Knochengerüst und Struktursystem: Grundlage für die Überzeugungen des Haustiers und seine Interaktionen mit der Welt

- Knöchel: Flexibilität des Handelns
- Füße/Hände: Weiterentwicklung des persönlichen Selbst

Elftes Chakra

Beurteilen Sie das Vorhandensein und die Auswirkungen von natürlichen und übernatürlichen Kräften auf die Muskulatur. Fragen Sie, ob das Haustier seine Willenskraft und seine übernatürlichen Fähigkeiten zu viel oder zu wenig einsetzt. Vor allem das Bindegewebe steht für Beziehung und Verbindung.

Zwölftes Chakra

Dieses Chakra ist bei jedem Haustier einzigartig. Körperstellen, die mit Sekundärchakras in Verbindung stehen, die vom zwölften Chakra bedient werden, haben ebenfalls eine Bedeutung.

Ein paar zusätzliche Hinweise sind sicher hilfreich, wenn Sie Ihrem Haustier helfen möchten.

Das Nervensystem. Das Nervensystem steht für Kommunikation und den Fluss der Lebensenergie. Behandeln Sie neurologische Probleme, indem Sie den grundlegenden Lebenswillen des Haustiers untersuchen.

Die Körperseiten. Ganz allgemein steht die linke Körperseite für Probleme mit weiblichen Merkmalen oder dem Weiblichen und die rechte Körperseite für Probleme mit männlichen Merkmalen oder dem Männlichen.

Vorder- und Rückseite des Körpers. Insgesamt präsentiert uns die Vorderseite des Körpers die Interaktionen des Haustiers mit der alltäglichen Welt und den Einsatz von bewusstem Wissen. Die Rückseite des Körpers nimmt unsichtbare Energien auf und reflektiert die unbewussten Probleme des Tieres.

Nun, nachdem Sie sich mit der grundlegenden Energetik der Probleme beschäftigt haben, die Ihr Haustier haben kann, sowie mit den Methoden, die zu ihrer Behebung erforderlich sind, sind Sie bereit, die Schwingungsmedizin kennenzulernen, die im Leben Ihres Haustiers viel bewirken kann.

Kapitel 7

Schwingungsmedizin und Rüstzeug für Gesundheit und Wohlbefinden

Wenn wir Energiewesen sind, folgt daraus, dass wir von Energie beeinflusst werden können.

Richard Gerber

Schwingungsmedizin ist ein analytischer und heilender Ansatz zur Schaffung eines Gleichgewichts mithilfe von energetischen Frequenzen. Wenn ein Gleichgewicht zwischen verhaltensbedingten, psychischen, krank machenden und spirituellen Prozessen hergestellt wird, können sich Körper, Geist und Seele des Haustiers selbst wieder in Ordnung bringen. Und weil Sie so eng mit dem Haustier verbunden sind, wird sich auch Ihr eigenes Leben verbessern.

Wie wir bereits festgestellt haben, bilden Licht und Klang die Grundlage für alles Energetische – ebenso wie für alles im Leben. Licht ist die Grundlage für Röntgenaufnahmen und Lasertechnologie. Die Ultraschalltherapie setzt Schallwellen ein, um das Gewebe zu entspannen, die Durchblutung zu verbessern und Narbengewebe abzubauen. Während messbare Therapien sicherlich wirkungsvoll sind, können feinstoffliche Therapien gleichermaßen effektiv sein, und zwar unabhängig davon, ob es sich um die »Haupttherapie« oder eine sie ergänzende Maßnahme handelt. Indem Sie die feinstofflichen Energien verändern, die einer physischen Störung zugrunde liegen, verändern Sie etwas in dem Gefüge, das eine Krankheit verursacht. Indem Sie die richtigen feinstofflichen Frequenzen hinzufügen, bringen Sie einen gesünderen Zustand hervor.

Dieses Kapitel enthält eine Auswahl meiner bevorzugten Schwingungswerkzeuge und -methoden. Weitere Informationen zu den einzelnen Konzepten und Techniken erhalten Sie im Internet und über professionelle Dienstleister. Wenn Sie Fragen zu einem Bereich der Schwingungsmedizin, zu Schwingungsmedikamenten oder einer bestimmten Anwendung haben, rate ich Ihnen in der Tat, sich an einen Experten zu wenden. Schwingungsmedikamente sind nämlich genau das: Medikamente. Deshalb können sie, wenn sie falsch ausgesucht und verabreicht werden, die Situation eher noch verschlimmern, als sie zu verbessern.

Bevor ich Ihren feinstofflichen Energiewerkzeugkasten fülle, möchte ich Ihnen die Schwingungsmedizin näher erläutern, indem ich zunächst die Steintherapie untersuche, eine der vielen Arten von Schwingungsmedizin, die in diesem Kapitel behandelt werden. Dann stelle ich Ihnen drei erstaunliche Experten für feinstoffliche Energie vor: Royal Rife, Hans Jenny und Björn Nordenström. Ihre an Wunder grenzende Forschung und Arbeit beweist, dass feinstoffliche Energiemedizin das Leben eines Haustiers sehr positiv verändern kann.

Ich werde dann einige Methoden skizzieren, die Sie anwenden können, um das Wohlergehen Ihres Haustiers zu fördern. Dazu gehört die kombinierte Anwendung von Heilen durch Handauflegen und Licht, die Vorstellung eines wichtigen Akupressurpunktes sowie der Einsatz von Tönen und Musik, ätherischen Ölen, Blütenessenzen, Homöopathie und Steintherapie.

Und jetzt schnallen Sie sich an. Nächster Halt: die Grenze.

Die ehemalige und die künftige Grenze

Frequenzbasiertes Heilen

Seit jeher setzen Heiler, Schamanen, Medizinmänner, Ärzte und andere Heilkundige frequenzbasierte Methoden und Arzneien ein, um Lebewesen zu unterstützen. Dem liegt die Ansicht zugrunde, dass eine Energieform die Schwingungsresonanz anderer Energieformen verändern kann.

Nachdem ich Ihnen ein Beispiel für eine bestimmte Art von Schwingungsmedizin, die Steintherapie, gegeben habe, möchte ich Ihnen drei »berühmte Größen« auf dem Feld der Energie vorstellen. Es geht darum, Ihnen genau zu zeigen, wie Schwingungsmedizin wirkt, damit Sie sich sicher fühlen, wenn Sie sie anwenden.

Eine der am weitesten verbreiteten Methoden der Schwingungsmedizin war und ist der Einsatz von Kristallen und anderen Steinen. Im alten Ägypten wurden die Toten mit einem Bergkristall auf der Stirn begraben. Die Energie des Steins sollte ihre Seelen ins Jenseits geleiten. Lebende Ägypter trugen Kristalle über dem Herzen, um Liebe anzuziehen, und Kristallkronen auf dem Kopf, um ihre Hellsichtigkeit zu wecken.

Chinesische Ärzte verwendeten Nadeln mit Kristallspitzen für die Akupunktur. Griechische Soldaten rieben sich am ganzen Körper mit Hämatitpulver ein, um sich unbesiegbar zu machen. Im Alten Testament und in den vedischen Schriften Indiens werden Steinen verschiedene heilige und heilende Kräfte zugeschrieben. In fast allen Kulturen auf der ganzen Welt, die ich persönlich besucht habe und von denen viele indigen sind, gibt es irgendeine Art von Steintherapie. Dabei spielt es keine Rolle, ob die Steine direkt auf den Körper gelegt werden, ob Gesänge oder Chants auf sie gerichtet werden, ob sie konsultiert werden, um Informationen zu bekommen, ob sie zerkleinert und in die Umwelt geworfen oder für eine Tinktur angesetzt werden. Und diese Steine werden für alles verwendet, von der Heilung körperlicher und seelischer Beschwerden bis hin zur Aufnahme von Beziehungen zu Geistführern. Weitere Informationen zur Steintherapie finden Sie am Ende dieses Kapitels.

Neuerdings fängt die Wissenschaft an zu erklären, wie Interaktionen mit Steinen eine Transformation ermöglichen. Grundsätzlich beeinflusst ein Kristall, der in seiner eigenen Frequenz schwingt, das Energiefeld eines Lebewesens durch Resonanz. Die eingehenden Frequenzen beeinflussen nicht nur das Feld des Lebewesens, sondern auch seine Chakras, indem sie neue Informationen in das Nervensystem und den physischen Körper einbringen und so biochemische Veränderungen anregen. Aus quantenphysikalischer Sicht beeinflussen sich zwei Objekte gegenseitig, wenn sie gleichzeitig im selben Raum schwingen. Das gilt auch für einen Stein und einen Hund. Mit anderen Worten, die energetische Struktur, das Licht und der Klang eines Steins programmiert die vorhandenen oder passenden Energien des Haustiers neu (Lucas 2014).

Alle anderen schwingungsmedizinischen Methoden wirken im Grunde genommen auf die gleiche Weise – über Resonanz. Doch wie genau funktioniert Resonanz? Verbeugen Sie sich vor Royal Raymond Rife, unserem nächsten »Redner«.

Royal Rife war ein amerikanischer Erfinder, der 1971 gestorben ist. In den 1930er-Jahren entwickelte er ein spezielles optisches Mikroskop, mit dem man Mikroben sehen konnte, die zu klein waren, um mit früheren technischen Hilfsmitteln wahrgenommen zu werden. Hunderte seiner Experimente haben gezeigt, dass gebrochenes Licht mit unterschiedlichen Frequenzen Krankheitserreger schwächen oder zerstören und sogar einen todbringenden Erreger in einen nicht tödlichen verwandeln kann. In dem Prozess wurden auch krebserregende Mikroben transformiert. Seine grundsätzliche Theorie war, dass jede Krankheit oder Verfassung ihre eigene elektromagnetische Signatur hat. Indem man diese Signatur durcheinanderbrachte, etwa durch Einbringen einer »tödlichen Schwingung« oder durch Verändern des Mediums, in dem sich der Erreger befand, wurde dieser eliminiert.

Wie war das möglich?

Einer, dessen Theorien erklären, wie Rifes Behandlungen Krankheiten heilen konnten, war Edward Rosenow, Arzt an der Mayo-Klinik. Rosenow behauptete, Mikroben, einschließlich Bakterien, seien nicht an sich tödlich. Es handle sich vielmehr um primitive Lebensformen, die sich in Reaktion auf die ihre Umgebung verändern. Sie sind also gutartig oder bösartig, je nachdem, welche Bedingungen in ihrem Wirt vorherrschen. Zu den Bedingungen, die eine Erkrankung einladen, gehören Verletzungen, Stress oder eine Schwächung des Immunsystems (Lee Foundation, o. J.). Mit anderen Worten (und das ist eines unserer Hauptthemen), ein Trauma verändert eine Umgebung so, dass Mikroben zerstörerisch werden.

Rifes Mikroskop konnte das Licht tatsächlich auf eine solche Weise lenken oder brechen, dass die Richtigkeit von Rosenows Ansichten deutlich wurde. Kurz gesagt zeigten Rifes Experimente, dass jede Mikrobe eine Welle ultravioletten Lichts aussendet. Um eine Mikrobe zu verändern, setzte er zunächst eine andere ultraviolette Frequenz ein, die das, was sie verbreitete, in normales Licht verwandelte. Anschließend setzte er die Mikrobe einer bestimmten Kurzwellenfrequenz aus, die zu ihrer Auflösung führte. Außerdem konnte er durch Veränderung der Umgebung, einschließlich der Versorgung mit Nährstoffen, einen gutartigen Keim in einen tödlichen verwandeln und umgekehrt. Darüber hinaus zeigte Rife an zehn verschiedenen Kategorien von Mikroben, wie sich mit der richtigen Lichtfrequenz eine in die andere verwandeln lässt (Lee Foundation, o. J.).

Ich habe diese Konzepte angewendet, um Licht in der richtigen Färbung und mit der richtigen Brechung zu senden und so dazu beizutragen, dass sowohl mikrobielle Infektionen als auch Traumata bei Menschen und Haustieren geheilt werden. Weil ich stets den göttlichen Geist bitte, das Licht auszuwählen und zu lenken, weiß ich, dass die Frequenzen immer korrekt sind. Mit dieser Methode verschwand die lang andauernde Staphylokokkeninfektion eines meiner menschlichen Klienten an einem Tag fast ganz. Der Hals eines anderen Menschen, der bei einem Unfall verletzt worden war, wurde wieder gerade ausgerichtet. Und die Parasiten eines Haustieres waren innerhalb einer Woche verschwunden. Sie wenden dieses Konzept in der Übung »Heilen durch Handauflegen mit Farbe und Intention« an.

Bisher habe ich die Kraft erforscht, mit der Licht Veränderungen herbeiführt. Klang ist jedoch eine ebenso beeindruckende Kraft, und die Wirksamkeit der Klangheilung wird in einer Disziplin namens Kymatik, der Erforschung von sichtbaren Klangschwingungen oder Wellenphänomenen, deutlich. Einer der ersten modernen westlichen Pioniere auf diesem Gebiet war Dr. Hans Jenny, der sich mit seiner Arbeit auf frühe Theorien von Ernst Chladni stützte, einem deutschen Physiker und Musiker, der Mitte der 1750er-Jahre gelebt hatte. Jenny schickte in seinen Experimenten Schallwellen über Materialien wie Sand, Wasser, Leim und dergleichen. Verschiedene Geräusche bildeten unterschiedliche Muster in den Materialien, was zeigt, dass Klänge Formen erzeugen, welche die natürliche Welt sowohl spiegeln als auch beeinflussen (Volk, o. J.).

In jüngster Zeit wurde wissenschaftlich nachgewiesen, dass Klänge Menschen helfen können, sich von Schlaganfällen, Operationen, chronischen Schmerzen, kognitiven Defiziten, Stress, allgemeinen Schmerzen, Kopfschmerzen und prämenstruellem Syndrom zu erholen (Wagner 2013). In diesem Buch werden wir die mit dem indischen Chakrasystem verbundenen Klänge einsetzen, um die Heilung Ihres Haustiers zu fördern.

Die Methoden und Heilmittel der Schwingungsmedizin, die alle zu einer Veränderung von Licht, Klang oder beidem führen, werden am besten auf ein bestimmtes Chakra oder ein entsprechendes Feld gelenkt. In Kapitel 2 haben wir auch die Existenz einer dritten Reihe von feinstofflichen Strukturen diskutiert, die Energiekanäle, Nadis und Meridiane. Die Meridiane sind die am leichtesten zugänglichen feinstofflichen Kanäle, und auf Meridianen basierende Therapien werden seit mehr als 5000 Jahren angewendet.

Die meiner Ansicht nach fundierteste physikalische Erklärung für die Funktion der Meridiane lieferte Dr. Björn E. W. Nordenström, schwedischer Radiologe und Chirurg und ehemaliger Präsident des Nobelpreiskomitees. Etwa in den 1960er-Jahren begann Nordenström mit der Erforschung der bioelektrischen Natur von körperlichen Schädigungen. Erstaunlicherweise heilte er Dutzende von Krebspatienten mit den gleichen Konzepten, die wir in diesem Buch untersucht haben, und bewirkte unter anderem auch positive Veränderungen bei Erkrankungen wie Makuladegeneration, Wundheilung, Neuropathie, Retinopathie und anderen (IABC, o. J.).

Meine persönliche Erklärung für Nordenströms Theorie lautet, dass der Körper ein geschlossener Stromkreis ist, der aus Mikroströmen besteht. Messbare und feinstoffliche Energien fließen entlang der Linien, die als Akupunkturmeridiane bekannt sind. Diese ionisierten Energien wiederum, die in eine Art wässrigen Schlauch aus Hyaluronsäure eingekapselt sind, senden ionisierte Ladungen in das Herz-Kreislauf-System und dann in das Zentralnervensystem. Probleme treten auf, weil in einem geschädigten Bereich zu viel Elektrizität oder Magnetismus vorhanden ist. Schließlich produziert dieser Bereich eigene Ladungen, was zu weiteren Störungen führt. Im Fall von Krebs bildet sich ein Tumor. Geistige Prozesse und Kraftfelder, wie sie etwa beim Handauflegen entstehen, können Energien wieder ins Gleichgewicht bringen und die Heilung des Körpers möglich machen (Natural Connections Healthcare, o. J.; Rexresearch.com, o. J.).

Meine Zusammenfassung von Nordenströms Arbeit zeigt, warum meridianbasierte Therapien dazu beitragen können, traumatische Kräfte sowie feinstoffliche und physische Probleme zu lösen. Im Grunde stellt die Interaktion mit den Meridianen, die normalerweise über die Akupunkturpunkte erfolgt, das elektrische und magnetische Gleichgewicht eines geschädigten Bereichs wieder her. Im übernächsten Abschnitt zeige ich Ihnen in einem Tipp, wie Sie ein Haustier in einem Schritt von einem Schock befreien können.

Sind Sie bereit, die Ärmel hochzukrempeln und sich an die Arbeit zu machen? Krümmen wir das Licht mit unseren Händen – und unserem Geist – und verbessern Sie das Wohlbefinden Ihres Haustiers.

Heilen durch Handauflegen und Licht

Licht heilt. Viele Studien zeigen, dass bestimmte Frequenzen und Vektoren des Lichts die physische Realität auf unterschiedliche Weise beeinflussen. Auf konventionelle Art und Weise konnten mit bestimmten Farben/Frequenzen Schuppenflechte und mikrobielle Infektionen ebenso behandelt werden wie Federpicken bei Hühnern. Außerdem konnten höhere Erträge bei Pflanzen erzielt, lästige Insekten getötet sowie die Stimmung in einem bestimmten Umfeld verändert werden, und vieles mehr. Die allopathische Welt fängt erst jetzt an, die Vorteile der Farbheilung zu erforschen, obwohl diese mindestens seit dem 6. vorchristlichen Jahrhundert angewendet wird. Grundsätzlich beeinflusst Licht jeden Aspekt eines biologischen Systems und kann sogar als eine Art Nahrungsmittel betrachtet werden (Altered State, o. J.).

Eine der einfachsten Möglichkeiten, ein Haustier mit Licht zu versorgen, ist das Handauflegen. Ich zeige Ihnen gleich, wie das geht. Zunächst ein paar Worte darüber, warum die Hände so wichtig sind.

Die Hände sind im Grunde eine Erweiterung des Herzchakras und speziell des Organs Herz. Um den größten Heilungsvorteil zu erzielen, nutzen wir die natürlichen physischen und feinstofflichen Energien des Herzens, des stärksten elektromagnetischen Organs im ganzen Körper.

Verglichen mit dem Gehirn hat das elektrische Feld des Herzens eine 60-mal höhere Amplitude, und sein Magnetfeld ist 5000-mal stärker. Sein Feld durchdringt und beeinflusst nicht nur jede Körperzelle, sondern erstreckt sich weit über den Körper hinaus und verbindet Wesen miteinander. Innerhalb und außerhalb des messbaren Bereichs des Herzens beeinflusst der feinstoffliche energetische Austausch alles von der Physiologie bis zum Sozialverhalten. Diese außersinnliche Kommunikation macht es dem Herzen und dem Gehirn möglich, intuitive Informationen zu empfangen, sogar aus der Zukunft, und feinstoffliche Daten zu verarbeiten. In der Tat sind die Zellen des Herzens Muskelzellen, die verstärkt Reize weiterleiten, was bedeutet, dass sie »denken« und wichtige Entscheidungen treffen können.

Die Interaktivität herzbasierter Felder bedeutet auch, dass der Austausch von Energie zwischen Lebewesen ansteckend ist. Dies gilt für entsprechende Verbindungen zwischen Mensch und Mensch, aber auch für solche zwischen Mensch und Tier. Darüber hinaus ist wissenschaftlich erwiesen, dass sich jeder Gesundheitszustand verbessert, wenn wir unser Herz auf positive Emotionen und spirituelle Eigenschaften wie Liebe und Wertschätzung einstimmen, statt uns auf negative Emotionen und Eigenschaften zu konzentrieren. Negative Energien hingegen können krank machen (McCraty 2015). Dies bedeutet, dass Sie mit einer positiven Einstellung in Ihrem Herzen (und Ihren Händen) das Wohlbefinden Ihres Haustiers erheblich verbessern können.

Was für eine kraftvolle Wirkung sich erzielen lässt, wenn sich die richtigen Frequenzen und Vektoren des Lichts mit Ausstrahlungen aus Ihrem Herzen und Ihren Händen mischen! Dafür sorgen Sie in der folgenden Übung. Sie können Ihr Haustier berühren, Ihre Hände in einiger Entfernung zu ihm halten oder einfach einen mentalen Energiestrom auf es richten. Wie Sie sich entscheiden, spielt keine Rolle. Die heilenden Ströme machen die ganze Arbeit.

Übung
Heilen durch Handauflegen mit Farbe und Intention

Diese Übung hilft Ihnen, drei Ziele zu erreichen. Nachdem Sie ein Problem Ihres Haustiers ausgewählt haben, verfassen Sie eine Aussage zu einer wünschenswerten Heilung, suchen eine Farbe aus, die etwas mit dem Heilungsziel zu tun hat, und lenken die heilenden Ströme der Gnade mit den Händen. Ihr Haustier sollte zwar vorzugsweise in Ihrer Nähe sein, doch unbedingt erforderlich ist dies nicht. Alle Teile dieser Übung können auch vor Ihren inneren Augen ausgeführt werden, weil feinstoffliche Energie auf Distanz gesendet und empfangen werden kann.

1. ***Vorbereitung.*** Konzentrieren Sie sich auf das Problem, bei dem Sie Ihrem Haustier helfen möchten. Sie können sich ein Thema vornehmen, das bei der Einschätzung im letzten Kapitel aufgetaucht ist, oder sich ein anderes beschaffen. Wählen Sie das/die korrelierte/n Chakra/s, Aurafeld/er, Körperbereich/e, Traumapfad/e oder das traumatisierte Selbst aus. Sie können die Heilungsenergie auch auf die Gesamtheit eines Haustiers, einen Aspekt seiner Seele oder sogar direkt in die inneren Räder aller Chakras lenken, um die dharmischen Eigenschaften vollständig zu aktivieren. Versetzen Sie sich nun in einen entspannten Zustand.

2. ***Geist-zu-Geist.*** Bestätigen Sie Ihren Geist, den Geist Ihres Haustiers und alle helfenden Geister. Denken Sie auch den göttlichen Geist, der diesen Heilungsprozess steuert.

3. ***Eine Aussage zur Heilung verfassen.*** Formulieren Sie eine positive Aussage, in der die erwünschte Heilung zusammengefasst ist. Geben Sie dem Satz eine erhebende Note, damit er positive Emotionen und Eigenschaften widerspiegelt und eine von Herzen kommende Heilung stimuliert. Beispielsweise könnten Sie sagen: »Ich fordere den göttlichen Geist auf, die elektromagnetischen Energien zu beseitigen, die den Tumor des Haustiers verursachen, und diesen Bereich des Körpers wieder ins Gleichgewicht zu bringen.« Sie können auch eine allgemeine Bitte formulieren, etwa: »Ich wünsche, dass der göttliche Geist das System meines Haustiers in perfekte Harmonie bringt.«

4. ***Eine Farbe auswählen.*** Lesen Sie sich die folgende Übersicht durch, und wählen Sie eine oder zwei Farben aus, auf die Sie sich konzentrieren möchten. Die heilenden Energien, die von jeder Farbe umfasst werden, sind beschrieben. Die gewählte(n) Farbe(n) wird/werden im nächsten Schritt den Heilströmen hinzugefügt und auf die für die angestrebte Heilung erforderliche Weise gebrochen.

Die heilenden Energien der Farben

Farbe	Heilende Energien
Rot	erhitzt, wärmt, reinigt; gibt körperliche Vitalität, Mut und Lebensenergie; geht lebensbedrohliche Probleme an.
Orange	muntert auf, befreit; trennt Emotionen und löst Positivität aus; ermöglicht eine neue Antwort auf ein festgefahrenes Muster.
Gelb	weckt, stimuliert; entspannt die Nerven und stärkt den Verstand; sorgt für Klarheit und Reinigung.
Grün	heilt, repariert; heilt mit der Kraft der Liebe.
Blau	kühlt, eliminiert; wirkt adstringierend; mildert Entzündungen ab; lässt zur Ruhe kommen und lädt geistige Führung ein.
Indigo	reinigt, elektrisiert; vermittelt Verständnis durch die Weitergabe von Weisheit.
Violett	inspiriert, klärt; verbindet feinstoffliche mit grobstofflichen Energien, um Negativität in eine positive Lebenseinstellung zu verwandeln.
Weiß	weckt auf, perfektioniert; kündigt spirituelle Energien an.
Schwarz	stärkt, löscht Karma; bringt ein Wesen mit mystischen Dimensionen in Verbindung.
Silber	reflektierend; lenkt Negativität ab, damit höheres Wissen eine Situation verändern kann.
Gold	stärkend; beschwört die Kraft des göttlichen Geistes herauf, um sofortige Veränderungen herbeizuführen.
Rosa	beschützend, liebevoll, mischt Rot und Weiß, um physischen Schutz und spirituelle Ergebnisse zu gewährleisten

5. Heilende Ströme einbeziehen. Konzentrieren Sie sich auf die heilende Aussage. Sie können sie laut aussprechen, chanten oder einfach im Herzen tragen. Heben Sie dann die Hände.

Berühren Sie Ihr Haustier, halten Sie Ihre Hände in sein Energiefeld oder denken Sie einfach mit erhobenen Händen an Ihr Haustier. Stellen Sie sich die gewählten Farben jetzt außersinnlich vor und bitten Sie den göttlichen Geist, sie mit der heilenden Aussage zu verflechten, wobei Sie heilende Ströme der Gnade einbeziehen. Vielleicht spüren Sie diese vermischten Energien in Ihren Händen oder außerhalb davon. Bitten Sie dann den göttlichen Geist, den gesamten Energiemix mit den richtigen Amplituden und Berechnungen in das Haustier zu senden. Setzen Sie diesen Prozess so lange fort, bis die Energie »versiegt«.

6. Abschluss. Wenn Sie fertig sind, schütteln Sie die Hände aus und bitten den göttlichen Geist, Sie von dem ganzen Heilungsprozess zu befreien. Danken Sie allen Beteiligten für das, was geschehen ist, und kehren Sie in Ihren Alltag zurück.

Diese Übung bereitet Sie bestens darauf vor, Heilung durch einen Akupressurpunkt zu übermitteln. Das ist Gegenstand des folgenden Tipps.

Zusätzlicher Tipp

Der Akupressurpunkt zum Lösen von Schocks

Die Anzahl der Beweise für die Wirksamkeit meridianbasierter Therapien bei Haustieren ist exponentiell gestiegen. Studien haben beispielsweise ergeben, dass Akupunktur bei Haustieren erfolgreich zur Linderung von Schmerzen, bei Durchfall, Rückenmarksverletzungen, Cushing-Syndrom, Störungen der Lungenfunktion, Hepatitis und anderen Beschwerden eingesetzt werden konnte (Habacher 2006).

Warum also sollten Sie Ihr eigenes Haustier nicht auch mit dieser uralten Heilmethode unterstützen? In diesem Abschnitt zeige ich Ihnen, wie Sie einen bestimmten Akupressurpunkt bei einem hilfsbedürftigen Haustier einsetzen können. Es handelt sich um den

Punkt LG 26 (Lenkergefäß 26), auch Du 26 (Du Mai 26) oder Renzhong genannt, einen Wiederbelebungspunkt. Dieser Punkt ist einer von mehreren auf dem Lenkergefäß, einem Meridian, der zwischen Steißbeinspitze und Anus beginnt, sich entlang der gesamten Wirbelsäule bis zum Hinterhaupt und von dort über die Mittellinie des Kopfes über die Stirn und die Nase bis zur Oberlippe zieht. Dieser Meridian ist der oberste Lenker der männlichen Energie (Yang-Qi). Das Stimulieren dieses Punktes fördert die geistige Wachsamkeit und die Erholung von einem Schock, wobei es keine Rolle spielt, ob das Trauma erst kürzlich oder schon vor längerer Zeit aufgetreten ist. Ich glaube, dass ein Anregen dieses Punktes die Seele eines Haustiers in seinen Körper zurückholen kann, wenn sie diesen aufgrund einer Krise zeitweise verlassen hat.

Der Punkt LG 26 ist bei Säugetieren und Nagetieren am einfachsten zu lokalisieren, denn deren Meridiane entsprechen denen des Menschen. Alle Tiere haben Meridiane, auch wenn deren Verläufe und die Anordnung der Akupunkturpunkte von Art zu Art verschieden sind. In dem Klassiker *Traditional Chinese Veterinary Acupuncture and Moxibustion* erfahren Sie mehr über Meridiane und Akupunkturpunkte bei speziellen Tieren. In diesem Buch, in das fünfzig Jahre Forschungsarbeit von Professor Chuan Yu eingeflossen sind, sind die Meridiane von Schweinen, Hunden, Katzen, Kaninchen, Schildkröten, Singvögeln, Enten, Hühnern, Ratten, Frettchen, Hamstern, Meerschweinchen, Pferden und anderen Tierarten abgebildet (Yu 1995).

Wenn Sie LG 26 zum Einsatz bringen möchten, gehen Sie die gesamte Übung »Heilen durch Handauflegen mit Farbe und Intention« noch einmal durch, aber mit zwei entscheidenden Unterschieden. Formulieren Sie im Schritt »Eine Aussage zur Heilung verfassen« folgenden Satz: *Es ist meine Absicht, dass der göttliche Geist LG 26 stimuliert, um mein Haustier vom Schock zu befreien und seine Heilung zu fördern.*

Abbildung 12:
Die Lage des
Schock-Akupressurpunktes
LG 26 (Lenkergefäß 26), hier mit einem weißen Punkt markiert, kann gedrückt werden, um Stress zu reduzieren und einen Schock zu lösen. Dieser Punkt liegt bei Säugetieren und Nagetieren zwischen Nase und Oberlippe und bei anderen Haustieren in entsprechenden Bereichen.

Dann ersetzen Sie im Schritt »Heilende Ströme einbeziehen« das dort Beschriebene durch das Folgende:

Konzentrieren Sie sich auf die heilende Aussage. Sie können sie laut aussprechen, chanten oder einfach im Herzen tragen. Suchen Sie dann den Punkt LG 26 bei Ihrem Haustier.

Wie in Abbildung 12 gezeigt, liegt LG 26 bei Säugetieren und Nagetieren zwischen Nase und Oberlippe und bei anderen Haustierarten in einem entsprechenden Bereich. Bei Vögeln beispielsweise liegt dieser Punkt über dem Zentrum der oberen Mandibel und unterhalb der Nasenlöcher. Sie können sich auch auf das fünfte Chakra oder Aurafeld konzentrieren.

Drücken Sie nun den Punkt – physisch oder außersinnlich in Ihrem Kopf. Reiben Sie ihn oder üben Sie etwa eine Minute lang Druck darauf aus. Ich schlage vor, dass Sie mit dem Zeigefinger arbeiten, auch wenn Sie nur visualisieren. Bitten Sie darum, dass die Heilströme die heilende Aussage zusammen mit den ausgewählten Farben übermitteln.

Sie können die Übung jetzt abschließen. Als Nächstes erfahren Sie, wie Sie die Beschwerden Ihres Haustiers auf entzückende Weise lindern können: mit Musik.

Tönen und Musik

Die Seele des Haustiers beruhigen

Geräusche wie Töne, Gesänge, Musik und Lärm haben eine große Wirkung auf menschliche und nicht menschliche Völker. Was Haustiere angeht, so hat der Forscher Charles Snowdon, Tierpsychologe an der Universität von Wisconsin-Madison, herausgefunden, dass sie auf artspezifische Musik reagieren oder auf Klänge und Musik, die ausschließlich aus den zu ihrer Spezies passenden Tönen in der richtigen Höhe und im richtigen Tempo komponiert sind. Dies bedeutet, dass wir Klänge erzeugen müssen, die sich auf das Haustier beziehen und nicht auf uns selbst, wenn wir dem Tier etwas Gutes tun wollen.

Viele Tierarten reagieren auf Geräusche, die höher oder tiefer sind als die von Menschen hörbaren. Untersuchungen haben beispielsweise gezeigt, dass sich Affen, die eher zu den laut kreischenden Geschöpfen gehören, beruhigen, wenn sie Lieder hören, die eine Oktave höher sind als die Geräusche, die Menschen beruhigen. (Und sollten Sie einen Affen als Haustier haben, viel Glück! Sie sind sehr aktiv und gelten in der Regel als zu wild, um ein geeignetes Haustier zu sein.) Katzen mögen Musik, die ein schnelleres Tempo hat als die Musik, die Menschen mögen, was hauptsächlich daran liegt, dass ihr Puls schneller ist als unserer. Und interessanterweise mögen große Hunde Musik, mit denen auch Menschen etwas anfangen können, wohingegen sich kleine Hunde, deren Herz schneller schlägt, für einem schnelleren Beat begeistern (Wolchover, o. J.).

Die Studien, die auf rescueanimalmp3.org vorgestellt werden, geben einen Einblick in die Forschungen hinter dieser neuen Disziplin des Komponierens von Musik für Haustiere (Rescue Animal MP3 Project, o. J.). Ich habe diese Studien für Sie zusammengefasst.

Zunächst einmal zeigen die Studien, dass verschiedene Komponenten der Musik unser Denken verändern können. Dies gilt sowohl für menschliche als auch für nicht menschliche Völker. In einer Studie (mit Menschen) wurden Reaktionen auf zwei Haupttypen alternierender Akkorde aufgezeichnet: Halboktave (Tritonus) und die reine Quinte. Die Forscher stellten fest, dass diejenigen, die Halboktaven hörten, in größeren und umfassenderen Kategorien dachten als diejenigen, die reine Quinten hörten. Sie kamen zu dem Schluss, dass unterschiedliche Musikstücke zutiefst persönliche, aber auch hochspezifische Gedanken- und Emotionsmuster hervorrufen können.

Die Forschung mit Haustieren war ebenso aufschlussreich. Einer Studie zufolge bevorzugten Küken konsonante oder harmonische gegenüber dissonaten Klängen, höchstwahrscheinlich, weil Klänge in der Natur normalerweise konsonant sind. Und gestresste Hunde wurden eher ruhiger, wenn sie klassische Musik hörten, als wenn sie Heavy Metal oder gar keine Musik hörten. Harfenmusik hatte übrigens die gleiche beruhigende Wirkung (Rescue Animal MP3 Project, o. J.). Zusammenfassend lässt sich sagen, dass die richtige Musik starke Heilungsreaktionen hervorruft.

Wie kommen Sie an heilende Klänge für Ihr Haustier? Denken Sie daran, Ihre Stimme und Ihre Tonlage zu modulieren. Sie können auch genau auf Ihr Haustier abgestimmte Aufnahmen herunterladen. Im Internet finden sich immer mehr Musikstücke zur Unterstützung verschiedener Haustierarten. In der folgenden Übung lernen Sie außerdem, wie Sie die in Kapitel 3 beschriebenen Chakraklänge einsetzen können.

Sie müssen wissen, dass Chakras nicht artenspezifisch sind. Alle Haustiere haben die gleichen zwölf Chakras. Chakraklänge umgehen die Besonderheiten einer Haustierart, und zwar unabhängig davon, ob Sie die Töne laut erklingen lassen oder nur in Ihrem Innern. Probieren Sie es aus!

Übung
Die Chakras ins Gleichgewicht tönen

Die folgende Übung wird Ihnen helfen, jedes Chakra eines Haustiers ins Gleichgewicht zu bringen und alle Chakraklänge dann zu einem wunderbaren Konzert zu verschmelzen. Folgen Sie einfach diesen Schritten:

1. ***Vorbereitung.*** Ihr Haustier kann anwesend sein oder nicht, obwohl das Tönen oft besonders wirkungsvoll ist, wenn das Haustier in Ihrer Nähe ist. Entscheiden Sie, ob Sie summen, tönen, chanten oder singen wollen. Alle Klänge können laut oder leise übermittelt werden.

2. ***Geist-zu-Geist.*** Bestätigen Sie Ihren Geist, den Geist Ihres Haustiers und den göttlichen Geist.

3. ***Die Chakraspanne tönen.*** Lassen Sie die Chakraklänge in der unten angegebenen Reihenfolge ertönen, immer einen nach dem anderen. Konzentrieren Sie sich dabei jeweils auf den entsprechenden Chakrabereich. Halten Sie gegebenenfalls eine Hand über den entsprechenden Körperbereich des Tieres. In der dritten Spalte der folgenden Tabelle habe ich für einige Klänge Hinweise zur Aussprache gegeben. Doppelvokale werden lang gesprochen.

4. ***Alle Chakras aufeinander abstimmen.*** Konzentrieren Sie sich nun auf das vierte Chakra des Haustiers, summen Sie das Yam und fordern Sie das Herzzentrum auf, sich durch die Kraft der Liebe mit allen anderen Chakras abzustimmen.

5. ***Abschluss.*** Beenden Sie die Übung, wenn Sie sich dazu bereit fühlen, und kehren Sie in Ihren Alltag zurück.

Chakraklänge

Chakra	Klang	Aussprache
erstes Chakra	Lam	
zweites Chakra	Vam	
drittes Chakra	Ram	
viertes Chakra	Yam	
fünftes Chakra	Ham	
sechstes Chakra	Om	Aum
siebtes Chakra	Om	Aum
achtes Chakra	Akasha	Aa-kaa-scha
neuntes Chakra	Samata	Sa-ma-ta
zehntes Chakra	Ahimsa	A-him-sa
elftes Chakra	Seva	Se-va
zwölftes Chakra	Aham	Aa-haam

Haustiere mit ätherischen Ölen erfreuen und heilen

Ätherische Öle sind hoch konzentrierte Reduktionen aus natürlichen Pflanzenölen. Sie werden mit Wasserdampfdestillation oder Extraktion aus Pflanzenteilen wie Stielen, Blättern und Blüten gewonnen. Das Ergebnis dieser Behandlung enthält die Essenz der Pflanze, aber auch ihre heilenden Eigenschaften, die auf der körperlichen, der seelischen und der verhaltensbezogenen Ebene wirksam sein können.

Ätherische Öle werden seit Jahrhunderten als Heilmittel für Menschen eingesetzt. Und solange Sie sie sicher verwenden, können sie auch eine wichtige Ergänzung Ihrer Hausapotheke für Haustiere sein. Wie die ganzheitliche Tierärztin Melissa Shelton erklärte, ist es von entscheidender Bedeutung, die Öle auszuwählen und anzuwenden, die der jeweiligen Tierart entsprechen (Shelton 2012).

Eine meiner ersten Erfahrungen mit einem ätherischen Öl für ein Haustier machte ich bei einem Tierchiropraktiker. Ich kam mit meinem Hund Honey, bei dem etwas eingerenkt werden musste. Der Hund war so nervös, dass er zitterte. Daher trug der Chiropraktiker als erstes Lavendelöl auf Honeys Kopf auf. Nachdem der Hund ein paar Minuten mit den Versuch verbracht hatte, den nervenden Geruch loszuwerden, wurde er ganz ruhig. Lavendel beruhigt, und es hat funktioniert. Während der restlichen Sitzung war er ganz fügsam.

Warum ist es so wichtig, ätherische Öle genau zu erforschen, bevor man sie anwendet? Bestimmte Öle oder Anwendungen sind für manche Tierarten gefährlich. Ätherische Öle sind biologische Substanzen und können das System eines Haustiers bereits in sehr geringen Mengen unterstützen oder schädigen. Sie können bestimmte Verunreinigungen enthalten, die entsprechende Reaktionen hervorrufen oder den Geruchssinn eines Tieres stören. Vor allem Katzen reagieren vielen Ölen gegenüber ablehnend, hauptsächlich weil sie eine ungewöhnliche Leber haben und Öle anders verarbeiten als andere Tiere. Bei vielen Tierarten sollten die »heißen« Öle wie Oregano und Nelke ganz vermieden werden, weil sie brennen können. Auch sollten ätherische Öle nicht in die Ohren oder um die Augen eines Haustiers geträufelt werden, und normalerweise müssen sie auch viel stärker verdünnt werden als beim Menschen (Scott, o. J.).

Auf der anderen Seite können richtig verwendete ätherische Öle erstaunlich vorteilhaft sein. In einer meiner Lieblingsstudien wurden die Auswirkungen von fünf verschiedenen Arten der aromatischen Stimulation (das Kontrollöl, Lavendel, Kamille, Rosmarin und Pfefferminze) auf das Verhalten von 55 Hunden in einem Tierheim untersucht. Lavendel und Kamille halfen den Hunden, zur

Ätherische Öle und ihre Eigenschaften

Öl	Eigenschaften
Baldrian	beruhigend; für guten Schlaf und gegen Anspannung
Basilikum	entzündungshemmend; beruhigt den Darm, lindert Muskelkrämpfe und hilft bei geistiger Erschöpfung; muss mit einem Trägeröl verdünnt werden
Bergamotte	analgetisches, natürliches Cortison; gut für die Wirbelsäule
Eukalyptus	gut für die Atemwege und die Nebenhöhlen; hilft bei Allergien und durch Hefepilze verursachten Infektionen
Kamille	gut für Haut, Haare und entzündete Gelenke; beruhigt
Lavendel	hilft bei Schnitten, Prellungen, Verbrennungen, Läusen; beruhigt; ein Universalöl
Myrrhe	hilft bei Zahnfleischentzündungen und Hautausschlägen
Pfefferminze	hilft bei Kopfschmerzen und Muskelkater; wirkt stimulierend
Wacholder	wirkt nervenstimulierend und reinigend; hilft bei bestimmten Hautproblemen
Weihrauch	kann bei bestimmten Krebserkrankungen helfen und stärkt das Immunsystem
Ylang-Ylang	wirkt als Antidepressivum und beruhigend; gut bei Bluthochdruck
Zeder	antibakteriell; hilft bei Schuppen und anderen Haarproblemen sowie bei Atemproblemen
Zitronengras	gut für die Bänder; reinigt, entschlackt und stellt das seelische Gleichgewicht wieder her
Zypresse	antimikrobiell, auch antiparasitär (Blake, o. J.)

Ruhe zu kommen und sich zu entspannen, und sie bellten weniger. Rosmarin und Pfefferminze führen dazu, dass sich die Hunde mehr bewegten und mehr bellten (Graham 2005).

Welche Öle sollten Sie für Ihr Haustier auswählen, und wie können Sie sie verabreichen? Ich beantworte diese zweiteilige Frage mit Informationen, die ich Dr. Stephen Blake verdanke, einem angesehenen ganzheitlichen Tierarzt, der viele Formen von Schwingungsmedizin einsetzt.

Wie ich von Dr. Blake weiß, vermitteln die unten aufgeführten Öle die beschriebenen Energien. Es gibt natürlich noch viele andere ätherische Öle. Dies ist nur eine kleine Auswahl.

Hier ein paar Ideen zur Verabreichung von ätherischen Ölen:

Diffusion: das Verteilen oder Verbreiten der Öle in der Luft. Weil der so entstehende Nebel gerochen werden kann, spricht man von Aromatherapie. Die Diffusion kann passiv erfolgen, etwa durch natürliche Verdunstung, oder aktiv mit einem Hilfsmittel wie einem Diffusor oder einer Sprühflasche.
Verdünnung: Öle werden häufig mit destilliertem Wasser oder einem Trägeröl wie Mandelöl verdünnt. Diese Verdünnung kann dann direkt ins Futter, ins Wasser oder ins Maul, in den Schnabel etc. gegeben werden.
Direktes Verabreichen: Bei Haustieren werden die meisten ätherischen Öle zunächst mit einem Trägeröl verdünnt und dann, je nach Tierart, auf das Fell, die Pfoten oder einen vergleichbaren Körperteil getupft. Bei der Regentropfentherapie werden Öle durch gezielte Massage und Berührung auf verschiedene Körperteile aufgetragen. Dieser Prozess kann emotionale Probleme ebenso lindern wie körperliche und strukturelle und wird häufig im Rahmen einer Chiropraktik- oder Akupunkturbehandlung eingesetzt.
Anwendung in der unmittelbaren Umgebung: Je nach Tierart können Tropfen oder zerstäubte Lösungen auch in die unmittelbare Umgebung des Haustiers gegeben werden, etwa in einen Käfig oder Stall oder in die Einstreu.

In Anbetracht der energetischen Beziehung, die wir zu unseren Haustieren haben, können wir uns ein infrage kommendes Öl auch selbst verabreichen und dann darum bitten, dass heilende Sröme die Energie des Öls an unser Haustier weitergeben. Tragen Sie das Öl bei sich selbst auf, führen Sie Geist-zu-Geist durch, und bitten Sie die heilenden Ströme, die feinstofflichen Schwingungen des Öls an Ihr Haustier weiterzuleiten und abzugeben, wo immer sie von Nutzen sind.

Wie bereits erwähnt, müssen Sie bei der Auswahl und Anwendung ätherischer Öle haustierspezifisch vorgehen. Ich empfehle, professionellen Rat einzuholen oder sich an Dr. Melissa Sheltons Buch *The Animal Desk Reference: Essential Oils for Animals* zu halten. Ihre Ratschläge sind ziemlich ausführlich. Wenn Sie beispielsweise einen Vogel mit Arthritis behandeln möchten, können Sie zwischen verschiedenen hilfreichen Ölen wählen, darunter Balsamtanne, Kopaivabalsam *(Balsamum Copaivae)*, Weihrauch, Lavendel, Zitrone, Myrrhe, Pfefferminze und mehr. Eine der von Shelton empfohlenen Behandlungen besteht darin, 10 Tropfen Weihrauch und 5 Tropfen Kopaivabalsam mit ca. 120 Milliliter destilliertem Wasser zu mischen. Diese Mischung wird dann gut geschüttelt und ein- bis zweimal täglich direkt über dem Vogel versprüht (Shelton 2012, 255).

Es gibt aber noch andere natürliche Essenzen, die wirklich hilfreich sein können. Sie werden aus Blüten gemacht.

Blütenessenzen

Blütenessenzen sind aus kleinen Mengen von Wildblumen hergestellte Tinkturen. Deren ursprünglicher Schöpfer war Dr. Edward Bach. Er entwickelte die später nach ihm benannten Blütenrezepturen ab 1930. Die für Mensch und Tier unbedenklichen Blütenessenzen, die nach Originalrezeptur aus 38 Wirkstoffen hergestellt sind, fördern ein Gleichgewicht zwischen Körper, Seele und Geist oder stellen dieses wieder her und befreien das Haustier auch von störenden Gefühlen wie Angst und innerer Unruhe. Diese Mittel eignen sich bestens, um Ihren Haustieren bei psychischen Problemen zu helfen.

Die meisten Bachblütenessenzen enthalten Alkohol, der für bestimmte Haustierarten, besonders für Vögel und kleinere Tiere, ungesund ist. Sie können die Essenz, die Sie kleineren Tieren verabreichen wollen, verdünnen, indem Sie sie in einer Flasche mit Wasser mischen. Oder Sie suchen nach alkoholfreien Blütenessenzen. Auf verschiedenen Bachblüten-Websites werden einige angeboten. Da es keine Informationen zur Verabreichung von Bachblütenessenzen an Reptilien, Amphibien und Gliederfüßer gibt, rate ich bei entsprechendem Interesse zur Zusammenarbeit mit einem Tierheilpraktiker oder ganzheitlich arbeitenden Tierarzt.

Bevor Sie Bachblütenessenzen dosieren und verabreichen, sollten Sie die Webseite bachflowerpets.com im Internet besuchen. Hier erfahren Sie mehr über die Mittel und ihre Dosierung für Haustiere. In der Regel erhalten Sie diese Blütenessenzen fertig abgepackt in einem Fläschchen mit Tropfpipette. Sie können ein paar Tropfen einer ausgewählten Essenz in einen Wasser- oder Futternapf träufeln. Sie können auch eine geeignete Dosis auf das Zahnfleisch des Tieres auftragen, unter seine Zunge träufeln oder in seinen Schnabel geben. Die heilenden Tropfen können auch auf die Unterseite der Pfoten oder einen entsprechenden Körperteil aufgebracht, hinter ein Ohr getupft oder in einer Sprühflasche mit Wasser vermischt und als Nebel versprüht werden – direkt über das Tier oder seinen Lebensraum. Wenn Sie besonders vorsichtig sein wollen, sprühen Sie den Nebel *in die Nähe* des Lebensraums. Wenn Sie das gleiche Problem haben wie Ihr Haustier, nehmen Sie das Mittel selbst und bitten die heilenden Ströme, die Schwingung der Blütenessenz auf Ihr Haustier zu übertragen.

Bachblütenessenzen und Chakras

Chakra	Symptome	Bach-Blütenessenz	Ergebnis
erstes	stressige Situationen; Angst vor Geräuschen und Veränderung; alls, was Unsicherheit verursacht	Rescue Remedy, ein Universalheilmittel, das bei Schock, Schmerzen und akuten Problemen	sofortige Beruhigung
zweites	Unfreundlichkeit und distanzierte Haltung	Water Violet	Geselligkeit und Mitgefühl
drittes	Mangel an Selbstbewusstsein; Vermeiden von Situationen, in denen Leistung verlangt wird	Larch	gesteigertes Selbstwertgefühl und Selbstvertrauen
viertes	Bedürftigkeit; wurde verlassen; manipuliert, um Liebe zu bekommen	Chicory	selbstlose und liebevolle Beziehungen
fünftes	macht wütende Geräusche; Eifersucht und Aggressivität	Holly	mehr Mitgefühl und Ruhe; Bereitschaft zu teilen
sechstes	Mangel an Richtung und Ziel	Wild Oat	Wiederherstellung von Ehrgeiz und Zielstrebigkeit
siebtes	außer Kontrolle geratene Körperlichkeit, hektische Bewegungen; ist lieber allein	Impatiens	mehr Geduld und Weisheit; Bereitschaft, Beziehungen einzugehen
achtes	wurde missbraucht oder verhält sich so; wurde in der Vergangenheit misshandelt; das Trauma kann karmischer Natur sein	Star of Bethlehem	Neutralisierung von Schock und Trauma, oft durch Verarbeitung von Karma

Chakra	Symptome	Bach-Blütenessenz	Ergebnis
neuntes	Verträumtheit, Schläfrigkeit, kein Interesse an der Umwelt	Clematis	Lebensfreude; verstärkte Interaktion
zehntes	steckt in der Vergangenheit fest; könnte auch in der Vergangenheit der Vorfahren oder in der frühen Kindheit feststecken; Verlust des Zuhauses oder des Besitzers	Honeysuckle	Bewusstsein für die Gegenwart; Wertschätzung des Umfelds; Anpassung an eine neue Umgebung
elftes	autoritär und dominierend	Vine	Wechsel in die Position des Anführers; Loslassen von Dominanzbedürfnissen
zwölftes	Besessenheit. Ich glaube, dass alle obsessiven Eigenschaften für mangende Selbstakzeptanz stehen und verhindern, dass das einzigartige zwölfte Chakra aktiviert wird.	Crab Apple	deutlicheres Gefühl der Klarheit; Akzeptieren von Unvollkommenheiten und des ganzen Selbst. Jetzt können einzigartige Eigenschaften aktiviert werden.

Sie sollten wissen, dass es noch andere Arten von heilenden Essenzen gibt, die aus allem Möglichen gewonnen werden, von Blumen bis zu Bäumen, aber die ursprünglichen Essenzen stammen von Dr. Edward Bach. In der folgenden Tabelle sind die auf der Bach-Website empfohlenen Tierheilmittel aufgeführt. Ich habe hinzugefügt, welches Chakra sich meiner Ansicht nach auf welche Blütenessenz bezieht. Wenn Sie basierend auf den Symptomen kein

Heilmittel auswählen können, können Sie es basierend auf einem Kausalchakra wählen.

Jetzt ist es an der Zeit, eine weitere Schwingungsheilmethode kennenzulernen, eine, die oft genauso als Medizin angesehen wird wie vieles, was im allopathischen Medizinbeutel zu finden ist.

Homöopathie

Homöopathie ist ein Heilungsansatz, der Ende des 18. Jahrhunderts in Deutschland begründet wurde. Die homöopathische Philosophie unterscheidet sich von der der allopathischen Medizin insofern, als die Symptome einer Krankheit oder eines Ungleichgewichts als normale Reaktion auf eine emotionale, physische oder umweltbedingte Herausforderung angesehen werden. Die Schwingungen der Krankheit können daher als Anregung zur Steigerung der Selbstheilungskräfte des Körpers betrachtet werden.

In der Regel verordnen Homöopathen flüssige Tinkturen oder kleine Pillen, die als »Globuli« bezeichnet werden und eine Reaktion auf der körperlichen, der seelischen und der geistigen Ebene hervorrufen. Homöopathische Heilmittel werden aus natürlichen Substanzen wie Pflanzen, Mineralien, Chemikalien, Spinnen und Insekten hergestellt.

Sie können Hunden, Katzen, Pferden und anderen Säugetieren sowie Nagetieren verabreicht werden und in geringerem Ausmaß auch Fischen, Vögeln und Reptilien wie Schlangen, Schildkröten und Leguanen. In der Tat legen Untersuchungen nahe, dass nahezu jedes nicht menschliche Wesen mit Homöopathie behandelt werden kann. Interessanterweise ist nach Angaben der British Homeopathic Association die Dosierung für ein Tier die gleiche wie für einen Menschen (British Homeopathic Association, o. J.).

Homöopathische Heilmittel für Haustiere

Symptom	Heilmittel
Angst mit jämmerlicher Furcht	Gelsemium
Angst mit Leid und Qual	Arsenicum album
Angst, wenn sie zum ersten Mal auftaucht	Aconitum
Angst bei Reizüberflutung	Lycopodium
Angst bei Gewitter und lauten Geräuschen	Phosphorus
Rückenverletzungen, alle	Arnica
Rückenverletzungen mit heftigen Schmerzen	Belladonna
Bisse von anderen Haustieren	Aconitum, Arnica
Knochenverletzungen	Arnica, Aconitum
Verbrennungen und Verbrühungen	Aconitum
Kolik mit geschwollenem, weichem Bauch	Belladonna
Blasenentzündung mit Schmerzen beim Wasserlassen und Blut im Urin	Cantharis
Blasenentzündung mit Blockierung beim Wasserlassen	Uva ursi
Ohrentzündungen	Hepar sulfuris
Lebensmittelvergiftung	Arsenicum album
Nesselausschlag mit juckender Haut und extrem anhänglichem Verhalten	Natrium muriaticum
Nesselausschlag mit geschwollener, roter Haut	Apis mellifica
Nesselausschlag mit kleinen roten Beulen und starkem Jucken	Rhus toxicodendron
Verletzungen am Schwanz, den Pfoten, den Klauen oder Zehen	Hypericum
Schmerzen	Aconitum
Stichwunden und Insektenbisse	Ledum
Verwaistsein	Aconitum oder Calcium phosphoricum
Schock	Aconitum
Scheu, Schüchternheit	Pulsatilla

Symptom	Heilmittel
Vergiftung	Nux vomica
Trauma	Arnica, wird oft nach Aconitum gegeben
Reisekrankheit in Bewegung, etwa in einem fahrenden Auto	Cocculus
Reisekrankheit aus Angst vor einer Reise	Gelsemium

(Whistler Veterinarian Clinic, o. J.; Day 2002; Walker, o. J., 21, 32, 41, 51, 57, 63, 79, 106, 121–122, 144, 147)

In der folgenden Tabelle sind ein paar homöopathische Heilmittel für Tiere aufgelistet. Ich empfehle Ihnen sehr, den Rat eines Experten einzuholen, wenn Sie bei der Auswahl des Mittels Zweifel haben. Homöopathische Heilmittel sind echte Medikamente und der Erfolg ihrer Anwendung hängt von der Wahl des richtigen Mittels, aber auch von dessen Dosierung und der Häufigkeit seiner Verabreichung ab.

Wie können Sie, wenn Sie all dies in Betracht ziehen, einem Haustier ein homöopathisches Mittel verabreichen? Säugetieren und Nagetieren können Sie die entsprechende Menge einer Tinktur direkt in den Futter- oder den Wassernapf geben. Bei einem Vogel träufeln Sie die Tinktur in den Schnabel oder ins Trinkwasser. Bei Reptilien und Amphibien kann das Mittel ebenfalls in eine Wasserschale getropft werden oder in das Wasser, in dem sie sich (auch) aufhalten. Fischen gibt man das Mittel am besten in das Wasser, in dem sie schwimmen. Wenn es um andere Lebewesen geht, fragen Sie am besten einen Fachmann. Oder nutzen Sie heilende Ströme, um dem Haustier die Energie des Mittels auf feinstoffliche Weise zu übermitteln. Dazu halten Sie das Fläschchen mit dem Mittel einfach in der Hand und bitten darum, dass heilende Ströme seine Energie an das Haustier weitergeben.

Wenn Sie sich die folgende Liste nützlicher homöopathischer Arzneimittel durchlesen, werden Sie feststellen, dass ein und dasselbe Problem, etwa Angstzustände, je nach den Symptomen mit unterschiedlichen Mitteln behandelt wird. Die Tatsache, dass sich die Suche nach der richtigen Behandlung als eine sehr komplexe Angelegenheit erweist, unterstreicht meinen Standpunkt: Wenden Sie sich an einen Fachmann, wenn Sie Fragen haben.

Während wir uns dem Ende dieses Kapitels nähern, finden wir uns mit dem Thema »Steine« an dessen Anfang wieder.

Steintherapie für Haustiere

Zu Beginn dieses Kapitels haben wir den Nutzen der Steintherapie herausgestellt. Bei der Steintherapie werden Kristalle und Edelsteine eingesetzt, aber auch ganz normale Steine wie Flusskiesel und Vulkansteine. Wenn Sie sich entscheiden, bei Ihrem Haustier eine Steintherapie einzusetzen – und das hoffe ich sehr –, gibt es drei wichtige Überlegungen. Die erste ist, wie man einen Stein bei einem Haustier einsetzt. Ich meine, Haustiere haben nun nicht gerade Taschen, in denen sie Steine herumtragen könnten. Zweitens geht es darum, herauszufinden, welcher Stein eingesetzt werden soll. Die dritte Überlegung beschäftigt sich damit, den Stein so abzustimmen, dass er die Bedürfnisse Ihres Haustiers erfüllt. Ich werde alle drei Themen in diesem Abschnitt behandeln und Ihnen dann eine Übung vorstellen, in der Sie einen Stein so programmieren, dass er die Bedürfnisse Ihres Haustiers erfüllt.

Wenn Sie einen Stein (oder mehrere Steine) in das Leben Ihres Haustiers bringen wollen, können Sie dies wie folgt tun:

- Legen Sie den Stein in das Körbchen oder den Käfig eines Haustiers, in seinen Stall, das Aquarium oder ein anderes Habitat.
- Befestigen Sie den Stein an einem Halsband, einem Sattel oder einer Leine.

- Legen Sie den Stein in eine Trinkschale oder einen Wassernapf. Oder lassen Sie ihn eine Weile in einem anderen Wassergefäß liegen und versprühen Sie das Wasser anschließend in einem Zerstäuber. Weil manche Steine giftig sind, stellen Sie flüssige Steinarzneien wie unten beschrieben her.
- Platzieren Sie den Stein in der unmittelbaren Umgebung des Tieres, vielleicht auf dekorative Weise.
- Tragen Sie den Stein selbst mit sich herum, besonders wenn Ihr Haustier in der Nähe ist.
- Halten Sie den Stein in der Hand, während Sie die in früheren Kapiteln vorgestellten Übungen machen. Das wird Ihnen bei der Kommunikation mit dem Tier helfen und die heilenden Ströme besser fließen lassen.
- Bestimmte Steine wie Bleiglanz (Galenit), Torbernit und Zinnober sind immer giftig, wenn sie von Menschen oder Tieren aufgenommen werden. Wieder andere sind nur für bestimmte Haustierarten gefährlich. Daher ist es wichtig, dass Sie die Rezeptur verwenden, die ich Ihnen gleich mitteile, wenn Sie flüssige Steinarzneien herstellen möchten, beispielsweise eine Tinktur oder ein Spray zum Zerstäuben. Grundsätzlich brauchen Sie einen Stein oder mehrere Steine derselben Sorte, ein Glas, destilliertes Wasser und einen Krug. Der Krug sollte groß genug sein, dass Sie das Glas hineinstellen können, weil Sie Ihre Steinlösung im Grunde mit dem Wasser im Glas herstellen und dann heilende Ströme einsetzen, um die feinstoffliche Energie aus dem Glas in das im Krug enthaltene Wasser zu leiten.
- Beginnen Sie mit dem Glas. Füllen Sie es mit destilliertem Wasser. Nehmen Sie einen sauberen Stein und lassen Sie ihn in das Glas plumpsen. Wenn Sie mehrere Steine verwenden wollen, sollte das Verhältnis ein Drittel Steine zu zwei Dritteln Wasser betragen. Führen Sie Geist-zu-Geist durch und

bitten Sie den göttlichen Geist, heilende Ströme in das Wasser zu senden. Konzentrieren Sie sich gleichzeitig auf eine Absicht. Die kann so einfach sein wie: »Reinige und aktiviere diesen Stein für seine höchste Verwendung.« Sie kann aber auch sehr spezifisch sein, etwa: »Vitalisiere dieses Wasser, um mein Haustier von emotionalem Stress zu befreien.«

- Geben Sie nun etwas destilliertes Wasser in den Krug und stellen Sie das Glas hinein. Achten Sie darauf, dass sich die Flüssigkeiten nicht mischen. Führen Sie Geist-zu-Geist durch und bitten Sie darum, dass die heilenden Ströme in dem kleineren Glas die Eigenschaften des Steins/der Steine und die festgelegte Absicht in das Wasser des Krugs übermitteln. Lassen Sie die gesamte Anordnung etwa zwölf Stunden stehen. Sie können mit Mondlicht oder Sonnenlicht für einen zusätzlichen Schub sorgen. Wenn Sie fertig sind, entfernen Sie das Glas samt Stein/Steinen aus dem Krug. Das im Krug verbleibende Wasser ist jetzt Ihre »Medizin«. Gießen Sie es in eine Flasche und verwenden Sie es als Tinktur oder zerstäuben Sie es aus einer Sprühflasche.

Woher wissen Sie, welchen Stein Sie nehmen sollen? Es gibt Tausende verschiedener Steine, und jeder hat eine andere Schwingung. Grundsätzlich verfassen Sie zunächst eine Absicht und wählen dann einen Stein aus, der den Bedürfnissen des Haustiers entspricht. Überlegen Sie auch, ob es Ihnen um Heilung, Manifestation oder beides geht. Wie bereits erwähnt, versteht man unter Heilung das Freisetzen von unnötigen oder ungesunden Energien. Manifestieren hingegen ist das Anziehen einer wünschenswerten Energie. Manchmal möchten Sie beides erreichen. In diesem Fall müssen Sie für jedes Ziel einen eigenen Stein auswählen.

Die folgende Tabelle hilft Ihnen bei der Auswahl des besten Steins für ein Haustier. Alle hier aufgeführten Steine sind für Haustiere

Steine nach Chakras und Einflüssen

Stein	Chakra/s	Einflüsse
Bernstein	drittes, zehntes	absorbiert negative Energie; weckt die Verbindung mit der Natur; erschließt die verborgene Weisheit der Ahnen; reguliert alles Exzentrische; sichert Altruismus (Ist auch ein Ersatz für die alte Weisheit gegen Angstzustände und geistige Funktionsstörungen.)
Amethyst	sechstes	aktiviert Hellsichtigkeit und außersinnliche Einsichten; lenkt Negativität ab (Setzen Sie ihn ein, wenn Sie Anhaftungen und Entitäten freigeben.)
Citrin	drittes	sorgt für geistige Klarheit; verbessert das Gedächtnis; stellt Vertrauen wieder her; reguliert die Verdauung (Setzen Sie ihn zum Auflösen von Emotionen ein.)
Koralle	zweites	fördert Aktivität, Mut, Kraft und emotionales Gleichgewicht (Eignet sich hervorragend, um Reptilien, Amphibien und Fischen Freude zu bereiten.)
Diamant	siebtes, achtes, neuntes, zehntes, elftes	verstärkt Stärken und Schwächen; beseitigt Blockaden; aktiviert die geistige Kraft der Chakras (Setzen Sie ihn ein, um Karma zu diagnostizieren und Dharma zu aktivieren.)
Smaragd	viertes	vermehrt Vertrauen, Fülle, Frieden und Treue (Perfekter Stein zur Verbesserung von Beziehungen)
Fluorit	alle	bietet Reinigung und Schutz (Fluorit gibt es in vielen Farben. Wählen Sie den Farbton, der zu dem Chakra und dem Aurafeld passt, das gereinigt und gestärkt werden muss.)

Stein	Chakra/s	Einflüsse
Kalkstein	zehntes	sorgt für Erdung und Stabilität (Setzen Sie den Stein ein, um energetische Grenzen zu verstärken und ein praktisches Ergebnis zu erzielen.)
Moldavit	achtes	weckt Erinnerungen an frühere Leben; stellt Verbindungen zwischen den Dimensionen her (Setzen Sie den Stein ein, um eine Verbindung zu Wesen von anderen Ebenen, Planeten und aus anderen Zeiten herzustellen.)
Perle	siebtes, neuntes	lädt höhere Weisheit in das Haustier; harmonisiert alles Disharmonische; stimmt auf die Zyklen der Natur ein (Setzen Sie sie ein, um einem Tier zu helfen, mit den Umständen klarzukommen.)
Rheinkiesel	zweites, viertes	repräsentiert die Energien des Wassers; verstärkt die Intuition und den Fluss der Gefühle (Setzen Sie ihn ein, um emotionale Störungen zu heilen.)
Rubin	erstes	erzeugt eine physische Einheit mit dem Geist; schützt vor dem Bösen; hilft, das verwundete Selbst vom Schock zu befreien (Setzen Sie ihn ein, wann immer die Kraft des Geistes gebraucht wird.)
Saphir, blauer	fünftes	heilt perfektionistische Tendenzen; mildert Leid ab; stellt höhere Kommunikation sicher (kann Kommunikationsstörungen beseitigen, auch solche, an denen ein anderes Haustier, ein Mensch oder ein Geistführer beteiligt ist)

Stein	Chakra/s	Einflüsse
Türkis	sechstes	verbindet mit der höheren geistigen Führung und liebevollen Quellen der Weisheit; greift auf Wahrheiten aus jeder Kultur und jedem Zeitalter zu (Setzen Sie diesen Stein ein, um alte Verletzungen zu heilen und die Weisheit aller Zeitalter einzubringen.)
Rosenquarz	alle	sichert Gefühle wie Liebe, inneren Frieden und Vergebung (kann für jeden Zweck verwendet werden, weil Liebe die höchste Macht ist)
Bergkristall	alle	gibt Klarheit; reinigt und klärt (bringt den göttlichen Geist oder Geistführer in jede beliebige Situation)
Vulkanstein	erstes, zehntes	repräsentiert die Feuerenergie; reinigt, klärt, erneuert (Setzen Sie ihn ein, um physische und psychische Giftigkeit wegzubrennen und Weisheit zu entwickeln.)

ungiftig. Dennoch sollten Sie sich bei der Herstellung von Steinflüssigkeiten an die soeben vorgestellte Rezeptur halten. Stellen Sie außerdem sicher, dass das Haustier den Stein nicht verschlucken kann und dass er gut abgeschliffen ist, wenn er in der Nähe des Tieres platziert werden soll.

Übung
Einfache Steinprogrammierung

Möchten Sie einen Stein schnell und einfach für einen höheren Zweck programmieren? Ziehen Sie die obige Tabelle zurate und gehen Sie in folgenden Schritten vor.

1. Vorbereitung. Wählen Sie einen Stein aus, der Ihrem Zweck dient. Wenn Sie nicht sicher sind, nutzen Sie die in Kapitel 5 beschriebenen Kommunikationstechniken, um zusammen mit Ihrem Haustier einen Stein auszusuchen. Vertrauen Sie auch auf Ihren Körper. Wenn sich ein Stein für Ihr Haustier richtig anfühlt, dann ist es der richtige. Für den Fall, dass keiner der in der Tabelle beschriebenen Steine der richtige zu sein scheint, gibt es Hunderte von Websites mit Informationen zu weiteren Steinen. Seien Sie sich auch klar darüber, mit welchem/n Chakra/s Sie interagieren möchten.

2. Geist-zu-Geist durchführen. Bestätigen Sie Ihren Geist, den Geist Ihres Haustiers und den göttlichen Geist.

3. Setzen Sie Ihr Ziel. Setzen Sie sich ein für Ihr Haustier geeignetes Ziel und formulieren Sie eine entsprechende Aussage. Die Aussage sollte positiv sein, etwa: »Dieser Stein hilft meinem Haustier, die Emotionen loszulassen, die daher kommen, dass es verlassen wurde.«

4. Um heilende Ströme bitten. Konzentrieren Sie sich auf Ihre Absicht und bitten Sie den göttlichen Geist, heilende Ströme in den Stein zu senden. Diese Ströme laden Ihre Absicht in den Stein. Wenn Sie den Stein dann bei Ihrem Haustier einsetzen, gelangen die heilenden Ströme direkt in das Haustier – speziell in das Chakra/die Chakras, das/die transformiert werden muss/müssen, und unterstützen so die Umsetzung Ihrer Absicht. Entscheiden Sie, wie

Sie Ihrem Haustier die neu gewonnene Energie des Steins zuführen möchten, indem Sie einen der im Abschnitt »Steintherapie für Haustiere« gemachten Vorschläge auswählen.

Wenn Sie einen Stein auswählen möchten, der verwendet werden soll, während Sie einige der Übungen aus diesem Buch machen, kann Ihnen der folgende Tipp helfen.

Zusätzlicher Tipp

Einsatz von Steinen bei verschiedenen Übungen

In Kapitel 6 haben Sie eine Reihe von Übungen kennengelernt, die Ihrem Haustier bei bestimmten Problemen helfen können. Hier finden Sie Vorschläge für Steine, die Sie in Zusammenhang mit diesen Übungen einsetzen können. Sie können den gewählten Stein auf jede beliebige Weise einbeziehen, aber am besten halten Sie ihn einfach in der Hand.

Den Startpunkt festlegen. Der Beginn der Heilung: Bergkristall hilft, Vorurteile auszuräumen, die Ihre Einschätzung trüben könnten.
Karmische Muster loslassen: Moldavit wird Ihre Fähigkeit, frühere Leben eines Haustiers und entsprechende Muster wahrzunehmen, erheblich verbessern, und zwar ungeachtet des Universums, in dem sich das Tier damals aufgehalten hat.
Dharmische Wahrheiten aktivieren: Ein Diamant veranschaulicht alle wichtigen dharmischen Eigenschaften. Eine Perle kann das innere Rad eines Chakras öffnen und die darin enthaltene Wahrheit im gesamten System des Haustiers verbreiten.
Schnüre und Holds entfernen: Wählen Sie einen Stein, der dem von einer Anhaftung infizierten Chakra zugeordnet ist. Wenn die

Anhaftung lebensbedrohlich ist, verwenden Sie einen Rubin. Wenn nach dem Lösen der Anhaftung eine allgemeine Reinigung benötigt wird, setzen Sie einen Fluorit ein. Amethyst hilft, die dunklen Energien abzulenken, die an der Anhaftung beteiligt sind, und die Botschaft oder Weisheit ausfindig zu machen, die Ihr Haustier annehmen muss, um weitermachen zu können.

Den Traumapfad reinigen: Wählen Sie einen Stein aus, der einem bestimmten Chakra oder einer Körperregion zugeordnet ist. Beachten Sie auch Sinn und Zweck folgender Steine: blauer Saphir zum Hören des traumatisieren Selbst; Bernstein, um den Pfad für die benötigten feinstofflichen Element frei zu machen; Amethyst, um Schnüre und Holds zu entfernen und für stärkere energetische Grenzen zu sorgen; Rubin, um negative Energien auszuschließen und erneut eine Verbindung zum göttlichen Geist herzustellen; Citrin oder Koralle, um ein verwundetes Haustier aus der Schockblase zu retten; Diamant, um Blockaden zu lösen und die Auswirkungen eines Traumas einzuschätzen; Moldavit, um den karmischen Ursachen eines Traumas auf die Spur zu kommen; Fluorit, um die Reinigung von Ein- und Austrittswunden, festsitzender Energien und des gesamten Pfades zu unterstützen; Perle und Türkis, um das Selbst, das unter Schock gestanden hat, mit neuen und höheren Wahrheiten bekannt zu machen; Smaragd, um nach einer feinstofflichen Reinigung liebevolle Beziehungen aufzubauen; Rosenquarz und Bergkristall, um Klarheit und Liebe zu fördern.

Emotionen trennen: Setzen Sie den blauen Saphir ein, um die Kommunikation mit der Seele oder dem verwundeten Selbst eines Haustiers zu verbessern; Citrin oder Koralle für die Analyse und Heilung von Emotionen; Perle, Smaragd oder Diamant, um gute Beziehungen zu ermöglichen; Türkis, um dem Haustier den Zugang zu höheren Wahrheiten zu erleichtern. Rosenquarz und Bergkristall können immer zu Reinigungszwecken verwendet werden.

Mikroben transformieren: Bernstein kann Ihnen bei der intuitiven Einschätzung, welche Mikroben ein Haustier befallen haben, behilflich sein. Er kann Ihr Haustier auch mit reinigenden Energien aus der Natur oder dem Kosmos in Verbindung bringen. Rubin hilft, Viren zu eliminieren, die von einer externen Kraft stammen. Citrin und Koralle helfen einem Haustier, die in Bakterien gefangenen Gefühle zu spüren. Amethyst kann ein Haustier von parasitären Energien befreien und ihm helfen, eine Verbindung zum göttlichen Geist herzustellen, und Fluorit hilft dem Tier, die in Pilzen enthaltenen Energien freizusetzen.

Nun, nachdem Sie die fantastische Welt der Schwingungsmedizin erkundet haben, ist es an der Zeit, dass wir uns auf eine andere Ebene begeben, die definitiv übernatürlicher ist, weil sie sich auf den Tod, das Sterben und das Leben nach dem Tod bezieht – auf ein gutes Ende.

Kapitel 8

Vom Sterben, dem Tod und dem Leben danach

Erst in der Trennung
erkennt die Liebe ihre eigene Tiefe.
Kahlil Gibran

Nichts ist schwieriger als der Tod eines Haustiers, außer vielleicht der eigentliche Sterbevorgang. Es bricht uns das Herz, wenn unser geliebter Freund leidet. Und dann bricht es noch einmal, wenn das Haustier stirbt und wir uns mit dem Verlust abfinden müssen. Umso wichtiger ist es, dass wir den energetischen und den spirituellen Aspekt des Todes und Sterbens eines Haustiers verstehen. Dieses Wissen ist unabdingbar, wenn wir unser Haustier und uns selbst in dieser schwierigen Zeit – und darüber hinaus – unterstützen wollen.

In diesem Kapitel werden Themen behandelt, die mit allen Phasen des Übergangsprozesses zu tun haben: Sterben, Tod und das Leben nach dem Tod. Es geht dabei vor allem darum, was in jeder dieser Phasen energetisch geschieht. Nachdem ich die Energetik dieser Phasen erforscht habe, konzentriere ich mich auf Einzelheiten zu den einzelnen Phasen, etwa die Gründe, aus denen ein Haustier sterben könnte, und die verschiedenen Arten des Sterbens. Ich stelle Ihnen auch eine Übung vor, die Sie machen können, wenn Sie der Ansicht sind, dass Ihr Haustier zu früh gestorben ist.

Anschließend beschreibe ich, was nach dem Tod eines Haustiers auf der Seelenebene geschieht, und stelle Ihnen eine Übung vor, in der Sie sowohl Ihr Haustier freigeben als auch mit ihm kommunizieren, sobald es verstorben ist. Schließlich werden Sie erkennen, dass ein Abschied gar nicht wirklich das Ende ist, sondern ein neuer Anfang.

Wenn es Zeit zum Abschiednehmen ist

In diesem Buch habe ich oft über meinen Hund Honey, den Golden Retriever, gesprochen. Wahrscheinlich habe ich Sie verwirrt, es sei denn, Sie haben in einigen meiner anderen Bücher etwas über Honey gelesen. Seine Geschichte ist nämlich ein wenig kompliziert. Der Honey, der derzeit bei mir lebt, ist eigentlich Honey III. Er hat schon mindestens zweimal gelebt.

Der erste Honey lebte vor Jahrzehnten beim Vater meines Sohnes Gabe und war ein männlicher Golden Retriever. Ihm zu Ehren habe ich später, obwohl ich bereits von Gabes Vater geschieden war, einen männlichen Golden-Retriever-Welpen für meinen Sohn gekauft. Natürlich nannten wir ihn ebenfalls Honey. Ich kannte genügend Geschichten über Honey I., um schnell auf die Idee zu kommen, dass Honey I. und Honey II. ein und dieselbe Seele waren.

Beispielsweise hatte Honey I. die Angewohnheit, Essen von den Nachbarn zu stehlen. In der Tat verschlang er einmal das komplette unbewachte Picknick eines Nachbarn. Er aß so gern, dass er jeden Morgen zu einem nahe gelegenen italienischen Restaurant lief, um sich kostenlose Fleischbällchen abzuholen. Honey II. legte das gleiche Verhalten an den Tag.

Einmal hielt ein riesiger Lastwagen vor meinem Haus. Ein Mann klingelte und fragte, ob ich einen Golden Retriever besitze. Verwirrt bejahte ich. Der Mann führte mich zu seinem Lkw. Da saß Honey II. auf dem Beifahrersitz und grinste. Offenbar hatte er sich aus meinem Hinterhof geschlichen und war in den offenen Lkw der Arbeiter gesprungen, um deren Mittagessen zu verzehren. Wenn also in der Nachbarschaft Essen verschwand, wusste jeder sofort, wer das getan hatte. Honey II. hatte einen entsprechenden Ruf.

Honey II. war der beste Freund meines Sohnes. Sie schliefen zusammen. Sie saßen beim Essen nebeneinander. Zu jedem Show-and-Tell in der Grundschule brachte Gabe Bilder von Honey II. mit. Aber als Honey II. sieben Jahre alt war, erkrankte er an einer Halsentzündung. Ich brachte ihn zwar in eine Notfall-Tierklinik, aber zwei Tage später mussten wir ihn gehen lassen.

Danach habe ich versucht, den Grund für seinen plötzlichen Tod ausfindig zu machen. Erst ein paar Wochen später hatte ich eine intuitive Eingebung. Ich saß im Kino und hörte plötzlich eine Stimme. Sie sagte: »Ich bin gegangen, um Gabe zu retten.«

Ich habe immer noch keine Ahnung, welches Unglück meinen Sohn getroffen hätte, aber ich weiß, dass Honey II. und mein Sohn über Gabes Familie väterlicherseits in karmischer Verbindung waren. Offenbar gab es auch eine Dharmasignatur, die Gabe und Honey verband. Honey II. hatte meinem Sohn vor einem Schicksalsschlag bewahrt. Diese Art von bedingungsloser Liebe und Opferbereitschaft ist selten.

Unser Leben ging weiter. Etwa drei Jahre später wurde ich von einer Stimme geweckt: »Ich komme zurück!« Ich seufzte. Honey II. war unglaublich agil und wild gewesen.

Am selben Morgen kam mein Sohn in mein Zimmer. Er hatte einen männlichen Golden-Retriever-Welpen im Internet gefunden und bestand nun darauf, dass wir ihn zu uns holten. Der Welpe hieß Tank (Tank bedeutet sowohl »Panzer« als auch »Behälter« oder »Kasten«; Anm. d. Übers.) und lebte in Pennsylvania. Das Unvermeidliche geschah trotz meines Widerstandes. Ich wurde praktisch gezwungen, Honey III. bei uns aufzunehmen. Das Universum hatte sich gegen mich verschworen. Wo immer mein Sohn und ich in den folgenden Tagen waren, sahen wir Tanks: Sherman-Panzer, Toilettenspülkästen, GI Joe-Panzer. Honig wurde uns ins Haus geliefert (Anspielung auf Honey = Honig; Anm. d. Übers.). Ich hatte keinen bestellt. Mir blieb keine andere Wahl, als Tank ein Zuhause zu geben – nach einem Gespräch mit meiner Therapeutin.

Meine Therapeutin arbeitete in einem Gebäude, in dem Haustiere nicht erlaubt waren. Während der Sitzung hatte ich mit ihr über die Frage gesprochen, ob Tank nun zu uns kommen solle oder nicht. Meine letzten Worte zu diesem Thema sagte ich, als ich ihr Büro verließ: »Ich brauche nur noch ein Zeichen, bevor ich die Diskussion beende.« Und was passierte? Im Flur kam mir ein Hund mit Leine im Maul entgegen. Tank zog kurze Zeit später bei uns ein.

Und das ist noch nicht das Ende der Geschichte, karmisch oder dharmisch.

Etwa eine Woche nachdem Honey III. bei uns war, biss ihn Lucky, mein gelber Labrador, in die Nase. Ich brachte Honey III. in dieselbe Notfall-Tierklinik, in der Honey II. gestorben war. Honey III. war in derselben Körperregion verletzt, die den Tod von Honey II. verursacht hatte. Doch er konnte operiert werden, was bei Honey II. nicht der Fall gewesen war und überlebte. Jetzt, wo er sein Karma erfüllt hat, lebt er glücklich als Teil unserer Familie. Allerdings ist er diesmal noch schlimmer als in seinen vorherigen Leben: Er hört absolut nie auf zu fressen oder Töne von sich zu geben.

Seinen Faible für Quietschspielzeug habe ich bereits erwähnt, aber die Geschichte geht noch weiter. Wenn ich die Hunde jeden Morgen in einem eingezäunten Park laufen lasse, rennt Honey die ganze Zeit mit einem Quietschespielzeug im Maul herum. Sollte dann einer das Pech haben, sich im Morgengrauen in unserem Park aufzuhalten, wird er von Honey verfolgt und angequietscht. Er ist auch als Straßenputzer der ganzen Nachbarschaft bekannt. Wenn er die Straße entlanggeht, frisst er einfach alles, von heruntergefallenen Pommes frites bis hin zu toten Mäusen.

Honey (jede Version von ihm) demonstriert die vielen Lebensphasen einer Haustierseele: Geburt, Leben, Sterben, Tod, Leben nach dem Tod und möglicherweise eine Wiedergeburt. Karma, Dharma und Liebe sind in allen Lebensphasen eines Haustiers eng miteinander verwoben, und das gilt auch für die entsprechenden Energien. Wenn Sie Ihr Haustier in allen Phasen von Leben und Tod umfassend unterstützen möchten, ist es von entscheidender Bedeutung, dass Sie deren Energetik verstehen. Das ist das Thema des nächsten Abschnitts.

Die Energetik von Tod und Sterben

Vom Meer zum Sternenmeer

Wie bereits erwähnt, sind Tod und Sterben nur zwei Phasen eines kontinuierlichen Prozesses, der Geburt, Leben, Sterben, Tod, Leben nach dem Tod und vielleicht eine Wiedergeburt umfasst. Ich nehme jede dieser Phasen wie die Wellen an einem Strand wahr. Dasselbe Wasser – dieselbe Seele – kehrt immer wieder an die Oberfläche zurück.

Wie in den vorherigen Kapiteln bereits erläutert, sind Geist und Seele eines Haustiers wesentlich, um es auf die bevorstehende Reise vorzubereiten. Beide interagieren mit bestimmten Chakras, von denen viele bereits vor der Empfängnis aktiviert werden. Über das achte Chakra lädt die Seele ausgewählte karmische Lektionen in das äußere Rad jedes einzelnen Chakras. Gleichzeitig legt der Geist des Haustiers geistige Eigenschaften und dharmische Ziele in das innere Rad jedes einzelnen Chakras. Während der Empfängnis werden die karmischen und dharmischen Attribute dann verknüpft, und zwar über das zehnte Chakra des Haustiers, das wiederum das genetische und epigenetische Material codiert. Zusätzliche Programme, einschließlich der familiären, werden ebenfalls im äußeren Rad eines jeden Chakras verankert. Und schließlich kann es losgehen für den winzigen Embryo.

Die Seele eines Haustiers dringt erst dann in seinen Körper ein, wenn das befruchtete Ei zu wachsen beginnt. Dann verankert sich die Seele im ersten Chakra. Während sich die ätherische Energie wie Dampf in den feinstofflichen und physischen Energiesystemen verteilt, haftet die Substanz der Seele im Körper immer nur jeweils einem Chakra an. Wenn das Haustier älter wird, steigt die Seele die Chakraleiter hinauf und aktiviert die verschiedenen Entwicklungsstufen der Chakras. Schließlich ist die volle energetische Signatur des Haustiers verkörpert – und es ist Zeit zu gehen. Nun, das geschieht, wenn alles im Lot bleibt.

Wenn sich ein Haustier in einem ausgereiften Entwicklungsstadium befindet, verläuft der Sterbeprozess höchstwahrscheinlich eher friedlich, was bedeutet, dass er mehr dharmisch und weniger karmisch ist. Dann tritt seine Seele vermutlich entweder durch das siebte, das elfte oder das zwölfte Chakra aus.

Wie ich bereits in den Kapiteln 3 und 4 erläutert habe, steigt die Seele in der Phase der späten Reife in das siebte Chakra auf. Die Seele, die den Körper zu diesem Zeitpunkt verlässt, gelangt direkt auf eine Ebene des Lichts oder der geistigen Bereiche, die ich später in diesem Kapitel beschreiben werde. Wenn die Seele den Körper nicht zu diesem Zeitpunkt verlässt, springt sie die Chakraleiter hinauf in das elfte Chakra und begibt sich auf eine Stufe, die dem Tod durchaus zugänglich ist. Zu diesem Zeitpunkt ist es möglich, dass das Haustier übernatürliche Fähigkeiten an den Tag legt oder etwas Übernatürliches in seiner Umgebung verursacht. Nach dem Tod kann die Seele durch dieses Chakra austreten, was für einen ruhigen und erhellenden Tod sorgt. Es besteht aber auch die Möglichkeit, dass die Seele durch das einzigartige zwölfte Chakra austritt. Wenn dies geschieht, erreicht die Seele eine Art Erfüllung und ist frei, ihr wahres Selbst zu sein.

Alle Haustiere, egal wie lange sie leben, haben die gleiche Chance, so durch die Chakras in die andere Dimension überzugehen, wie ich es gerade beschrieben habe. Hausameisen leben etwa drei Jahre, können sich aber auch in dieser kurzen Zeit durch alle Chakras entwickeln. Selbst wenn das Leben einer Ameise kurz ist, kann ihre Seele in einem Moment, einer Stunde oder einem Tag alle verbleibenden Chakrastufen durchlaufen und die entsprechenden Lektionen schnell integrieren. Tatsächlich kann das jede Seele tun. Andererseits kommen manche Seelen trotz eines relativ langen Lebens kaum in Gang. Ein Trauma kann dazu führen, dass die Seele in einem niederen Chakra stecken bleibt.

Doch selbst wenn eine Seele festsitzt, kann sie auf einen transzendenten Exodus hoffen. Wie bereits erwähnt, kann eine Seele in Sekundenbruchteilen durch alle Chakras schweben. Es gibt auch Teile einer Haustierseele, die sich nicht in jedem Leben verkörpern. Die fortgeschritteneren Aspekte können in jeder Phase des Sterbeprozesses in den Körper springen und der Seele helfen, beim Sterben ins Licht aufzusteigen. Doch, wie bereits angedeutet, können schwierige Umstände die sterbende Seele negativ beeinflussen.

Eine besonders schwierige Situation ist ein plötzlicher Tod. Besonders wenn die Umstände traumatisch sind, kann der Schock dazu führen, dass die Seele des Haustiers aus dem zerstörten Chakra springt. Die Seele, die nicht auf den Tod vorbereitet ist, könnte verwirrt oder konfus werden. Wie wir in diesem Kapitel noch erörtern werden, durchwandert die Seele vielleicht noch eine Weile die irdische Ebene oder weiß nicht einmal, dass sie tot ist. Dann braucht die Seele des toten Tieres vielleicht Hilfe bei der Befreiung aus dem Reich des Irdischen. Später in diesem Kapitel werden Sie die Übung »Ihr Haustier liebevoll loslassen« kennenlernen. Sie wird Ihnen in diesen und anderen schwierigen Situationen helfen.

Wie Sie sicher schon vermuten, gibt es in Zusammenhang mit Tod und Sterben viele Komplikationen. Der Mensch, der sein

Haustier liebt, kann in diesen Prozessen wirklich etwas verändern, wenn er die Komplexität des Energetischen besser versteht. Wir beginnen mit der Erörterung der ersten Phase, mit dem Sterbeprozess.

Sterben

Das erste Stadium des Ablebens eines Haustiers

Was passiert eigentlich spirituell und energetisch, wenn ein Haustier stirbt? Die Antwort hängt davon ab, wie und warum das Tier von uns geht. Während ich diese Faktoren untersuche, werde ich Ihnen auch einige Empfehlungen dazu geben, wie Sie Ihrem Haustier und seinen Angehörigen, einschließlich Ihnen selbst, auf unterschiedliche Weise helfen können.

Die vier Gründe, warum ein Haustier stirbt

Es gibt vier Hauptgründe, warum ein Haustier stirbt: karmisch, dharmisch, unpassend und chaotisch. Jeder dieser Gründe ist durch eigene Merkmale gekennzeichnet und sollte auf unterschiedliche Weise unterstützt werden, wie ich gleich erklären werde.

Karmischer Tod

Ein karmischer Tod ermöglicht es einem Haustier, ein historisch schwieriges Problem zu lösen. Häufig ist ein karmischer Tod die Wiederholung eines früheren. Der tiefere spirituelle Grund für die Wiederholung eines früheren Todes ist das Zutagefördern von Liebe. Ich habe beispielsweise einen Klienten namens Ben, dessen Pferd Moxie an einer akuten Verletzung gestorben ist. Ben besuchte mich, während Moxie im Sterben lag.

Gemeinsam stellten Ben und ich eine Verbindung zu Moxies Seele her. Moxie hat uns beiden außersinnlich gezeigt, das er und Ben diese Art von Erlebnis bereits in einem früheren Leben gehabt hatten. Ben war damals Soldat im Bürgerkrieg gewesen und Moxie sein Pferd. In der Schlacht waren sie getrennt worden und Moxie war an einer Schussverletzung gestorben, verängstigt und allein. Diesmal ging es darum, dass Ben an Moxies Seite sein musste, damit sich Moxie als geliebt erkennen konnte. Und genau das tat Ben. Nach Moxies Tod kam er noch einmal zu mir und sagte, er habe sich noch nie so mit einem anderen Lebewesen verbunden gefühlt wie mit dem sterbenden Moxie. Er glaubte, dass es für Moxie genauso war. Die karmische Lehre – die Lektion, dass Liebe ewig ist – wurde Bens Seele ebenso geschenkt wie der Seele von Moxie.

Manchmal hat das sterbende Haustier das Karma des geliebten Menschen übernommen. Dies war der Fall bei Honey II., der gestorben ist, damit meinem Sohn nichts Negatives zustieß. In anderen Fällen befindet sich das Haustier in einer Wiederholungsschleife, aus der es nicht ausbrechen kann. Beispielsweise ist es immer auf traumatische Weise gestorben. Was immer auch das Karma ist, die Schlüsseleigenschaften eines karmischen Sterbeprozesses sind das Gefühl, dass sich etwas wiederholt; das Gefühl, dass das Lebensende nicht verändert werden kann, und die Erkenntnis, dass Liebe das Ergebnis zwar nicht verändern, den Prozess aber sehr viel besser machen kann. Wenn Sie dem karmisch sterbenden Haustier helfen wollen, prüfen Sie, ob Sie sich auf die Probleme einstellen können, die seine Seele lösen muss. Setzen Sie die bekannten Kommunikationsmittel ein, um eine direkte Verbindung zur Seele des Haustiers herzustellen. Fragen Sie, ob ein früheres Leben verstanden oder ein Trauma aus diesem Leben gelöst werden muss. Bringen Sie das Karma mit einem Chakra in Verbindung und lösen Sie das Trauma mit den Mitteln, die in diesem Buch bereits vorgestellt wurden.

Dharmischer Tod

Manchmal ist der Sterbeprozess eines Haustiers so liebevoll oder hat so viele liebevolle Auswirkungen, dass Sie einfach wissen, dass dieser Tod dharmisch oder gesegnet ist. Ich habe beispielsweise einmal mit einer Klientin gearbeitet, deren ältere Katze einen sechsmonatigen Sterbeprozess durchgemacht hat. Am Ende schaffte die Katze den Übergang vom siebten zum elften und dann zum zwölften Chakra-Entwicklungsstadium ganz leicht. Woher ich das weiß? Ich erzähle Ihnen zwei Geschichten.

Granny, Kittys menschliche Gefährtin, lebte schon jahrelang allein auf ihrer Farm. Weil Kitty im Sterben lag, kamen Grannys Verwandte häufig zu Besuch. Und nachdem Kitty gestorben war, legte eine von Grannys Töchtern einen Besuchsplan fest, damit Granny nie allein war. Kitty, die Katze, hatte sich fünf Sterne verdient, indem sie ihre energetische Signatur auslebte, um Gesellschaft und Fürsorge zu gewährleisten. Doch das war nicht das Letzte, was Granny und ihre Verwandten von Kitty sahen oder hörten.

Nachdem Kitty gestorben war, tauchte sie in zwei Formen wieder auf, einmal als Katze und einmal als geflügeltes Wesen. Wann immer sich Granny wirklich einsam fühlte, erschien Kitty als Katze aus weißem Dampf. Als solche schlich sie um das Haus herum und schnurrte. Manchmal schlief sie auch bei Granny. Bei anderen Gelegenheiten sah Kitty jedoch aus wie ein riesiges geflügeltes Wesen und sprach Warnungen aus, die Granny an eine geliebte Person weitergeben sollte. Granny wusste, dass es sich um Kitty handelte, weil dieses Wesen etwas Grundsätzliches an sich hatte, das Granny als »typisch Kitty« bezeichnete. Einmal rief Granny ihren Enkel an und teilte ihm mit, dass Kitty vor einem Sattelschlepper gewarnt hatte. »Wenn dein Enkel einen Sattelschlepper irgendwo sieht, wo er nicht sein soll, sag ihm, er soll von der Straße abfahren«, hatte das Wesen eindringlich gesagt. Später an diesem Tag sah der Enkel, der gerade auf einer Nebenstraße fuhr, einen Sattelschlepper vor sich. Er bog gerade noch rechtzeitig ab, bevor bei dem Sattelschlepper ein Reifen platzte und dieser heftig ins Schlingern kam. Hätte er Kittys Warnung nicht beachtet, wäre der Enkel verletzt worden. Meine Theorie ist, dass sich Kittys dharmisches Selbst nach ihrem Tod noch weiterentwickelt hat, vielleicht weil sie über ihr zwölftes Chakra existiert hat und nun ihr ganzes und einzigartig begabtes Selbst sein konnte.

Dharmische Sterbeprozesse können uns voll Trauer und Angst zurücklassen, aber sie rufen auch Mitgefühl und Liebe hervor. Sie können menschliche und nicht menschliche Wesen zusammenbringen und die Liebe offenbaren, die in einer Beziehung verborgen liegt. Damit Sie ein Haustier in diesem Prozess unterstützen können, müssen Sie herausfinden, welche Gabe oder Weisheit es zu bieten hat. Entsprechende Hinweise können Sie aus der Einschätzung seiner energetischen Signatur bekommen. Achten Sie darauf, dass ein im Sterben liegendes Haustier nur von fürsorglichen Menschen oder Lebewesen umgeben ist. Dies ist nicht der Zeitpunkt, um alte Probleme aufleben zu lassen oder dem Tier noch zusätzlich welche zu bereiten.

Unpassender Tod

Viele Menschen fragen sich, ob der Tod eines Haustiers, genauer gesagt die Art, wie es stirbt, vorherbestimmt ist. Manchmal ist es so. Die meisten Seelen (menschlich und nicht menschlich) wählen vor ihrer Geburt mehrere Endpunkte des beginnenden Lebens aus.

Wenn ein Haustier zu einem vorher festgelegten Zeitpunkt aus dem Leben scheidet, kann das Ereignis schmerzhaft oder schockierend sein, aber es scheint vorgesehen. Wenn ein Tier zu einer nicht vorhergesehenen Zeit geht, fühlt sich der Prozess irgendwie »falsch« an. Ich habe beispielsweise einmal mit einer jungen Klientin gearbeitet, die ihr Kaninchen so erschreckt hatte, dass es aus dem Haus hoppelte und dort prompt von einem Auto überfahren wurde. Das Mädchen war der Ansicht, dass dies nicht hätte passieren dürfen.

Intuitiv spürte ich, dass das Kaninchen vor seiner Zeit gestorben war. Ich wusste aber auch, dass es zum Artencode von Kaninchen gehört, sich leicht verschrecken zu lassen. Ich half dem Mädchen zu verstehen, dass das Kaninchen durch diese Erfahrung eine Lektion gelernt hatte, die es in ein anderes Leben mitnehmen konnte. Das Mädchen konnte die Tragödie verarbeiten, indem es dieselbe Lektion lernte – so etwas wie »erst denken, dann handeln«. Jahre später besuchte sie mich noch einmal. Rückblickend sagte sie über den Tod ihres Kaninchens, dieser Vorfall habe sie gelehrt, wie wichtig es sei, innezuhalten, bevor sie regiere, und dass sie jetzt allgemein weniger ängstlich sei als früher.

Wenn Sie den Tod eines Haustiers als unpassend empfinden, bestimmen Sie, welche Lektion Sie aus dieser Erfahrung ziehen. Das gilt auch für die Seele des Haustiers, andere, noch lebende Haustiere und betroffene Menschen. Setzen Sie bei Bedarf Ihre einschlägigen Kommunikationsfähigkeiten ein, um mit der Seele des verstorbenen Haustiers zu sprechen und sie zu ermutigen, die entsprechende Lektion anzunehmen. Es gibt einfach Ereignisse, auf die niemand Einfluss hat – nicht nur im Leben, sondern auch in Bezug auf den Tod.

Chaotischer Tod

Es gibt Sterbeprozesse, die auf jeder Ebene einfach nur falsch zu sein scheinen. Manche Todesfälle ereignen sich, weil die Welt chaotisch ist und voller dunkler Mächte, die das Chaos nähren. Ich hatte eine Klientin, deren Haushuhn über Nacht starb. Meine Klientin hatte etwas früher in dieser Nacht einen Schatten in ihrem Schlafzimmer entdeckt und war sich sicher, dass diese Entität ihr Huhn getötet hatte. Dieser Verdacht wurde uns in unserer intuitiven Sitzung bestätigt.

Die dunkle Macht schien ein böswilliger »Passant« zu sein, der etwas gegen Freude hatte. Daher erschreckte diese Entität das Huhn zu

Tode, um seine menschliche Gefährtin unglücklich zu machen. Wir lösten die Entität von der Seele des Huhns und bestimmten, dass meine Klientin ihr Recht auf Freude in Anspruch nehmen musste.

Wenn Sie den Verdacht haben, dass der Tod Ihres Haustiers durch Einmischung von außen verursacht wurde, setzen Sie die in Kapitel 5 erworbenen Kommunikationsfähigkeiten ein, um entsprechende Informationen von Ihrem Haustier oder seinen Geistführern zu bekommen. Bedienen Sie sich heilender Ströme, um die Dunkelheit mit einer Blase der Gnade zu umgeben und wegzuschicken. Suchen Sie nach Schnüren oder Holds und entfernen Sie sie. Und wenn sich das Tier in einem frühen Stadium der Chakraentwicklung befindet, bitten Sie den göttlichen Geist, es schneller reifen zu lassen. Unter diesen Voraussetzungen geht seine Seele friedlicher hinüber, wenn das Haustier stirbt.

Früher oder später stirbt natürlich jedes Haustier. Denken Sie über die verschiedenen Todesarten nach und darüber, was jede einzelne über die Seele Ihres Haustiers und Sie selbst aussagt.

Die verschiedenen Todesarten

Es gibt verschiedene Möglichkeiten, wie ein Haustier sterben kann. Schauen wir uns an, was in den energetischen Bereichen passieren könnte, wenn eines der folgenden Ereignisse eintritt.

Plötzlicher Tod

Der plötzliche Tod eines Haustiers löst einen Schock aus. Ein sofortiger Tod kann aufgrund von Karma eintreten, aber auch, weil der Tod ein »dharmisches Geschenk« des göttlichen Geistes sein könnte, genau wie ein völlig schmerzfreier Übergang. Je plötzlicher der Tod ist, desto mehr Unterstützung brauchen die hinterbliebenen Haustiere oder Menschen.

Um den Menschen zu helfen stellen Sie ein Plakat mit Fotos des Tieres oder ein Fotoalbum zusammen, führen eine Beerdigung oder Trauerfeier durch oder erzählen sich gegenseitig Ihre Erinnerungen an das Tier. Achten Sie bei nicht menschlichen Angehörigen auf Anzeichen eines Schocks, etwa zu viel oder zu wenig Schlaf, Überfressen oder Futterverweigerung oder den Verlust des Interesses an normalen Aktivitäten. Methoden der Schwingungsmedizin, wie sie in Kapitel 7 beschrieben wurden, können eine große Unterstützung für trauernde Haustiere sein. Sprechen Sie außerdem laut oder intuitiv mit Ihren lebenden Haustieren über das Tier, das jetzt nicht mehr da ist, und setzen Sie Ihre Fähigkeiten zur Tierkommunikation ein, um die Seele des verstorbenen Haustiers zu bitten, sich mit ihren noch lebenden menschlichen und nicht menschlichen Lieben in Verbindung zu setzen, wenn sie es für angemessen hält.

Wenn der Tod plötzlich eingetreten ist, weiß die Seele eines Haustiers möglicherweise gar nicht, dass es tot ist. Wenn Sie Tiergeräusche hören oder andere Hinweise darauf bekommen, dass Ihr Haustier ein Gespenst ist, machen Sie die Übung »Ihr Haustier liebevoll loslassen« und geleiten das Tier auf die andere Seite. Nutzen Sie auch Ihr Wissen über Traumaheilung, um seine Seele zu unterstützen.

Schneller Tod

Ein schneller Tod unterscheidet sich von einem plötzlichen dadurch, dass ihm eine Warnung vorausgeht. Möglicherweise wurde bei Ihrem Haustier ein sich schnell ausbreitender Krebs oder ein Organversagen diagnostiziert. Vielleicht wurde es von einem Auto angefahren, bleibt aber noch eine Weile am Leben. Was könnte dazu führen, dass ein Haustier schnell stirbt? Manchmal steht für die Seele des Tieres bereits ein neuer Auftrag an, etwa ein neues Leben. Ein schneller Tod kann dem Tier auch unnötige Schmerzen ersparen. Vielleicht hat die Seele des Tieres einfach die Angewohnheit, schnell zu verschwinden. Wenn Sie noch ein wenig Zeit haben, sorgen Sie dafür, dass sich das Tier wohlfühlt und geben Menschen und Nichtmenschen Gelegenheit, sich von ihm zu verabschieden. Lassen Sie andere Menschen ihre Wertschätzung für das sterbende Haustier zum Ausdruck bringen. Bitten Sie den göttlichen Geist, die Seele des Haustiers in das siebte, elfte oder zwölfte Chakra zu geleiten und Heilströme zur Verfügung zu stellen, um die Seele voranzubringen.

Langsamer Tod

Ein sich hinziehender Sterbeprozess kann eine echte Herausforderung sein, obwohl er Zeit gibt, um mit dem Unvermeidlichen Frieden zu schließen. Der lange Prozess kann jedoch auch dazu führen, dass alle Beteiligten müde, gereizt und emotional werden.

Wenn das Haustier keine Schmerzen hat, sorgen Sie dafür, dass es sich wohlfühlt und an so vielen normalen Aktivitäten wie möglich teilnimmt. Nutzen Sie Ihre Tierkommunikationsfähigkeiten, um Traumata oder Erinnerungen aufzudecken, die ans Licht kommen müssen. Sie können auch Geist-zu-Geist und heilende Ströme einsetzen, um die Seele des Haustiers in ein höheres Chakra zu geleiten, bevor es stirbt. Was Sie tun können, wenn ein sterbendes Haustier Schmerzen hat, lesen Sie im nächsten Abschnitt.

Schmerzvoller Tod

Es gibt nichts Schlimmeres, als mitansehen zu müssen, wie ein Haustier unter Schmerzen leidet. Ziehen Sie in Erwägung, das Tier einschläfern zu lassen, wenn es sich richtig anfühlt. Ein Tierarzt begleitet Sie durch diesen Prozess. Um karmische oder emotionale Erinnerungen aufzudecken, wenden Sie auf der feinstofflichen Ebene die Techniken zur Traumalösung an, die Sie in diesem Buch kennengelernt haben. Körperlicher Schmerz wird oft durch festgefahrene Emotionen sowie die Energien anderer verstärkt. Senden Sie die heilenden Ströme auch durch das erste Chakra des Haustiers, das alles steuert, was mit Leben und Tod zu tun hat. Das könnte den Tod beschleunigen und auch die Schmerzen lindern. Ich empfehle dringend, auch Schwingungsmedikamente einzusetzen.

Friedlicher Tod

Der Gipfelpunkt eines Haustierlebens ist ein friedlicher Tod, egal, ob er schnell oder langsam vonstattengeht. Grundsätzlich stirbt ein Haustier friedlich, wenn seine Seele den Körper durch eines der höheren Chakras verlässt und es seine persönliche Energiesignatur vollkommen verkörpert hat. Dann strahlt es oft eine spirituelle Energie aus, die intuitiv erspürt oder sogar gesehen werden kann. Höchstwahrscheinlich nehmen Sie diese Energie außersinnlich als weiß, rosa oder golden wahr. Möglicherweise spüren Sie auch die Anwesenheit von Geistführern sowie die bereits verstorbener Haustiere in seiner Nähe. Sie können die Wahrscheinlichkeit eines friedlichen Todes erhöhen, indem Sie die Geistführer des Tieres mit Gebeten herbeirufen oder Geist-zu-Geist durchführen.

Was ist, wenn Sie spüren, dass Sie den Sterbeprozess umkehren können? Ich habe eine Freundin, bei deren Hund Krebs im vierten Stadium diagnostiziert wurde. Die Prognose fühlte sich für sie nicht richtig an. Sie betete für den Hund und ließ ihn behandeln. Und tatsächlich lebte er noch fünf Jahre. Mit der folgenden Übung können Sie prüfen, ob eine solche Möglichkeit besteht.

Übung

So helfen Sie Ihrem Haustier, noch länger zu bleiben

Was, wenn Sie das Gefühl haben, dass Ihr Haustier noch nicht sterben möchte oder muss? Diese einfache Übung richtet Ihr Haustier auf den göttlichen Geist aus, um das beste Ergebnis zu erzielen.

1. Vorbereitung. Atmen Sie tief durch und entspannen Sie sich. Ihr Haustier kann anwesend sein oder auch nicht. Wenn Sie möchten, können Sie einen der im Abschnitt »Steintherapie für Haustiere« vorgestellten Steine in der Hand halten.

2. Geist-zu-Geist durchführen. Bestätigen Sie Ihren Geist, den Geist Ihres Haustiers und seine helfenden Geister. Übergeben Sie diesen Prozess dann dem göttlichen Geist, dessen Macht größer ist als die des Todes.

3. Erkenntnisse gewinnen. Bitten Sie den göttlichen Geist, alle notwendigen Informationen über die Lebensumstände Ihres Haustiers preiszugeben. Sie können direkte Fragen stellen wie: »Wird mein Haustier diese Herausforderung überleben?«

Sie können den göttlichen Geist auch bitten, eine direkte Verbindung zwischen Ihnen und der Seele Ihres Haustiers herzustellen. Fragen Sie die Seele: »Möchtest du überleben oder nicht?« Wenn sie Ja sagt, bitten Sie um weitere Informationen, indem Sie Fragen wie diese stellen: »Aus welchem Grund brauchst du mehr Zeit?« und »Wie kann ich dich am besten bei der Genesung unterstützen?«

Wenden Sie sich dann wieder an den göttlichen Geist. Wenn sowohl der Geist des Haustiers als auch der göttliche Geist der Ansicht sind, dass das Leben des Tieres verlängert werden könnte, stellen Sie weitere Fragen dazu, wie Sie es unterstützen können. Sie können sogar um eine Liste der empfohlenen Ärzte und Behandlungen bitten, allopathisch und ganzheitlich.

4. Um weitere Unterstützung bitten. Bevor Sie diese Übung abschließen, bitten Sie den göttlichen Geist, Ihnen bei der Entscheidung, ob Sie das Haustier sterben lassen oder es darin unterstützen sollen, noch länger zu leben, auch weiterhin beizustehen.

5. Abschluss. Danken Sie dem göttlichen Geist und beschließen Sie, für weitere Einsichten offen zu bleiben.

Nach dem Tod

Der Prozess der Seele

Wenn das Unvermeidliche geschieht, verlässt die Seele des Haustiers den Körper. Und was passiert dann?

Sie erinnern sich, dass die Seele des Haustiers zu Lebzeiten idealerweise die Chakraleiter hinaufsteigt. In der letzten Phase des Sterbeprozesses bereitet sich die Seele auf den Austritt aus dem Körper vor. Wenn sie entsprechend reif ist, verlässt sie ihn durch das siebte, elfte oder zwölfte Chakra. Sie kann aber auch durch jedes andere Chakra aus dem Körper gestoßen werden. Dies geschieht tendenziell eher, wenn der Tod plötzlich oder durch eine Verletzung eintritt. In diesem Fall tritt sie vielleicht durch das beschädigte Chakra aus.

Was immer auch geschieht, im Moment des Todes sammelt die Seele Erinnerungen, Gefühle und Überzeugungen, die sich auf das gerade gelebte Leben beziehen, in ihrem ätherischen Feld, dem dichtesten Energiefeld, das sie umgibt. Im Zwölf-Chakra-System entspricht dieses Feld dem zehnten Aurafeld. Folglich bringt die Seele das Bewusstsein für die bearbeiteten und noch ungelösten karmischen Themen mit. Und hoffentlich steigt sie mit großartigen dharmischen Leistungen auf.

Kurz vor ihrem Tod werden viele Haustierseelen von einem »Begrüßungskomitee« aus mindestens zwei Geistwesen empfangen, die ihnen die körperliche, seelische und geistige Unterstützung geben, die sie brauchen, um auf liebevolle Weise zu gehen. Dieses Komitee kann aus verstorbenen Angehörigen, Geistführern und dem göttlichen Geist bestehen.

Nach dem Tod kann die Seele des Haustiers auf beliebig vielen ätherischen Wegen wandern. Sie könnte zumindest noch eine Weile in der physischen Welt verankert bleiben. Dies ist in der Regel dann der Fall, wenn eine Schnur zwischen der Seele des Haustiers und einem anderen Haustier oder einem menschlichen Gefährten existiert, wenn der Tod mit einem Schock verbunden war oder wenn das Haustier zu stark traumatisiert ist, um diese Welt zu verlassen. Außerdem kann es vorkommen, dass die Seele gar nicht mitbekommt, dass sie tot ist, oder dass sie sich weiterhin um ihre Familie kümmern möchte. Eigentlich wird jede Haustierseele, die auf der irdischen Ebene verbleibt, als Gespenst betrachtet. Viele dieser Tiergeister kommunizieren mit den Lebenden und erscheinen oft in der gleichen Gestalt, die sie auch zu Lebzeiten hatten, obwohl sie normalerweise ätherischer wirken.

Wenn die Seele eines Haustiers die irdische Ebene vollständig hinter sich gelassen hat, was nach dem Tod jederzeit geschehen kann, betritt sie häufig eine der vielen himmlischen Ebenen des Daseins, die ich »Ebenen des Lichts« nenne. Auf diesen Ebenen sind viele verschiedene Erfahrungen möglich: Ruhe und Erholung, ein Lebensrückblick oder der Erwerb von neuem Wissen, von Weisheit und spirituellen Wahrheiten. Wenn sie auf einer dieser Ebenen angekommen ist, kann die Seele des Haustiers mit den Lebenden kommunizieren oder auch nicht. Manchmal ist die Seele des verstorbenen Tieres auf einer himmlischen Ebene auch viel zu beschäftigt, um zur Erde zurückzukehren. Manche verstorbenen Haustiere werden auch Geistführer oder Lehrer eines Wesens, das sie während ihres gesamten bisherigen Lebens nicht kannten. Und manchmal kann eine Haustierseele nicht kommunizieren, weil sie bereits ein neues irdisches Leben begonnen hat. Andererseits teilt manch eine Haustierseele auch den Schleier zwischen den Dimensionen und nimmt Kontakt zu ihren ehemaligen Lieben auf.

Manche Haustierseelen tauchen nur aus einem bestimmten Grund auf, beispielsweise um Rat oder Begleitung zu geben. Andere werden Geistführer. Ich habe beispielsweise einmal mit einer Klientin gearbeitet, die seit dem Tod ihrer Katze Natty ständig deren Anwesenheit spürt. Offenbar teilt Natty ihr mit, ob eine Person nett ist oder nicht, indem sie in verschiedenen Tonlagen miaut. Eine andere Klientin steht immer noch in Verbindung mit ihrem Frettchen, das ihr wie zu Lebzeiten nur so zum Spaß die Ohren ableckt.

Manchmal erscheint die Seele eines toten Haustiers in einer anderen Form als der, die sie in dem Leben hatte, das gerade zu Ende gegangen ist, wie es bei Grannys Kitty der Fall war. Ich hatte einen Klienten, dessen zahmer Molch gestorben war. Ein paar Jahre später tauchte er in einer Vision auf, sah aber aus wie der legendäre Vogel Greif. Er teilte meinem Klienten mit, er sei früher einmal ein Greif gewesen und die Greifgestalt sei ihm viel lieber gewesen als die eines »simplen Molchs«.

Mein ehemaliges Meerschweinchen Max sieht jetzt auch ganz anders aus als zu Lebzeiten. Nachdem er im Haus neun Jahre lang den Ton angegeben hatte, konnte Max' Körper einfach nicht mehr weitermachen. Er entwickelte einen Tumor in der Nähe der Schulter, und dann ging es schnell bergab. Der Tierarzt meiner Hunde, der sich jahrelang meine Geschichten über Max angehört hatte, schläferte ihn ein. Ich war unglaublich traurig, als ich Max' Käfig ausräumte und ihn an ein Nachbarskind verschenkte. Es gab nur einen Max und ich wollte kein Ersatzmeerschweinchen.

Ein paar Wochen lang waren die restlichen Haustiere, zwei Hunde und eine Katze, störrisch und unorganisiert. Die Katze kratzte die Hunde, die über diese ungewohnte Behandlung schockiert waren. Lucky versteckte meine Socken hinter dem Sofa, spuckte sein Fressen in die Küchenecken und spielte uns andere lächerliche Streiche. Honey II. kratzte die hintere Fliegengittertür kaputt. Dann rannte er in den Hinterhof, wälzte sich im schlimmsten und stinkendsten Zeug, das er finden konnte, kehrte ins Haus zurück und verschmutzte alles. Es gab einfach keine Disziplin mehr, seit General Max im Ruhestand war.

Eines Tages, als ich mich gerade fragte, wie man wohl Recht und Ordnung wiederherstellen könne, spürte ich eine Präsenz hinter meinem Rücken. Instinktiv wusste ich, dass es Max war. Jede Haustierseele vermittelt ein bestimmtes Gefühl. Aber das war nicht der Max, den ich gekannt hatte. Max' Energie fühlte sich riesig und zerstreut an, eher wie eine Wolke. Ich wirbelte herum und erblickte für einen kurzen Moment eine große weiße Engelfigur. Ich könnte schwören, dass sie ein Megafon in der Hand hielt. Das Bild des »neuen Max« verschwand so schnell, wie es aufgetaucht war, aber ich wusste, dass Max zurück war und dass er erneut das Kommando übernehmen würde.

Auf fast wundersame Weise rissen sich die Haustiere wieder zusammen. Hin und wieder glaubte ich, ein Seufzen gehört zu haben, wenn sich eines der lebenden Haustiere besonders dumm anstellte. Ohne besonderen Anlass waren die Tiere plötzlich ganz aufmerksam, genau wie früher, als Max noch am Leben war. Selbst jetzt weiß ich, dass Max immer noch im Einsatz ist.

Wie können wir ein Haustier am besten darin unterstützen, nach seinem Tod den richtigen Ort zu finden? Und wie schaffen wir es, Verbindung zu ihm aufzunehmen, wenn es angebracht ist? Die folgende Übung hilft Ihnen, Ihr Haustier von seinem Körper zu befreien, und der darauf folgende Abschnitt enthält Tipps für eine physisch wie feinstofflich erfreuliche Verbindung mit der Seele Ihres verstorbenen Haustiers.

Übung
Ihr Haustier liebevoll loslassen

Wie können Sie Ihr sterbendes oder bereits verstorbenes Haustier bei seinem Übergang unterstützen? Sie möchten, dass es eine angenehme Reise hat. Diese Übung kann unabhängig davon gemacht werden, was beim Sterben, beim Tod oder nach dem Tod Ihres Haustiers passiert.

1. Vorbereitung. Lassen Sie sich an einem ruhigen Ort nieder. Wenn Ihr Haustier noch lebt, sollten Sie in seiner Nähe sein. Wenn es bereits verstorben ist, können Sie etwas in der Hand halten, das Sie an es erinnert.

2. Geist-zu-Geist durchführen. Bestätigen Sie Ihren Geist, den Geist Ihres Haustiers, die helfenden Geister und den göttlichen Geist.

3. Verbindung zur Seele des Haustiers aufnehmen. Bitten Sie den göttlichen Geist, Ihnen beim Aufnehmen einer Verbindung zur Seele des Haustiers zu helfen, egal ob das Tier noch am Leben ist oder nicht. Setzen Sie die Kommunikationsfähigkeiten ein, die Sie in Kapitel 5 erworben haben, und lassen Sie die Seele Ihres Haustiers darüber sprechen, wie es ihr geht. Welche Gedanken beschäftigen sie? Welche Gefühle genießt sie und mit welchen hat sie zu kämpfen? Stellen Sie je nach Seelenzustand folgende Fragen.

Wenn das Haustier noch lebt, bitten Sie es, Ihnen zu offenbaren, in welchem Chakra sich die Seele gerade befindet. Gibt es karmische Umstände, deren Klärung der Seele den Aufstieg in ein höheres Chakra ermöglichen würde? Bitten Sie den göttlichen Geist, bei dieser Klärung zu helfen. Könnte das Haustier heilende Ströme einsetzen, um dharmische Wahrheiten besser zu wecken, seine

Energiesignatur zu erfüllen, Schmerzen zu lindern, Anhaftungen zu entfernen, Traumata zu lösen oder Liebesbotschaften zu überbringen? Gibt es einen Wunsch, den die Seele Ihres Haustiers gern erfüllt haben möchte? Wenn ja, welchen? Senden Sie der Seele Ihres Haustieres Liebe und bitten Sie den göttlichen Geist, sie in das aus seiner Sicht beste Chakra oder Stadium im Sterbeprozess zu bringen.

Wenn das Haustier bereits verstorben ist, und dabei spielt es keine Rolle, wie lange es schon tot ist, bitten Sie seine Seele, Ihnen intuitive Informationen darüber zu senden, wo es ist und wie es ihm geht. Schwebt es derzeit als Geist über der irdischen Ebene? Wenn ja, aus welchem Grund verweilt es noch hier? Befindet sich seine Seele auf einer Ebene des Lichts oder ist sie bereits in einen anderen irdischen Körper zurückgekehrt? Sammeln Sie Informationen und stellen Sie alle Fragen, die Sie haben. Sie möchten vielleicht wissen, ob die Seele immer noch mit Ihnen verbunden sein möchte, was ihre Anwesenheit in Ihrem Leben bedeutet und was Sie ihr bedeuten oder welche Botschaften sie für Sie und andere noch lebende Angehörige hat. Fragen Sie abschließend die Seele des Haustiers und auch den göttlichen Geist, was für Ihr Haustier am besten ist. Soll es bleiben, wo es ist, oder umziehen? Heilende Ströme begleiten seine Seele in den Raum, den es einnehmen muss.

4. Abschluss. Erkennen Sie an, dass der göttliche Geist Ihr Haustier und alle seine Lieben unterstützen wird, solange es nötig ist. Danken Sie Ihrem Haustier und kehren Sie in Ihren Alltag zurück.

Nachtodkommunikation mit Ihrem Haustier

Sobald ein Haustier verstorben ist, ist es möglich, intuitiv mit ihm zu kommunizieren. Ich sage »möglich«, weil es mehrere übergeordnete Faktoren gibt, von denen wir viele in diesem Kapitel angesprochen haben. Eine weitere Barriere kann Trauer sein. Manchmal ist die Trauer eines Haustiers zum Zeitpunkt seines Todes so groß, dass seine Seele die Gefühle aus seinem gerade beendeten Leben und die Erinnerungen daran verarbeiten muss, bevor es kommunizieren kann. Unser eigener Kummer kann wie eine energetische Wolke wirken, die eine Verbindung verhindert. Davon abgesehen kommunizieren Tausende meiner Klienten mit ihren verstorbenen Haustieren, und viele fangen erst Jahrzehnte nach dem Tod eines Tieres damit an.

Es ist hilfreich, die Grundlage für die Nachtodkommunikation bereits zu schaffen, während Ihr Haustier im Sterben liegt sowie kurz nach seinem Tod. Führen Sie Geist-zu-Geist durch, bevor das Haustier stirbt, und bitten Sie den göttlichen Geist, heilende Ströme zwischen den Seelen fließen zu lassen. Dies hilft der Seele Ihres Haustiers, Sie nach dem Tod leichter zu finden. Sie können auch darum bitten, dass der göttliche Geist die gleichen Bindungen zwischen der Seele Ihres Haustiers und anderen menschlichen und nicht menschlichen Gefährten im Haushalt herstellt.

Wählen Sie einen Stein oder ein Andenken aus und halten Sie ihn/es in der Hand, wenn Sie mit Ihrem Haustier interagieren, bevor es stirbt. Dabei wird der Stein/das Andenken aufgeladen, sodass Sie ihn/es später verwenden können, um eine Verbindung zur Seele des verstorbenen Haustiers herzustellen. Errichten Sie kurz vor oder nach dem Tod einen kleinen Altar. Stellen Sie das Andenken sowie ein paar andere Lieblingsgegenstände Ihres Haustiers darauf. Schreiben Sie die Energiesignatur Ihres Haustiers (noch einmal) auf ein Blatt Papier. Legen Sie dieses Blatt auf den Altar, wo es Sie an das wahre Wesen Ihres Haustiers erinnert.

Bleiben Sie wachsam, nachdem das Haustier gestorben ist. Es kann sein, dass Sie es wahrnehmen, fühlen oder hören. Es kann sein, dass sich im Zimmer etwas bewegt oder dass in seinem Einstreu eine Druckstelle zu sehen ist. Das Tier kann Ihnen auch im Traum oder in einer Vision erscheinen. Häufig ist sich ein noch lebendes Haustier der Anwesenheit des verstorbenen Tiers eher bewusst, als es Menschen sind. Wenn Sie ein Haustier dabei erwischen, wie es sich umschaut oder »nichts« anklläfft, können Sie Ihre Kommunikationsfähigkeiten einsetzen und es fragen, ob es mit seinem verstorbenen Freund interagiert. Nach dem Tod von Honey II. nahm Lucky, der damals ein Welpe war, eines von Honeys Lieblingsspielzeugen und warf es quer durchs Zimmer. Ich schwöre, dass Honeys Geist den Ball zurückgeworfen hat.

Wenn Sie die Beziehung zu einem verstorbenen Haustier aktiver pflegen möchten, können Sie die folgenden Schritte ausführen, und zwar unabhängig davon, wie viel Zeit seit seinem Tod vergangen ist.

Zeitraum wählen: Wählen Sie einen bestimmten Zeitraum, in dem Sie für eine Kontaktaufnahme mit Ihrem Haustier zur Verfügung stehen. Ich empfehle zwischen drei und sieben Tage. Führen Sie Geist-zu-Geist durch und bitten Sie den göttlichen Geist, der Seele Ihres Haustieres Heilströme zu senden. Diese Ströme laden zu einem Besuch ein. Achten Sie dann auf ungewöhnliche Vorkommnisse. Sie werden wissen, ob diese sich auf Ihr Haustier beziehen, weil dessen Seele dafür sorgt, dass Sie ihre Botschaft als solche erkennen.

Meditieren: Nehmen Sie sich ein paar Minuten Zeit. Halten Sie ein Erinnerungsstück oder ein Foto Ihres Haustiers in der Hand und konzentrieren Sie sich auf das Tier. Erinnern Sie sich an seine Energiesignatur und alles, was es Ihnen zu Lebzeiten bedeutet hat. Bitten Sie dann den göttlichen Geist, Ihnen bei der Herstellung einer Verbindung zu dem Tier zu helfen. Bleiben Sie offen für jede Form der Kommunikation.

Um ein Zeichen bitten: Führen Sie Geist-zu-Geist durch und bitten Sie die Seele Ihres Haustiers, Ihnen ein Zeichen zu geben. Vielleicht entdecken Sie ein Auto, auf dessen Nummernschild der Name Ihres Haustiers zu lesen ist, oder sehen eine Werbetafel, auf der ein besonderes Merkmal Ihres Haustiers betont wird. Ihr Haustier wird Ihnen seine Botschaft schon übermitteln!

Geschichten erzählen: Erzählen Sie allen, die Ihr Haustier geliebt haben, Geschichten über es, an die Sie sich erinnern. Sprechen Sie mit seinen menschlichen Gefährten und erinnern Sie sich gemeinsam an besondere Ereignisse. Sie können sogar mit den noch lebenden Haustieren sprechen. Die Geschichten können die Seele eines Haustiers anziehen und helfen auch im Trauerprozess.

Offen sein: Seien Sie vor allem offen für wie auch immer Ihr Haustier Sie erreichen möchte.

Verlieren Sie auch diese wesentliche Wahrheit nicht aus den Augen: Liebe ist ein Band, das niemals reißt; es wird im Laufe der Zeit immer stärker.

Nachwort

Haustiere fressen die Einsamkeit.

Nick Trout: *Tell Me Where It Hurts*

Vor langer, langer Zeit wurden die Angehörigen der nicht menschlichen Völker als unsere Lehrer betrachtet. Sie waren Gefährten, Wegweiser und Freunde. Säugetiere, Nagetiere, Vögel, Reptilien, Gliederfüßer, Amphibien und Fische – sie alle zollten dem Schöpfer Anerkennung und wiesen die Menschheit in die richtige Richtung. Als Mitglieder derselben Familie kommunizierten alle Wesen – Mensch, Natur und sogar die Erde selbst – über Chakras, feinstoffliche Energiezentren, die körperliche, seelische und geistige Funktionen steuern.

Die Zeiten haben sich geändert. Naturwesen und Menschen wurden von Gier und Übel erschüttert. Glücklicherweise haben wir jetzt die Möglichkeit, die ursprüngliche Verbindung zwischen Menschen und Nichtmenschen zu erneuern und diese Erde in einen echten Lebensraum der Liebe zu verwandeln. Entscheidend dafür ist, dass wir gut für unsere Haustiere sorgen und eine liebevolle Tier-Mensch-Beziehung aufrechterhalten.

Unsere Haustiere haben einen weiten Weg zurückgelegt, um in unserem Leben aufzutauchen. Wie Menschen haben auch Haustiere Seelen. Dieser Aspekt eines Haustiers, welche Form er auch annimmt, reist von Leben zu Leben, um sich durch seine Blockaden zur Liebe vorzuarbeiten, dabei Karma zu verarbeiten und seine geistige Bestimmung zu manifestieren und sein Dharma zu verwirklichen. Bevor es in dieses Leben gekommen ist, hat Ihr Haustier seine karmischen Ziele und seine dharmischen Bestrebungen in seinen Körper einprogrammiert. Sie sind der Schlüssel, um Karma und Dharma Ihres Haustiers zu erschließen und es in die Lage zu versetzen, seine Ziele zu erreichen. Und wissen Sie was? Ihr Haustier unterstützt Sie beim Erreichen genau der gleichen Ziele.

Die Seele eines Haustiers kann diese lebenswichtigen Informationen in sich tragen und speichern, weil alle Körper mit zwei anatomischen Systemen ausgestattet sind, die jeweils eine bestimmte Art von Energie verarbeiten. Energie ist Information, die sich bewegt und alles Sichtbare und Unsichtbare zusammensetzt. Die physische Anatomie steuert die physische Energie, die messbar und vorhersehbar ist. Physische Energien unterliegen den Gesetzen der klassischen Naturwissenschaft, die dafür sorgen, dass die physische Wirklichkeit sauber und ordentlich aussieht. Feinstoffliche Energien werden von der feinstofflichen Energieanatomie beherrscht. Diese Energien, die auch spirituelle, mystische und übersinnliche Energien genannt werden, unterliegen den Gesetzen der Quantenmechanik, was ihre jenseitige und etwas wundersame Natur erklärt. Im Grunde organisieren feinstoffliche Energien die grobstoffliche Materie und entscheiden darüber, was in der sichtbaren Wirklichkeit auftaucht oder aus ihr verschwindet, und Ihr Haustier gehört auch zu dieser Wirklichkeit.

Es gibt drei Komponenten der feinstofflichen Anatomie: die feinstofflichen Zentren, Felder und Kanäle. Alle drei können feinstoffliche Energie in physikalische Energie umwandeln und fungieren damit als energetische Transformatoren. In diesem Buch haben Sie in erster Linie mit den zwölf Chakras, den wichtigsten feinstofflichen Energiezentren Ihres Haustiers, interagiert, um negative Energie in positive zu verwandeln. Die Chakras sind mächtige Werkzeuge, weil jedes von ihnen bestimmte körperliche, seelische und geistige Daten speichert und verwaltet. Sie bewahren auch die

Erinnerungen eines Haustiers und enthalten daher die verborgenen Ursachen für alle seine Probleme, vom Trauma bis zum emotionalen Ungleichgewicht. Damit haben Sie mehrere wichtige Konzepte und Werkzeuge erworben, um die ursächlichen Probleme eines Haustiers aufzudecken und energetische Veränderungen zu bewirken.

Weiter vorn haben Sie gelernt, die Energiesignatur Ihres Haustiers ausfindig zu machen, seine einzigartigen Programme und Charaktereigenschaften. Diese Informationen haben Sie genutzt, um Ihre feinstofflichen Energieinteraktionen zu personalisieren. Die wichtigsten Techniken dieses Buches, Geist-zu-Geist und Heilende Ströme der Gnade, wurden zur Grundlage für alle energetischen Verbindungen und auch zum Hilfsmittel für die intuitive Kommunikation mit Ihrem Haustier und seinen Geistführern. Und sofern Sie nicht glauben, dass körperliche Aktivitäten ganz nutzlos sind, haben Sie auch etwas über den Einsatz von Methoden und Arzneien der Schwingungsmedizin gelernt, etwa über ätherische Öle und Homöopathie.

Kurz gesagt, das gesamte Material in diesem Buch zielte darauf ab, eine uralte Pflicht zu tun und eine liebevollere Beziehung zwischen Menschen und Haustieren herzustellen. Dies gilt für lebende Haustiere, aber auch für ein Haustier, das stirbt oder nach dem Tod weiterlebt. Eigentlich kann jedes Wort in diesem Buch als Tor zur Liebe betrachtet werden, denn darin liegt der eigentliche Sinn der Verbindung zwischen Haustier und Mensch. Wegen unserer Haustiere sind wir nie allein und sie sind es auch nicht.

Quellen

Akpan, Nsikan. 2015. »7 Sounds in Nature that Humans Rarely Hear«. *PBS Newshour*, 11. November 2015.

Aktipis, Athena. 2015. »Hidden Colors: You Can't See Them, But Lizards Can«. *The Ethogram*, 6. April 2015.

Altered State. o. J. »Colour Healing«. http://altered-states.net/barry/newsletter220/

Blake, Stephen, DVM. o. J. »Essential Oil Mini-Guide«. *The Pet Whisperer*. http://www.thepetwhisperer.com/health-tips/oilguide/

British Homeopathic Association. o. J. »Anxiety«. https://www.britishhomeopathic.org/charity/how-we-can-help /articles/animals/all-creatures-great-and-small/

Butler, Ann B., und Rodney M. J. Cotterill. 2006. »Mammalian and Avian Neuroanatomy and the Question of Consciousness in Birds«. *The Biological Bulletin* 211, No. 2 (Oktober 2006). http://www.journals.uchicago.edu/doi/full/10.2307/4134586

Crowe, Barbara J. 2004. *Music and Soulmaking*. Lanham, MD: The Scarecrow Press.

Crystalinks, o. J. »Australian Aboriginal Dreamtime«. http://www.crystalinks.com/dreamtime.html

Day, Christopher. 2002. »Homeopathy for Cage and Aviary Birds«. *Holistic Bird Newsletter*, Sommer 2002. https://holisticbirdnewsletter.wordpress.com/modalities /homeopathy-for-cage-and-aviary-birds/

Dodero Hearing Center. 2013. »How Do Cockroaches, Cats, and Other Species Hear?«. Februar 2013.

Dvorsky, George. 2013. »Brain Scans Show That Dogs Are as Conscious as Human Children«. 7. Oktober 2013. https://io9.gizmodo.com/brain-scans-show-that-dogs-are-as-conscious-as-human-ch-1442003302

Goodnet. 2015. »5 Animals with Incredible Healing Powers«. 9. Januar 2015. http://www.goodnet.org/articles/5-animals-incredible-healing-powers-list

Graham, Lynne, et al. 2005. »The Influence of Olfactory Stimulation on the Behaviour of Dogs Housed in a Rescue Shelter«. *Applied Animal Behaviour Science* 01 (2005): 143–153.

http://www.appliedanimalbehaviour.com/article /S0168-1591%2804%2900197-2/abstract

Grantham, Bill. o. J. *Creation Myths and Legends of the Creek Indians*. Gainesville, FL: The University Press of Florida, 2002.
http://ufdcimages.uflib.ufl.edu/AA/00/01/16/79/00001/CreationMythsofCreekIndians.pdf

Habacher, G., et al. 2006. »Effectiveness of Acupuncture in Veterinary Medicine: Systematic Review«. *Journal of Veterinarian Internal Medicine* (2006): 480–486.
https://www.ncbi.nlm.nih.gov/pubmed/16734078

Hadhazy, Adam. 2010. »Think Twice: How the ›Gut Brain‹ Influences Mood and Well-Being«. *Scientific American*, 12. Februar 2010.
https://www.scientificamerican.com/article/gut-second-brain/

Haekel, Josef. o. J. »Totemism«. *Encyclopaedia Britannica*.
https://www.britannica.com/topic/totemism-religion

Heimbuch, Jaymi. 2016. »6 Medical Conditions That Dogs Can Sniff Out«. *Mother Nature Network*, 28. Juni 2016.
https://www.mnn.com/family/pets/stories/6-medical-conditions-that-dogs-can-sniff

Hubbard, Sylvia Booth. 2015. »What Your Pet Says About Your Personality«. *Newsmax*, 13. November 2015.
http://www.newsmax.com/Health/Headline/pet-personality-traits-owner/2015/11/13/id/702033/

Hunt, Valerie V., et al. o. J. »A Study of Structural Integration from Neuromuscular, Energy Field, and Emotional Approaches«.
http://rolfing-ca.com/PDF/ucla.pdf

IABC. o. J. »International Association for Biologically Closed Electric Circuits (BCEC) in Medicine and Biology«.
http://www.iabc.readywebsites.com/page/page/623957.htm

Lee Foundation. o. J. »The Rife Microscope or ›Facts and Their Fate‹«. Reprint No. 25A. Lee Foundation for Nutritional Research, Milwaukee, WI.

Link, John. 2007. »What Percentage of the Electromagnetic Spectrum Is Visible Light?« *MadSci Network: Physics*, 27. August 2007.
http://www.madsci.org/posts/archives/2007-08/1188407794.Ph.r.html

Lucas, Stephanie. 2014. »How Ancient Cultures Used Healing Crystals and Stones«. 9. November 2014.

Lyons, Leslie A. 2003. »Why Do Cats Purr?« *Scientific American*, 27. Januar 2003.
https://www.scientificamerican.com/article/why-do-cats-purr/

Main, Bevan S., et al. 2017. »Microbial Immuno-Communication in Neurodegenerative Diseases«. *Frontiers in Neuroscience*, 23. März 2017.
https://www.ncbi.nlm.nih.gov/pmc/articles/PMC5362619/

McCraty, Rolin, PhD, et al. 2015. »The Heart Has Its Own ›Brain‹ and Consciousness«. *In5d*, 10. Januar 2015.
http://in5d.com/the-heart-has-its-own-brain-and-consciousness/

Natural Connections Healthcare. o. J. »Björn Nordenström: Biologically Closed Electric Circuits and Other Important Information on Microcurrents«.

Pappas, Stephanie. 2016. »There Might be 1 Trillion Species on Earth«. *Livescience*, 5. Mai 2016.
https://www.livescience.com/54660-1-trillion-species-on-earth.html

Pet Health Council. o. J. »Benefits of Owning a Pet«.

Peterson, Paula. n. d. »The Cat's Purr and Other Sounds that Heal.« *Earthcode*.

The Rescue Animal MP3 Project. o. J. »Music Studies«.
http://rescueanimalmp3.org/music-studies/

Rexresearch.com. o. J. »Björn Nordenström«.
http://www.rexresearch.com/nordenstrom/nordenstrom.htm

Rovner, Julie. 2012. »Pet Therapy: How Animals and Humans Heal Each Other«. *Shots/MPR*, 5. März 2012.

Sanders, Laura. 2016. »Microbes Can Play Games with the Mind«. *ScienceNews*, 23. März 2016.

Scott, Dana. o. J. »Essential Oils for Dogs«. *Dogsnaturally*.
http://www.dogsnaturallymagazine.com/essential-oils-for-dogs/

Shelton, Melissa. 2012. *The Animal Desk Reference: Essential Oils for Animals*. CreateSpace: 15. April 2012.

Volk, Jeff. o. J. »Shaping Up with Sound«.
http://www.cymaticsource.com/pdf/ks_shaping%20up_06.pdf

Walker, Kaetheryn. 1998. *Homeopathic First Aid*. Rochester, VT: Healing Arts Press.

Wagner, Kathryn Drury. 2013. »The Science Behind Healing with Sound«. *Spirituality & Health*, 16. Dezember 2013.

Waters, Frank: *Das Buch der Hopi*. Diederichs, München 1990 (6. Aufl.).

Wolchover, Natalie. 2012. »What Type of Music Do Pets Like?« *Livescience*, 19. März 2012.
https://www.livescience.com/33780-animal-music-pets.html

Wonderopolis. o. J. »How Can Dogs Hear Things We Can't?« Life Science.
https://wonderopolis.org/wonder/how-can-dogs-hear-things-we-cant-2

Yu, Chuan. 1995. *Traditional Chinese Veterinary Acupuncture and Moxibustion*. Chinese Agricultural Press. Als E-Book erhältlich bei China Scientific Books auf
https://www.chinascientificbooks.com/traditional-chinese-veterinary-acupuncture-and-moxibustionebook-p-87/